ベトナム怪人紀行

不良のバカデブと兵隊ヤクザ
今度は絶対に降参しない国で
出たとこ勝負20連発!!

ゲッツ板谷

▶ココナッツ教団の教祖ダオズア。ココナッツ教団とは!?　この謎に包まれた男を待ち受けていた数奇な運命とは!?　ハンカチを用意して読んで欲しい

◀▼この看板やオブジェがあるのがベンチェ。歴史がうなり声を上げるこの町で、オレ達は泣き、笑い、激怒し、そして、震えた…。オレ達に勝算はあるのか!?　明日はどっちだ!?　ゴダイゴ復活か!?

▲真っ赤な顔をして戦慄にうち震えるオレ。これが地獄というものなのか…。子供は読んじゃイカン

▼な…なんだ、この肉塊は!?　それは老人なら2秒でショック死するような出来事だった

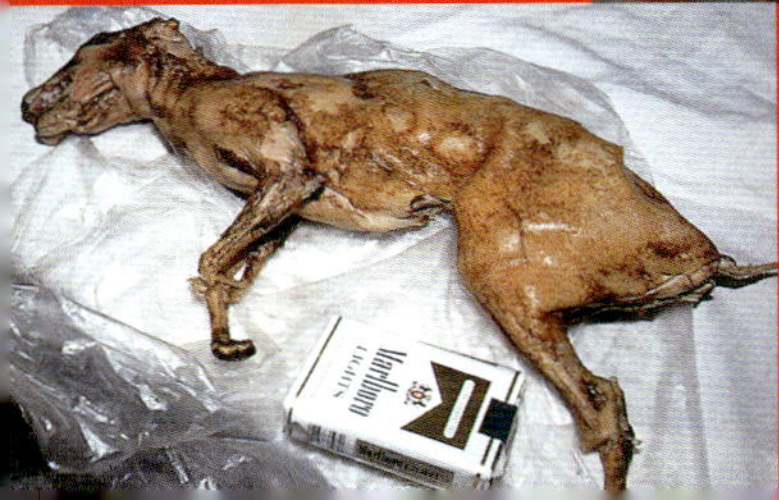

▲世界の珍獣、手乗り鹿。オレ達はこの珍獣を2年掛かりで追い詰め、そして……うわあああ～んっ、オレのバカっ!!　直射日光は避けて読んだ方がいい

▶この犬達を待つ過酷な運命とは…!?　ちなみに、この章を親父に読ませたら花火を始めた。…わからん、オレにも

◀破竹の勢いで取材を続けるオレ達。なんの取材かは自分でもイマイチわからないが、こんなに真剣に仕事をしたのは生まれて初めて。自分に勲章をあげたいなぁ

▼戦士にも休息が必要。束の間の天国を味わうオレ。これは近いうち、必ず日本で流行る

◀▼黄金の8連金歯を輝かせる怪人、サイさん。この人間トマホークと再会したオレ達は、ついに彼の正体をキャッチ！　そして頭蓋骨にヒビが入るような結末…。枕元に『ドカベン』の38巻を用意して読んでくれ。必ず役に立つ

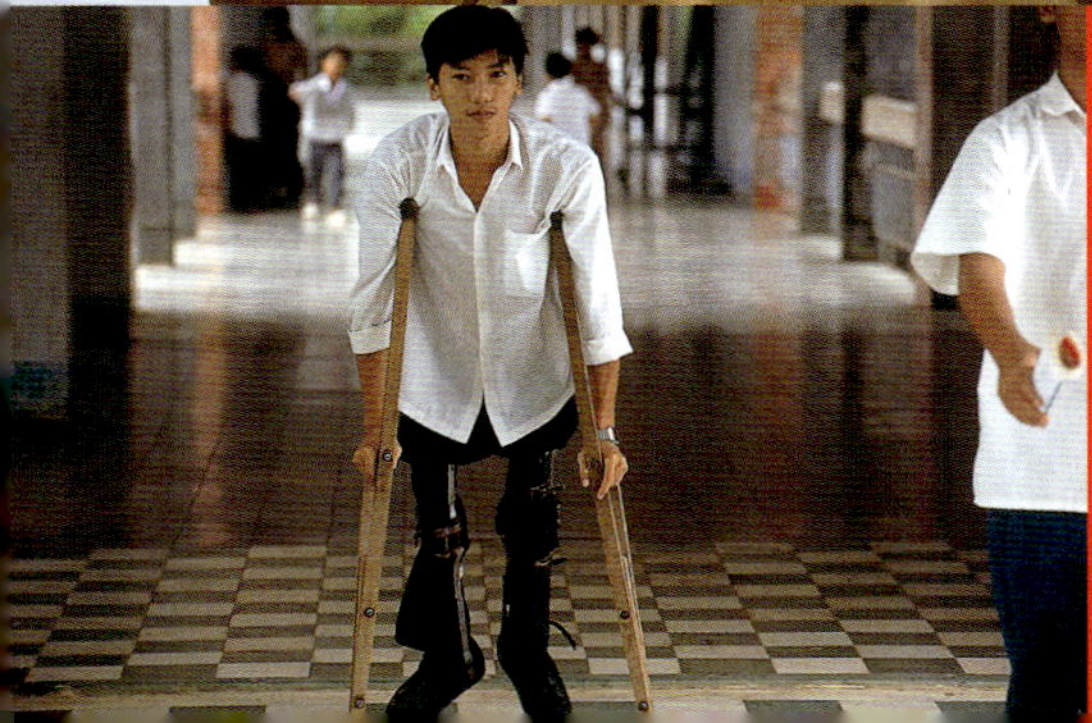

◀ベトナムはナゼ、今もこんなに悲しいのか……。前略、土門さん。悲しさというのは下手な暴力より手強いです…

今回の旅に登場する素敵な……
冒頭から関係ない話で恐縮だけど、
なぁ、バアさん…。人が刷り出し
を見ながらキャプション書いてん
のに、その上に南京豆の殻を散ら
かすなよっ!　しかも、また団子を
直に置いてるしいいいいっ!!

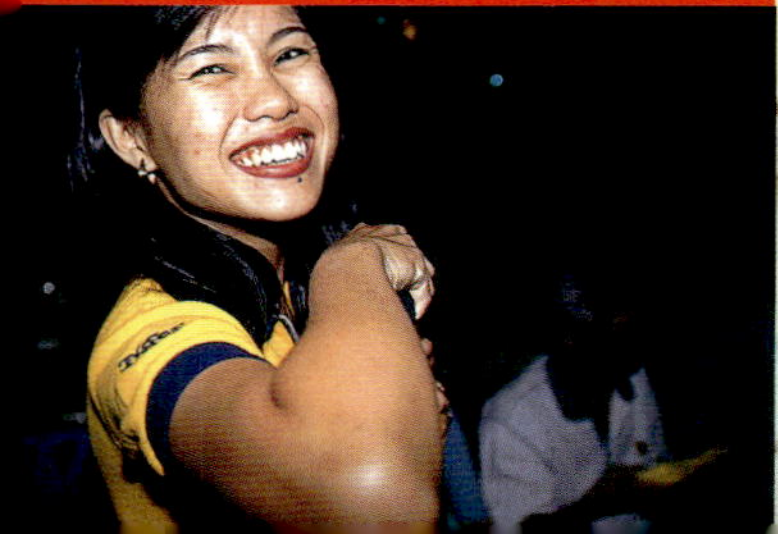

▲アオザイ姿のセクシー女学生。が、現在、
どエラい悲劇が着々と進行していた…

▼今回の旅のカギを握るオカマ少年
そして、妖しく笑う謎の2人組▶

▲海のド真ん中に立つ、この小屋は一体!?　頭が破裂しそうだっつーの、謎だらけで

▶キ○ガイ感が噴煙のように漂う広場。実はココが……

◀この1匹のエビが激闘の引き金となった。さぁ、旅の支度はできたかな？（←やっちゃった…）

ベトナム怪人紀行

ゲッツ板谷
鴨志田 穣＝写真　西原理恵子＝絵

角川文庫　12749

カバーイラスト+漫画：西原理恵子
写真：鴨志田穣
本文+カバーデザイン：坂本志保

ベトナム怪人紀行◎目次

第2章　メコンデルタ

第4章 ベトナム中部

第5章 ハノイ

はじめに

2年前、オレはベトナムに完敗した。

連日の猛暑に気力と体力を奪われ、人々の逞《たくま》しさに圧倒され、棺桶《かんおけ》のような寝台列車のシートでうち震え、ベトナムの菌にやられて腹を下し、ウニのトゲを3回も踏んで黒豚のような悲鳴を上げ、最後はスリに有り金を全部やられた。

が、冗談じゃない。オレだって昔は、数ある不良の中でも〝板谷あり〟といわれたり、地元の鯉釣り大会でインチキをして優勝したり、本気で怒るとバアさんを長い棒で上手に突き倒したりする男。

今回はどんなことをしてでも勝ちにいく！　つまり、今回の旅の目的は〝たくさんの怪人と出会う〟と同時に〝とにかくベトナムに勝つ〟ということなのだ。

さて、オレは海外に1ヵ月近く行く時には、必ず秘密兵器を1つ持っていくことにしている。

2年前、ベトナムを訪れた時は、バックパックに付いていた折り畳み式のイスが非常に役に立った。疲労困ぱいしている中、とにかくどんな状況でもそのイスさえ広げれば、自分だけのプリティーオアシスで一息つくことができた。

そして半年前、タイに殴り込む時も当然、このイスが秘密兵器になるはずだった。ところが、しょっぱなの成田空港でイスとバックパックを接続していたヒモが切れ、涙ながらにそれを搭乗手続きをするカウンターの前に放置する、という事態に陥ったのである。

が、大丈夫。今回の秘密兵器はズバリ、超最新型MDウォークマン。これでオレの大好きなラップミュージックを聴くことにより、各街角で住人を巻き込んで踊るような香《かん》ばしい旅をすることができるって寸法だ。

――肝心のディスクを忘れたことに気付いたのは、行きの飛行機の中だった……。

オレは自分のバカさ加減に、思わず己の乳首をねじ切りそうになったが、MDウォークマンを開けてみたところ、かろうじてその中にディスクが1枚入っていた。

そうか、このウオークマンを購入した直後、妹に故障してないか確かめてもらうため、実際にディスクを入れて聴いてもらっていたのだ。

もし、妹がラップが入ったディスクで試聴してくれてたら……。オレは祈るような気持ちでヘッドホンを装着し、そしてスイッチを静かに押した。

――流れてきたのはユーミンの『守ってあげたい』だった……。

さらに悪いことに、その妹のディスクはすべてユーミンの曲で構成されていることが判明。ちなみに、最後の曲だけは唯一の例外でユーミンのものではなかったが、それでさえ寺尾聰《てらおあきら》の『ルビーの指環《ゆびわ》』という有様。

——たぶん、ベトナムに負けるな、今回も……。

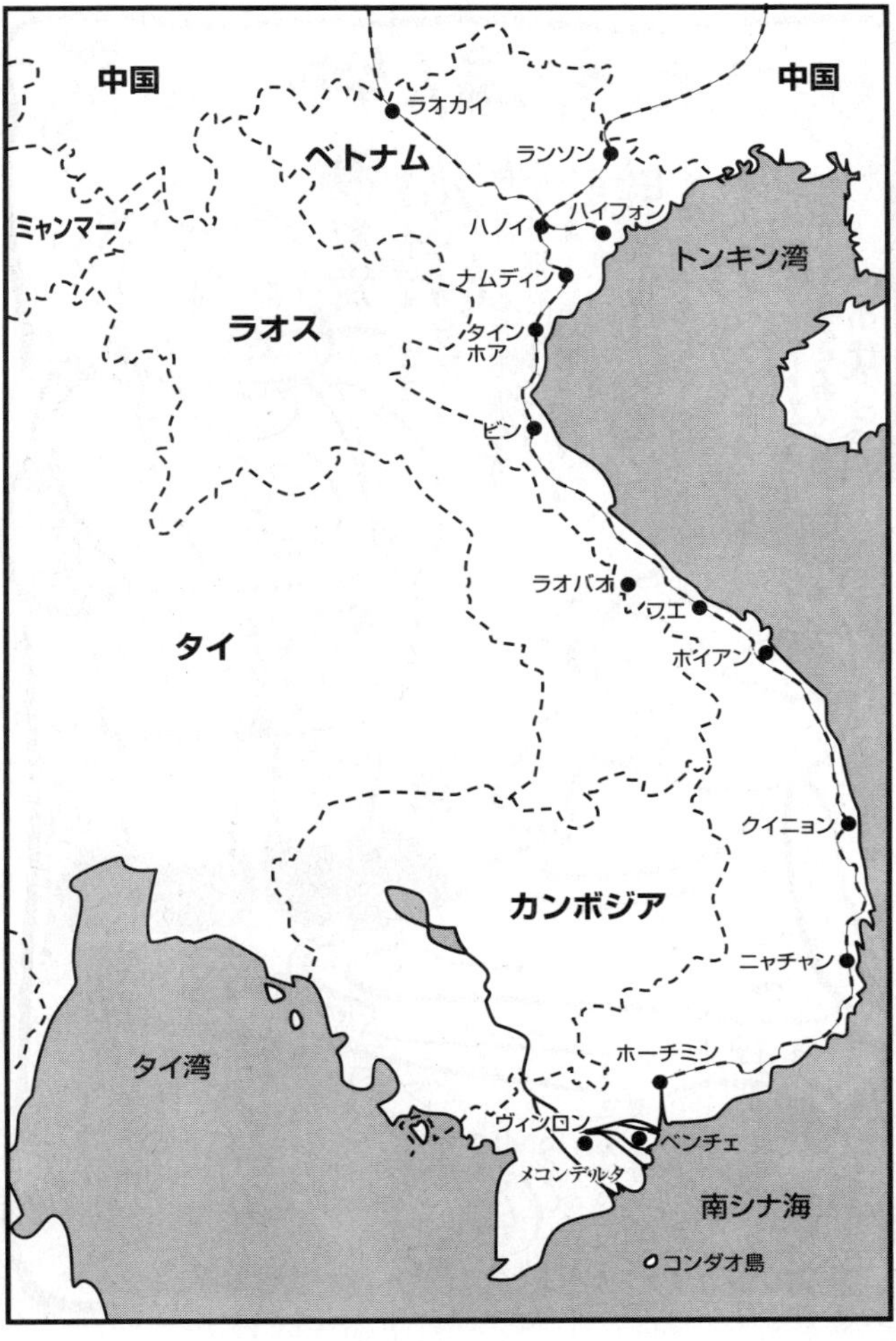
中国
中国
ラオカイ
ベトナム
ランソン
ミャンマー
ハイフォン
ハノイ
トンキン湾
ナムディン
ラオス
タイン
ホア
ビン
ラオバオ
フエ
タイ
ホイアン
クイニョン
カンボジア
ニャチャン
タイ湾
ホーチミン
ヴィンロン
ベンチェ
メコンデルタ
南シナ海
コンダオ島

主な登場人物
板谷宏一
もう何年も字をかいているが今ひとつパッとしない。自分の本名を名乗らず「ゲッツ板谷」などというペンネームをよしとしているところから工事が必要。
人よりすこしちんこいじり
鴨志田穣
もう何年も写真をやっているが全く光がみえない。この肉こっとりサインの練習などをしていてロイター鴨・マグナム鴨・ピュリッツァー鴨などとかきなぐられていてお先まっ暗。
人よりちょっと電波
さかなのきり身
フランスパン
むすめさん
てのりじか
弱い
メコン川
西原理恵子
人生はいやな事ばかり
この本で10Pほどまんがかいてます。
えび
みんなの人気者
アオザイ
プリン
うまし
カブト虫
鈴木くんより動く
鈴木くん
てのりじかより弱い

第 1 章

ホーチミン Part I

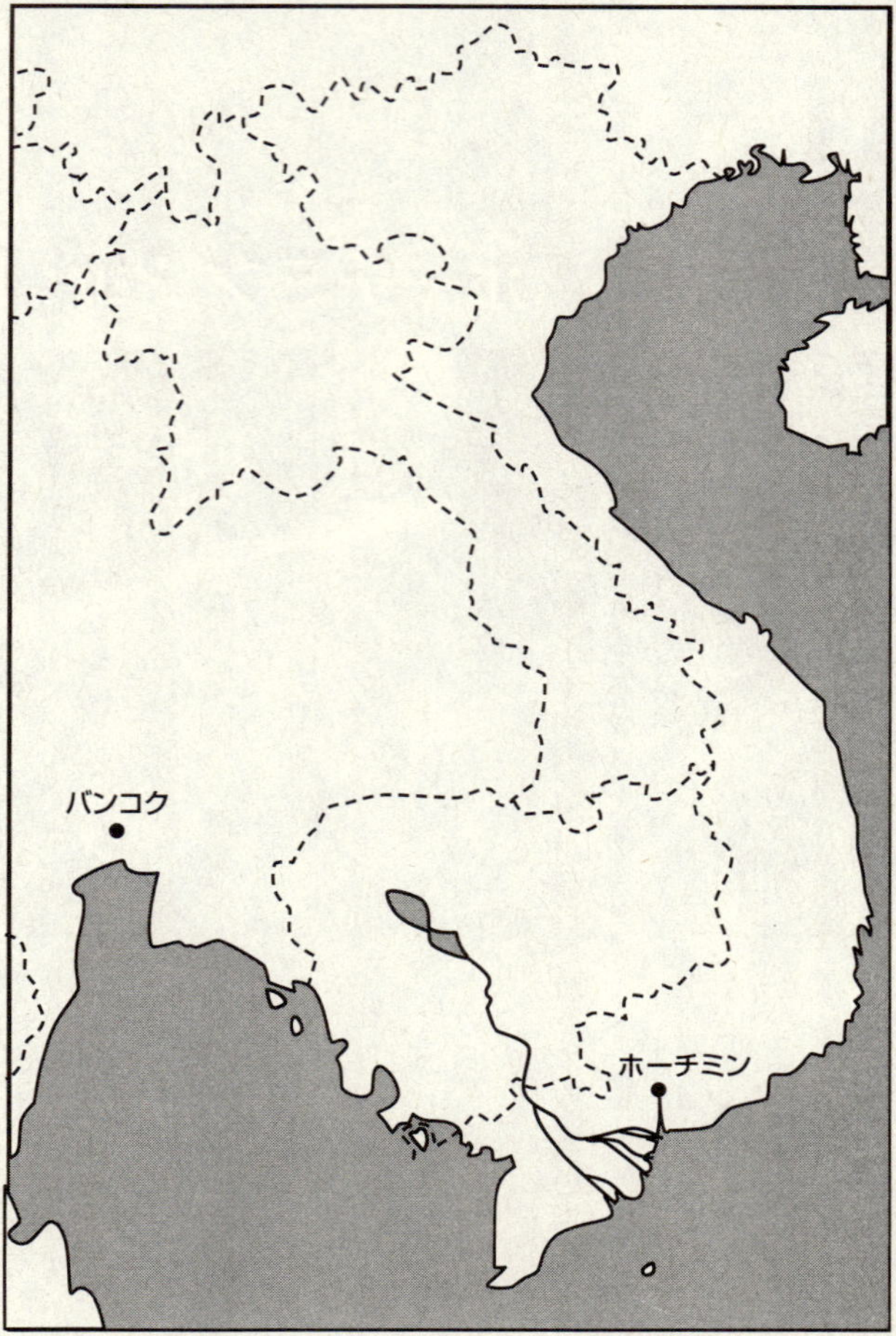
バンコク
ホーチミン

▼バンコク

バンコクにて

午後3時40分。腐ったエビにコパトーンをブッかけたような、そんな香りが漂うタイのドン・ムアン空港に降り立った。気温は日本では11度だったが、ここバンコクでは31度。

「んなもん捨てたに決まってんじゃねえか！　どけっ、俺はテメーみたくヒマ人じゃねえんだよ!!」

到着ロビーへと向かう通路。そこでエアーインディアの職員に航空チケットの半券を見せろと言われ、烈火のごとく怒っているカモちゃん。

彼とは前々回のベトナム、そして、前回のタイでも一緒に旅をしているが、とにかく導火線が異常に短い。ま、本職が戦場カメラマンで、絶えずピリピリとした空気の中で生きてきたせいもあるが、とにかく黒澤映画に出てくる三船敏郎《みふねとしろう》のようにすぐに激情する。つまり、怒りん坊の侍と一緒にいるような感じなのだ。

ところで、ベトナムに行くはずのオレ達がなんでタイに来たかというと、ココでベトナムのマルチビザを取るためなのである。マルチビザとは一般的なツーリストビザと違い、3ヵ月、もしくは6ヵ月間その国に滞在することができ、その間、その国には何度も出入りが自由なのだ（ツーリストビザは1回入って1回出ると無効になる）。で、マルチビザは日本で取るよりバンコクで取った方が早く、料金も安い。

が、いくらタイの方が安いといっても、その分、滞在費がかかり結局は高くつくのでは…と思うかもしれんが、バンコクにはカモちゃんのマンションがあるので大丈夫なのだ。

つーことで早速、タクシーでカモちゃんちに向かったオレ達は、荷物を置くとゴーゴーバーに向かうためバイクタクシーに飛び乗った。そして、走って3分もしないうちに、オレはこの6ヵ月間ですっかりヤワになっていたことを思い知らされる。車と車の間の無茶なスキ間に、平気で突っ込んでいくバイクタクシーの運転手。オレはジャージのズボンが車の側面にバリバリ擦《こす》れる度に、心の中で仔犬《こいぬ》のような悲鳴を上げていた。

バンコクのゴーゴーバーは、やはりとてつもなくわかりやすくて良かった。目の前のステージで、Tバックや全裸でテクノミュージックに合わせて身体をくねらす女のコ達。ココではオレ達のように、そんな乳や尻《しり》をながめながら黙って酒を飲むのもよし。Hしたいなぁ〜という女のコがいれば、料金を交渉してホテルにフケることもできる。

この需要と供給の明確さ。デキるんだかデキないんだかわからん女のコに気を使って、クッ喋《ちゃべ》らなくてはならない日本のクラブやキャバクラ。それとは大違いで、とにかく気が楽なのだ。

それからの5日間は正にダメ人間生活だった。

昼過ぎに落ち武者のように目を覚まし、夕方からゴーゴーバーをハシゴ。カモちゃんちに戻ってきてサンティップ（タイの米ウイスキー、とにかく安い）のソーダ割りをガブ飲みし、怪しいハッパを吸い、エロビデオを見て2人で笑ったり怒ったりした。

その間、こんな香《かん》ばしいことにもでくわした。ある日の夕刻、前回の取材でもお世話になった居酒屋『まりこ』で飲みながら食事をしてると、グレーのスーツに身を包んだ駐在員風のオヤジが、息を荒くしながら店内に飛び込んできた。そして、開口一番「オレ、もう日本に帰るよっ！」と怒鳴りながら、オレ達の隣のテーブルに。

「どうしたんスか…？」

自分より怒っている奴を目の当りにして、反射的に声を掛けるカモちゃん。

「リストラで解雇したタイの女のコが今日、彼氏を会社の門まで連れてきたんですっ。そして、その男が発砲したんですよっ、私に向かって!! 信じられますかっ!!」

今から約1年前、アジア大不況の引き金となったタイバーツの大暴落。が、今回空港にある両替所で1万円を両替したところ、2920バーツになって戻ってきた。ちなみに半年前のレートは3340バーツだったので、いくらかバーツは力を取り戻したと思っていた。が、フタを開けてみるとタイ政府レベルでは一応パニック状態は脱したみたいだが、民間レベルではさらに深刻な不況に陥っていたのだ。

カモちゃんの友達で、このバンコクで日本のテレビ番組のコーディネーターをしている高橋君の話では、タイは日本や中国の大乗仏教と違って小乗仏教の国。小乗仏教では、日々ちゃんと拝んでいれば死んでも今よりもイイ立場に生まれ変われると教えているため、生活に行き詰まった者たちが現在、次々とビルの上からダイブしているという。

バンコク入りした翌日、二日酔いのまま、市内にあるベトナム大使館にビザの申請に行った。

窓口にいる職員の態度は横柄そのもの。長蛇の列ができているというのに、偉そうな顔でチンタラ仕事をしているのだ。噂によれば、このベトナム大使館はタイの旅行業者と癒着しているため、業者に頼むとすんなりビザを出してくれるらしい。ところが、一個人で申請すると、やれ、ココの書き方が間違ってる、やれ、写真が少し古いとか言われてツッ返され、再び列の最後尾に並ぶことになる。そして、ようやく自分の番になったところで突然、窓口がパタンと閉まり『本日の業務終了』という札を掛けられてしまうことも少なくないという。

並び始めてから40分後、ようやく窓口に申請用紙を差し出すオレ達。ところがその直後、窓口の職員が席を立ち、別室に消えてしまったのである。——待つこと15分。ようやく戻ってきた職員に、カモちゃんの雷が落ちた。

「人を待たせといてドコ行ってやがったんだ!!　用があるならオレ達にそれを告げてから行けっ。お前はそんなに偉いのかあああっ!!」

「カモちゃん、そんなこと言ってるとビザが……」

「何言ってるんだ！　ココからベトナムとの闘いが始まってんだよっ。コッチは何も間違ったこととしてねえんだからイモ引くんじゃねえ！」

一瞬にして静まり返る大使館内。窓口の職員は、ムッとした顔でカモちゃんをニラみつけている。

が、オレ達には特殊アイテムがあった。そのアイテムとは、ベトナムのホーチミンに住んでいる鈴木君が、事前にオレ達のビザを入国管理局に申請。そして、その申請番号が記された用紙をカモちゃんちにFAXしてくれたのである。で、なんでか知らないけど、そのFAXされた用紙を申請用紙に添えて差し出したところ、2日後にあっさりとマルチビザが下りることになったのである。

「ざまあみやがれ！」

窓口から去る際、職員にそんな言葉を浴びせるカモちゃん。…なぁ、ホントはベトナム行きを中止にしたいんか、ワレは⁉


おっと、説明が遅れたが、鈴木君とは今回の旅のメンバーで、実は前回のベトナムの旅でもガイドとして参加してくれた男なのである。生気を吸い取られた堺正章《さかいまさあき》のような風貌《ふうぼう》で、百貨店で母親を見失ったチビッコのようにいつもオドオドしている鈴木君。彼は上智《じょうち》大学の学生だった頃から何度かベトナムに来ており、その後、都内にある某出版社に就職。

そして3年後、有休をとって再びベトナムを訪れた際、どうしてもベトナムに住んでみたくなり、翌年、出版社を退職してホーチミンに移り住んだという。彼のベトナム歴は今年で6年目。現在は日本のテレビ番組のコーディネートの仕事、それも少しはこなせるようになったらしい。

つーことで、オレ、カモちゃん、鈴木君の3人が、今回ベトナムを回遊する総メンバー。そして、これからとんでもない旅が始まっていくのであった。

あ〜、なんかもう疲れてる、オレ…。

▼ホーチミン

ホーチミンにてプレイボール！

バンコクを飛び立ってから約1時間半後、ホーチミン市のタンソンニャット国際空港に到着。飛行機から降りた途端、バンコクとは一味違うネットトリとした蒸し暑さが襲ってくる。

入国手続きを済まし、到着ロビーから出た所にできている人垣に視線を走らせてみる。

「え〜とぉ、どこにいるんだ、鈴木君は…？」

「あ、板谷さぁ〜ん！ コッチです、コッチ！」

「おおっ、久しぶりだなぁ〜！ え、ソッチに行くの⁉」

正面の人垣の後方に見える懐かしい鈴木君の顔。彼は向かって右の方向を指差し、そちらの方に走り始める。人垣をはさみ、とりあえず鈴木君と並走するオレとカモちゃん。たぶん、タクシーでも待たせているのだろう。

50メートルも進むとようやく人垣が途切れ、ヒョコヒョコ走っている鈴木君の全身が見

ホーチミンの早朝の街並み。よし、合格

えてきた。すると…。

ドカ〜ンンン!!

あろうことか、後方から走ってきた車にひかれ、次の瞬間、そのボンネットの上できりもみ状に回転している鈴木君……。

「な…お、おいいっ! 大丈夫かっ、鈴木君!!」

「うぐううううう〜〜〜〜〜っ」

地面に落下した後、右手で腰を押さえながら唸《うな》り声を上げる鈴木君。何なんだろう、このプレイボールホームランは……。

10分後、タクシーでホーチミン市街に向かうオレ達。

「ホントに大丈夫なのかよ…。なんだったら、このまま病院に行ってもいいんだぜ」

珍しく心配するカモちゃん。

「いや、大丈夫です。そんなにスピードが出てませんでしたから、あの車」

が、助手席に座りながらも、右腰にいまだ手をやっている鈴木君。オレもそんな彼のことが少々心配だったが、2年前からの疑問だった事を尋ねてみることにした。

「あのさぁ、鈴木君。ベトナムって社会主義国だろ」

「ええ」

「社会主義とか共産主義って、つまり何？」

「……共産主義っていうのは能力によって働き、必要に応じて供給される理想社会のことです。社会主義というのは、共産主義に至る手前の段階ですね」

「板谷君って34歳にもなるのに、そんなことも知らなかったのかよ。…あのねぇ、ところがこのベトナムって会社は、そのやり方で倒産寸前になっちゃったんだよ。だから8年前にドイモイっていう、簡単にいうと資本主義を導入したところ、みるみる業績が上がってきたの。2年前にもココに来たのに、なんで理解してねぇのかなぁ〜」

「だから、ドイモイは知ってだんよっ。オレがわかんなかったのは、社会主義と共産主義なの」

「とにかくダメだよ、板谷君は」

「何がダメなんだよ⁉」

「文章を書いてんのに何も知らねえじゃねえかよ！」

「なぁ、カモちゃん。じゃあ聞くけど、寿司《すし》屋から出前を取るとギザギザのハッパが入ってんだろ。アレってなんて名前だよっ？」

「知るかよ、そんなもん」

「バランっていうんだよっ。オレだって何も知らねえわけじゃねえっつーの、バカタレ！」

「とにかく板谷君は、不良とかシンナーとか地元のどこどこの街角に新しい自販機が入っ

街中でギャンブルに興じる男たち。
良くない！

たとか、そういうことしか知らねえじゃねえか！」

「それじゃあ本物のバカじゃねえかよっ」

「本物のバカなんだよっ、板谷君は」

「止めて下さい！」

　ヤバい展開になると思ったのか、言い合いを制止しようとする鈴木君。

「うるせえっ。テメーもいきなり車にひかれてクルクル回ってんじゃねえよ！　自分ののっぴきならない人生を表現したかったんか、おメーは!!」

　なぁ、カモちゃん。それ、言い過ぎ……。

　15分後、市の中心部に入った途端、早くも道路を埋めつくすバイクの波。タクシーの窓から真横に目をやると、カップルが乗ったカブがノロノロ運転をしており、後部シートの女のコが珍しい地蔵でも見るかのような視線をオレに向けている。戦後15年ぐらいたった日本に、なんとなく似ているベトナムの街並み。その中で、そんなカップルを目にし（オレの親父とオカンもこんな感じでデートしてたんだろうなぁ〜）なんて考えると、ベトナム自体になんだか得体の知れない親近感がわいてくる。

　ちなみに、街中を走っているカブの中でも最も人気があるのはホンダの『ドリーム号』

という車種で、タイで組み立てられたものは新車で3000ドルもするらしい。が、鈴木君によると、1年前にベトナムの首都ハノイで組み立てられる国産バージョンが登場し、値段の方もタイ産のものよりだいぶ安くなっているという。

「じゃあ、タイ産のドリーム号なんて、誰も買う奴いねえんじゃねえかぁ」

「いや、そうでもないんです。実は、ハノイ産のドリーム号は発売時に欠陥箇所が見つかって、それを新聞が大々的に報道してしまったために、安いけど人気はイマイチなんですよ。それと、まぁ、ブランド意識というか…とにかく今でもタイ産の方がよく売れているみたいです」

ブランド意識ねえ…。それにしても正気で考えると変な国だよな、ベトナムって。第一、カブが人気があるってところからして変だし、それを平均年収とほぼ同じ金額を出して買ってんだもの。バカだよ。

さて、そうこうしているうちに、ようやく鈴木君が予約を入れておいてくれた安宿の前に着き、タクシーから降りようとすると…あらら、まただよ。2年前に来た時もこうだったが、ホーチミンでは車から降りようとすると、どこからともなくチビッコや小汚いオッちゃんなんかがスッと出てくる。そして、外からドアを開けてくれ、満面の笑みを浮かべながら〝ようこそ！〟とばかりに背後の建物の中に右手を上げてエスコートしようとするのだ。ところが、そいつらはホテルのスタッフやレストランの従業員でもなく、ただ単にその辺をウロウロしている奴なのだ。ま、過去にそういうインチキエスコートに対してチップをくれた観光客がいたんだろう。が、奴らのそんな仕草を目の当たりにすると、なんというか、こう…とにかく無性にかわいらしくなり、とにかく自分の腸か何かに頭からバリバリ詰め込んじゃいたくなる衝動にかられるのだ。

その後、ホテルに荷物を置き、早速街中を散歩するオレ達。途端にハンモック、絵ハガキ、サングラスなどを売っている奴らが次々と声を掛けてくる。その中でも、最も熱心に声を掛けてくるのがシクロ(力車)の運転手。が、2年前に比べると諦《あきら》めが早くなった気もするし、どの運転手の顔もなんだか疲れているように見える。

「いろいろなガイドブックにああまで〝悪徳シクロに注意〟って書かれちゃえばなぁ。そりゃ、利用する観光客も減るだろうよ」

なるほど、カモちゃんの言う通りである。鈴木君の話では、シクロの運転手が100人いたら99人は相手が観光客ならボッタクろうとするという。ただ、問題なのはその〝ボッタクリ程度〟で、例えばベトナム人の客なら1キロ50円のところを観光客なら60円。また、ある運転手なら500円……といった感じで、それは運転手によって異なるが、大抵の者は60~100円で手を打つらしい。

ところが、ごく一部の500円、1000円を強引に取ろうとする運転手ばかりがクローズアップされ、その結果、シクロを利用する観光客は激減の一途をたどっているというのだ。

活気あふれる中心街をしばらくブラブラした後、オレ達はプリンスホテルのすぐ近くに

カットする前のカモ。ちなみに彼の特技は「ケンカの相手をいつの間にか素っ裸にしてしまうこと」

ある『タオ』という理髪店を訪れた。着いた早々、なんでそんなところに入ったかというと、バンコクにいた時、カモちゃんの友達の高橋君が、〝とにかくホーチミンの理髪店は最高。行かない奴はバカ〟とまで言ったからだ。彼は仕事でホーチミンに来ると、毎日のように理髪店に行くらしい。

――高橋君の言ったことはホントだった。薄暗い店内にたむろする7、8人の女のコ。そんなスケ番ブギのような雰囲気の中、リクライニング式のイスに仰《あお》向《む》けになると、カット、耳掃除、ツメ切り……などを実に丁寧に、女のコが2、3人がかりでやってくれるのだ。その中でも、特に気持ち良かったのが耳掃除と洗髪。耳掃除はまず耳の穴にライトを当てられ、小さなカミソリで中の細毛をジヨリジョリと剃《そ》られる。未知の感覚に最初は少し怖いが、そのうち、それが鳥肌が立つような快感に変わってくる。何を隠そう、オレはSEXの次に気持ちがイイと感じるのは、近所の床屋のオヤジに顔を剃られている時で、不覚にもチンポコが立ってしまうことさえある。が、コレはその快感をはるかに凌《しの》いでいる。細毛を剃った後は、ベビーオイルをつけた綿棒で、穴の奥まで片耳15分ぐらいかけてキレイにしてくれるのだが、コレがまた心地イイのなんの。

ところが、その上をいくのが洗髪だった。仰向けに寝て、流し台で頭をゴシゴシやられるのは日本の美容室と同じ。が、その後で少し火照った柔らかい指の腹を使って、小鼻や頬を優しくマッサージしてくれるのだ。その素敵さといったら、まるでピーチ味の巨大ゼリーの中で身体がフワフワ浮かんでいるような感じ。この感覚が永遠に続いてくれるなら、家族の中の誰か1人を水死させてもいいとさえ思った。

とまぁ、美容室『タオ』は最高だったが、1つ困ったことも発生した。それは、店の女のコ達が暇さえあればオレのオッパイを揉《も》んでくるのである。鈴木君によると、ベトナムには体重が90キロ以上あるデブは滅多にいないらしく、つまり、ポチャポチャした男のオッパイが珍しくてしょうがないのだ。オレも最初のうちは、逆ウエルカムサービスのつもりで黙って乳を揉まれていたが、あまりにしつこいので注意することにした。

「だから止めろっつーんだよ。しまいにゃあ母乳出すぞ、こらっ!」

ところが、何度注意しても女のコ達はキャッキャ喜びながら、一向にオレの乳揉みを止めようとしない。それどころか、近所のオバちゃんまで呼んできて、彼女らにもオッパイを揉ませる始末。……なぁ、オバちゃん。乳を揉むのは百歩譲って許すとしても、オレはオッパイ観音じゃねえんだから、揉んだ後で手を合わせるのは止めてくれ。頼む。

店に入ってから1時間半後、料金（カット、洗髪、耳掃除、爪切り、上半身マッサージで1人1000円もとられなかった）を払って外に出るオレ達。

「ブハッハッハッ、こうして見ると板谷君の頭って2分刈りじゃん。ヤバいよ、人を殺して逃げてる男の顔だぞ、それって」

「カモちゃんだって同じ様な頭をしてんじゃねえかよっ。ププッ…なんだか、かわいそうな人になってるぜ、アンタの顔」

「でも、スッキリしていいじゃないですか。カモシダさんは、ココ来る前は、〝雇われ侍〟みたいな感じでしたから」

「うるせえっ。テメーなんかどんな髪型したって、岩下の新生姜《しんしょうが》にゴマを4つ置いたようなツラなんだよ！　だから車にひかれるんだ！」

なぁ、カモちゃん。それも言い過ぎ……。

▼ホーチミン

暴飲暴食とベトナムちょっとエエ話

さっぱり味のスープに米の麵《めん》が入ったベトナム風うどん、フォー。外はパリパリ、内はシットリのフランスパン。ホーチミン入りした翌朝、それらを食べてからオレ達の食欲は一気に火がついた。ガイドブックの冒頭にあるカラーページで紹介されている数々のベトナム料理。それらの中で本当にウマいものはごく一部だが、このフォーとフランスパンだけはマジでイケる。ベトナムなのに、なんでフランスパンがウマいのか……という疑問が発生するとは思うが、この国は以前、フランスの植民地にされていた時代があり、その名残りで美味《おい》しいフランスパンを作る技術が定着しているのだ。

さて、それからというもの、オレ達はホーチミン市内をかけずり回り、本当にウマいものだけを次々と胃袋に送り続けた。まずは『キム・タイン』のプリン。フランスパン同様、ベトナムでは美味しいプリンを作る技術が定着しているが、中でもこの農場直営店のプリンは別格。変なつなぎのようなモノが一切使用されておらず、シッカリとした気品さえ漂

⇩名物料理の『クア・ラン・モイ』。そしてヒーヒー言いながら、それを食べるオレと鈴木君。こうして見ると、鈴木君が半バカを上手にコントロールしている保護士に見える…

う味なのである。このウマさをあえて表現するならば、舌の上で10人の若くて優しいお母さんがゴンズイ玉となって転げ遊んでいる感じ。しかも、このプリンは1個約20円という安さなのである。ホーチミンに来てコレを食べないで帰るのは、行列のできるソバ屋に行き、経営者のダメ息子が気《き》紛《まぐ》れで作るカレー丼だけ食って帰るのと同じだ。

次に訪れたのはピーサック通り沿いにあるカニ料理屋。この通りは通称、カニ通りとも呼ばれていて、〝クア・ラン・モイ〟という名物料理を出す店が軒を連ねている。カニを丸揚げにしてピリッと辛いソースをからめた、このクア・ラン・モイがまたウマい。手づかみで肉にかぶりついた途端、ジューシーでトロッとした味が口いっぱいに広がり、思わず近くでフラフラしている子供の頭をアイアンクローしたまま吊《つ》り上げたくなる。また、さらに嬉《うれ》しいのが、絶えず店先を巡回しているビールのキャンペーンガール。ミニスカ姿の彼女達はそれぞれカールスバーグ、タイガー、バー・バー・バーといったビールメーカーと歩合制の契約を交わしている。よって、テーブルについた途端、お色気ムンムンの彼女らがバッと集まってきて〝ねぇ、私のビールを飲んで♡〟〝いや〜ん、コッチのビールの方が美味しいわよ〜ん〟状態になるのだ。これがまたミニ大奥に来たような気分になれ、さらに幸せな気分で食事することができる。

もう一軒、絶品のカニ料理を出すのが、レバンタム公園近くにある『クアン94』という店。ココでのお勧めは、なんといってもソフトクラブの天ぷらだ。ソフトクラブとは脱皮直後のカニのことで、コレを天ぷらにすると驚くことに甲羅ごとバリバリ食べられる。それは正に脱皮直後の非常にヤワい状態の甲羅だから成せる業。が、考えてみればヒドいことをするものである。カニの最も弱くなっている瞬間を捕え、油で丸ごと揚げてしまうのだ。人間でいえば和式便器でウンコをしている最中、由紀さおり姉妹のコンサート会場に叩《たた》き込まれるようなもの。まったくヒドい。が、べらぼうにウマい。

さて、こうなったらもう止まらない。続いて訪れたのは4区（ホーチミンの中でも貧しい地区）にあるラウ・マム屋。〝ラウ・マム〟とは一言でいえばベトナム風寄せ鍋《なべ》で、豚肉、イカゲソ、小エビ、ナス、青物などの具。それらを魚のダシが効いた濃厚なスープの中にぶち込んで、ブン（米粉麺）と一緒に食べる。口の中で洗濯物のように混ざり合うスープ、具、ブン。路上の簡易テーブルで、その未知のハーモニーを味わいながらビールを飲む。そして、周囲のガヤガヤした風景をゆっくり見回してみると、己の身体がベトナムの日常にようやく溶け込んでいくような感じがして、とにかく嬉しいのだ。

　このように、周囲の雰囲気が最高の調味料になってしまう食べ物屋の中で、オレ達が最も気に入っているのが『亀の池』と呼ばれる所に出ているハマグリ屋台だった。その円形のロータリーになっている所の中心には、直径20メートルほどの噴水池がある。そして、その周りの道路をバイクや自転車が走り、さらにその外側の沿道に数軒のハマグリ屋台のテーブルが並んでいるのである。

⇧屋台にはいろいろな貝が
⇩夢中で茹でハマグリを食べるオレ。客観的に見ると大人の捨て子だな…。オフクロ、オレのこと産み直してくれ。NOW！

　そこで出されるプリプリの茹《ゆ》でハマグリはいつ食べても震えるほどウマいが、ここに行くなら絶対午後6時前後の夕暮れ時がいい。屋台のオヤジが木に吊り下げたランタンに明かりを灯《とも》すその頃、ホーチミンのグレーがかった空に鮮やかな

オレンジ色が走り始める。周囲のまだ3割も埋まっていないテーブルからは、会社や学校から解放された人々の笑い声。道路からはバイクのエンジン音とクラクションに混じって、チッチッチッ…というラーメン屋の注文取りの少年が刻む拍子木の音が聞こえてくる。さらに耳を澄ますと♪プ~ヒャラ、プ~ヒャラララ、プ~ヒャラ…というアイスクリーム売りが流すマヌケなメロディー。そして、中央にある噴水が池の水面をシャワシャワ叩く音も聞こえ、それらすべてが混然一体となり、絶妙な騒がしさが作り出される。

路上の解放感、極上の夕暮れに照らし出される飽きない風景、ちょうどいい騒がしさ……そんな環境の中でプリプリのハマグリをつまみながら飲む冷えたビール。これが一瞬にして全神経に染み渡っていくほど、とにかくウマい。要するに、ビールを飲むのに最高の空間なのである。そして、ココに来るとオレは決まってこんなことをシミジミ思うのだ。

(ココで好きな女と待ち合わせをしたいなぁ…)

――軽く酔いながら、周囲をボンヤリとながめている。と、向こうからニコニコ笑った女のコがチャリンコに乗って近付いてくる。オレは少しドキドキしながら軽く右手を上げて合図。目の前でチャリンコのスタンドを下ろし「あ~、もう酔ってるぅ~♡」とスネるようにほほ笑む女のコ。そして、オレの隣にチョコンと腰を下ろし、少しはにかみながらオレのグラスからビールを一口。そして、イチゴカプリコのような吐息をついた後、オレの目を斜め下から甘えるようにのぞき込んで「1秒でも早く会いたかったから、会社から全力で自転車こいできちゃった♡」――うおおおおおおおおっ!! この夢が叶えられんなら、なんだか知らないけど先祖の墓だって掘り返しちゃうぞっ、今のオレ！

さて、正気に戻ろう。数日後、鈴木君が『双子レストラン』というのがありますからソコ行ってみませんか、なんて言ってくる。

「双子レストラン？ ……つまり、何がどうしてどうなってんの？」

が、鈴木君も1度もそのレストランを訪れたことはないらしく、詳細はわからないという。ま、とにかく行ってみんべ、ということで翌朝10時にそのレストランを訪れてみた。

中心街から少し外れた所にたたずむ巨大な洋館。今まで屋台に毛が生えたようなトコばっかりでメシを食っていたオレ達にとって、それは少々面食らう代物だった。

「おい、建物からして双子だぞ、ココ」

中庭で感心したように辺りを見回しているカモちゃん。なるほど、そう言われてみると建物はシンメトリーになってるし、点在している大きな植木鉢やテーブルも、すべて2つずつ配置されていることが判明。

「こう2個2個ばっかだと麻雀《マージャン》でもやって、七対子《チートイツ》を上がりたい気分にならない？」

「シッ、黙ってろ！」

…なぁ、カモちゃん。極秘作戦の実行中じゃないんだから、もう少し穏やかに注意できないかい？

数分後、従業員が集まってる部屋に案内され、その中の光景を目にした途端、呆気《あっけ》に取られてしまうオレ達。

（なるほど、つまりこういうことだったのかぁ…）

中にいた計24名の従業員は、すべて双子。つまり、双子が12組勢ぞろいしていたのだが、なんと不思議な眺めなのだろう。この時の衝撃を正直に書くと、言いようもない錯覚を起こして訳がわからなくなったオレの脳が、とりあえずミニゲロを吐けと命令してきた、まさしくそんな感じだった。

女性経営者、グェン・ティ・ホン・ホアさんの話では、彼女の友人の音楽家が10数年前、この建物を買い取った。その後、日本の会社にココをレストランとして貸し出したがうまくいかず、音楽家のオーナーがこの建物の作りをヒントに双子レストランを開くことを思いつく。そして、2年前に彼女と音楽家の息子が共同経営者になって今日に至っているとのこと。また、こんなにも多くの双子をどうやって集めたのかというと、ホーチミンは元より中部のフエの方まで出掛け、6ヵ月かけて双子の少年少女をスカウトして回ったという。ちなみに、料理の方も双子にまつわるメニューはないのかと尋ねたところ『双子のエビ』というものならあるという。つーことで、とにかくソレを注文したところ、1尾のエビを背中から真っ2つに割り、それをただ焼いたものが出てきた。余計なお世話かもしれんが、もう少し考えた方がいいと思う……。

その後、双子の従業員に次々と質問を繰り出すオレ達。その答えをトータルすると、次のような要素が浮かび上がってきたのである。

●双子ばかりでも、お互い照れたり嫌になったりすることはない。それどころか、たくさんの双子と知り合いになれて楽しい。
●双子で損をしたことはない。得することは助け合うことができたり、人がプレゼントをくれる時、片方にだけあげるわけにもいかないので両方にくれること。デートの替え玉はしない。
●日給は2万ドンで、1ヵ月で70万ドン前後になる（ベトナムのドンを日本の円に換算するのは、ゼロを2つ取ればいい。つまり、70万ドンは約7000円）。

双子の従業員達。なぜか殺人事件が起こるような気がした

●他の双子のことは最初はどちらが兄か弟、姉か妹か？　わからなかったが、そのうちわかるようになる。また、弟や妹の方がだいたい背が少し高い。
——とまぁ、こんなことがわかったが、オレが自信を持って言えるのは1つだけ。あんまり意味なかったな、このインタビューって……。

さて、そろそろ退散しようと思いかけているオレ達の前に突然、「ハロー！」という声と共に現れる1人の中年男性。

「あの、さっきの女性と共同でこのレストランを経営

『双子のエビ』とオーナー。早い話が、似た者同士

しているグェン・タイン・バックさんです。ココのオーナーの息子さんですね」

男性としばらく言葉を交わし、そう伝えてくれる鈴木君。

（つまり、2代目のボンボンかぁ。なるほど、ちょっとイイ事があるとスグにシャンパンの栓を抜きそうな顔してるもんなぁ、この男）

その後、彼にも話を聞いたところ、次のような展望を自信に満ちた表情で語ってくれた。

「将来的には、このレストランを双子の交流の場にしたい。双子が来たら食事代は無料。週末なんかは双子が歌ったり、踊ったりする歌謡ショーを開くことも計画している。あと、もっと双子の従業員の数を増やして、ボディービルをやってる双子を門のところの守衛にしたい。私が所有しているサイドカー付のバイク。実はその右側部分にも、もう1つサイドカーを付けてツインにしたいのだが警察の許可がなかなか下りない」

ねぇ、もう1人の経営者のホアさん。アンタがシッカリしないと近い将来潰《つぶ》れるよ、このレストラン。

その日の夕刻、グエン・コン・チュー通り沿いのヤギ鍋屋《なべや》にいるオレ達。この通り沿いには同じような食堂がズラリと並んでおり、どの店も目の前の沿道にギッシリと背の低いテーブルを並べている。その上にはペラペラのビニール製の屋根が張り巡らされていて、なんだかインチキピクニックの休憩所といった雰囲気が漂っていた。

「……鈴木君。ホントにウマいんかよ、ヤギ鍋って？」

彼が珍しく強く勧めるので来てしまったが、ヤギ鍋というのは正直、なんか嫌な響きだった。

「美味《おい》しいですよ。ちなみに、ヤギ肉というのは精力剤の役目にもなり〝スケベ〟という意味も含んでるんです。だから、ヤギ鍋屋には女のコだけのグループは滅多に来ないんですよ。逆に、ココに来て2人で食事をしている男女は絶対デキてるって見られるらしいですよ」

「ふ〜ん」

少しするとスライスされたヤギ肉、豆腐、油揚げ、青物などが乗った大皿がドカン！と簡易テーブルに置かれ、続いてスープを6分目くらいまで湛《たた》えた小汚い鍋が登場。早速、具を鍋の中にブチ込み、煮込むこと3分。やわらかくなったヤギ肉を口の中に放り込んでみると…なんだコレ、ウマいじゃん！

予想に反してヤギ肉にはまったくクサ味はなく、濃厚なドブ色の甘いスープがソレにピッタリと合っているのだ。アッという間にすべての具をしゃくったオレ達は、途中で出された中華麵《めん》とフーティユ（米粉で作られた麵。キシメンのような形）もスープの中に入れ、それもアッという間にペロリ。

「いいなぁ〜、この雰囲気」

ルア・モイ（1本100円ぐらいで売られている蒸留酒。今回の旅では大分お世話になりそうだ）のソーダ割りを水のように飲み、上機嫌な声を上げるアル中カモちゃん。周囲を見回してみると、いつの間にかどの店のテーブルも客で埋め尽くされ、みんなすごく楽しそうだった。と、それと反するようにボソボソと話し出す鈴木君。

「――ボク、ベトナムに来て今年で6年目なんですけど、ようやく何人かのシクロの運転手と仲良くなったんです。1日中自転車をこいでる彼らは、このヤギ鍋を食べて1杯やるのが楽しみで、以前はタマに彼らとココに来てたんです。ベトナムの庶民にとって、ヤギ鍋を食べるというのはささやかなぜいたくなんですよ。ところが、最近シクロの景気が特に悪いんで、ほとんど来られなくなっちゃったんです。家族を食べさせていくだけでも精一杯らしくて」

「なるほどね……じゃあ。タマにはオゴってやればいいじゃん、鈴木君が」

「オゴると言っても来ないんですよ、相手はオゴリ返せないですしね。今日はお前が出したから次は俺が出す…シクロの運転手の中にもそういう律儀な人は結構いるんです」

「お前は天才かあああああっ!!」

イスをハネ飛ばすようにして立ち上がり、いきなり絶叫するアル中。次の瞬間、反射的にぎこちない防御のポーズをとっている鈴木君。

「そんなイイ話を口笛を吹くかのように…お前は天才なのかああああっ!!」

…なぁ、カモちゃん。ジーンときちゃったのはいいけど、１つだけ言っていいか。ケンカだと思ってダッシュで近付いて来てたんだよっ、向こうから警官が!!

ちなみに、その店の席を立った時、オレ達は次のような光景を目撃することになった。プラスチック製の大きな容器を持った物乞《ものご》いの少年。彼はオレ達の鍋に残っていたスープを容器の中に素早く移し入れ、それを一気に飲み干したのである。鈴木君によると、この通りでは当たり前になっている事だという。

思うに、この国では立派な犯罪なんだな、デブって……。

▼ホーチミン

世界の珍獣、手乗り鹿を追え!

——手乗り鹿。

その珍奇な生物に関する情報を耳にしたのは、ベトナムの首都ハノイ。しかも、発信元は他ならぬカモちゃんだった。

今から2年前、ハノイ駅の真ん前にある小汚いカフェで行動を共にしていたカモちゃんが突然、こんな話を始めた。

「どうやらこの国の山中に〝手乗り鹿〟っていうのが生息しているらしいんですよ。見た目は鹿そのものなんですけど、大人になっても体長が30~40センチぐらいにしかならないんです。で、数年前にその鹿の捕獲に成功した奴がいるそうなんですけど、あまりに小さくて餌に何をやるか迷っているうちに死んじゃったらしいんです」(注:この時は初対面だったので、カモちゃんはまだ丁寧な言葉を使っていた)

この〝捕まった宇宙人〟のような話は、本来なら一笑に付して終わりになるはずだった。

が、オレはそのさらに2年前に日本の某テレビ局が流した特番、それを思い出していた。その番組は世界のさまざまな珍獣を探し求めるといった内容で、その中にこの手乗り鹿が登場していたのだ。

ところが、居眠りをしながら見ていたかどうかで、その記憶というのが実に頼りない。そこに手乗り鹿の姿が映し出されたとか、どの国のどういう場所に現れたとか、とにかくそういう記憶がほとんど残っておらず、ただ〝手乗り鹿〟という間抜けな名称だけが脳細胞の片隅にかろうじて引っかかっていたのである。

こうなるとオレはタチの悪い男で、その旅の最中も、名前以外はどうしても思い出すことのできない手乗り鹿のことがやたら気になっていたのである。

ところが、その旅から帰ってきて3ヵ月もたたないある日、カモちゃんから1本の電話が入った。

「手に入ったよっ、例の手乗り鹿の剝製《はくせい》が！」

「えっ…どうして⁉」

「先月、ベトナムに行ったオレの知人がプレゼントしてくれたんだよ。ククク……今、俺の手のひらの上でほほ笑んでるよ、手乗り鹿が」

電話を切ったオレはそのまま車に飛び乗り、都内にあるカモちゃんちに向かった。そして1時間後、昔好きだった同級生と再会するような気持ちでカモちゃんちに上がり込み、

カモちゃんが入手した手乗り鹿の剝製。……
なにも言いたくない

コタツの上に4本の足で立つ世界の珍獣とついに対面！　ところが……なんと言ったらいいのか、こう、あまり鹿に見えないのである……。

　顔は鹿というよりキツネとかイタチに近く、もちろん角はナシ。不自然にデップリしたラグビーボールのような胴体からは、それと不釣り合いなチワワのような脚が申し訳なさそうに伸びている。その上、ベトナムのインチキ剝製師が加工したらしく、目の玉が木で投げやりに作られている事が余計に〝胡散臭《うさんくさ》さ〟を増長させていた。

「……これ、ホントに鹿？」

「鹿だよ！　ほら、脚の先を見てみなよ。なっ、ちゃんとヒヅメが付いてるだろ」

「……まぁ……ね」

「鹿かなぁ、これ……？」

「自信ないんかいっ、アンタも！」

　それからさらに数ヵ月後、再びカモちゃんから衝撃の電話が入った。

「ほら、鈴木君っていたろ。ベトナムでガイドしてくれた」

「用があってさっき国際電話入れたんだけど、あの野郎、今頃になって〝ホーチミン市内に手乗り鹿を食べさせてくれるレストランがあるんです〟なんて言いやがってさぁ」

「えっ……」

「旅行中に言えってんだよっ、あのバカ男！」

おいっ、ちょっと待てよ。――食べさせてくれるレストランがあるという事は、その肉を料理にしてポンポン出すほど手乗り鹿は生息してるんかい？　だって、曲がりなりにも世界の珍獣だろ、手乗り鹿って。

その後のカモちゃんの話では、鈴木君はそのレストランを実際に訪れたことはなく、正確に言えば、彼はそんなレストランがあるよ、という噂を聴いただけらしい。超インチキ臭い剝製が登場したかと思えば、今度は珍獣を食わせるレストランがあるという怪情報……手乗り鹿の謎は深まるばかりだった。

そして、今回の旅。しょっぱなから車にハネられてオレ達を驚かせた鈴木君。が、彼の口からはさらに驚くべき言葉が発せられたのである。

「あの、以前お話しした手乗り鹿を食べさせてくれるレストラン、あれは実際に存在しているみたいです。明日、知り合いが住所を調べて教えてくれるっていうんですけど……行ってみますか？」

「なんだよ、それ……」

つーことで今、ホーチミンの中心から少し外れた場所でウロウロしているオレ達だったが……。

「あ、住所によるとココですよ、ココ」

そう言って、正面にある細長いビルを指差す鈴木君。

「…え、だって抱きビアじゃん、コレ」

抱きビアとは、簡単にいえばキャバレーのことで、正式名はビア・オム。たいがい2階の窓に小さく『RESTRANT』とだけ書かれた、極端に生活感や化粧っ気がないビルがソレで、鈴木君が指差したのはまさにその典型の建物。

ちなみに、一応レストランということになっているので、ほとんどの抱きビアの1階にはワザとらしくテーブルが置かれている。が、客が利用するのは2階より上のフロアで、各階にはいくつかの個室があり、その中でビールを飲みながら女のコの乳や尻《しり》を撫《な》でたりできるのだ。

「フカシを入れられたんだよっ、鈴木君は。こんな所で手乗り鹿を出すわけねえじゃねえかっ！」

早くも怒り出すカモちゃん。

「いや…あの、店の人に一応聞いてみます…」

敗戦処理を命じられた投手以下の気持ちで、ビルの中に入っていくオレ達。そして、1

階にあるテーブルでタバコを吸っている、目つきが鋭く頬に刀傷のようなものがある男に、鈴木君が恐る恐る声を掛ける。その用心棒のような男は鈴木君と2、3言面倒くさそうに言葉を交わすと、迷い込んできた野良犬でも追っ払うように右手でシッ、シッとやる。

「あの、そんなモノはないって言ってますね……」

「おう！ テメー、バカにした態度取ってるとやっちゃうぞっ、こらっ!!」

思わずそんな風に叫んでいた。そう、今回の旅の目的は〝とにかくベトナムに勝つ〟ことなのだ。

と、いきなり背後からベトナム人にしてはデップリとした大柄なオッさんが現れ、オレ達に高圧的な視線を向ける。一瞬にして張り詰める周囲の空気。

（面白れえ、やるならやったろうじゃねえか……）

体内をかけめぐりだすアドレナリン。そして、鈴木君にインネンをつけ始めるオッさん。

なるほど、弱い所から切り崩そうって戦法かいっ。

「…あるって言ってます、手乗り鹿の料理」

「へっ…？」

数分後、1階のテーブルでビールを飲んでいるオレ達。

「しかし、ホントだったんだなぁ、手乗り鹿を出すレストランって」

「甘いよっ、板谷《いた》君は。鶏肉の炒め物かなんかが出てきて『これが手乗り鹿です』なんて言ってくるのがオチだよ。普通、世界の珍獣を出すと思うかぁ、こんな抱きビアで。昔、シンナーばっかり吸ってたから脳味噌《のうみそ》が……」

ドン！

いきなりテーブルの上に置かれる、皮が剝《は》がされてビニールシートの上に横たわってい る動物。

「うわ〜っ、気持ち悪りぃ。…な、なんなのコレ⁉」

が、よく見ると、それは全長40センチ弱の4本足の動物で、脚の先には紛れもなくヒヅメが付いている——。

「昔はコレの炒め物を1皿5ドルで出していたそうですが、1年前に禁猟になったので、今は20ドルだそうです。生後1年ぐらいが一番美味《おい》しく、中でもモモの部分の肉が最高らしいです」

オッさんと言葉を交わし、そう報告してくれる鈴木君。

「板谷君っ、早くその近くにタバコ置いて！」

その肉塊に、興奮状態で何度もカメラのフラッシュを飛ばすカモちゃん。……つーことはホントに手乗り鹿なんだっ、コレ‼

その後、1階の奥にある厨房《ちゅうぼう》でブツ切りにされた手乗り鹿は春雨、タマネギ、長ネギらと一緒に炒められ、オレ達のテーブルに出てくる。ちなみに、料理法はこれしかないらしい。

手乗り鹿を食べるオレ。バアさんの電気毛布のコード、それを夜中に抜くような罪悪感が襲ってきた

「はい、板谷君。写真撮るからその肉にカブリついて」

「さっき原形を見ちゃったからなぁ。…ダメ？　どうしても食べなきゃ」

「グダグダ言ってねえで早く食べろっ、主人公なんだから！」

「今回もそれかいっ！」

フラれ気分で肉片の1つを箸《はし》ではさんだオレは、観念してそれにガブリついてみた。ガリッとした異常に固い感触。

「はい、もっとよく嚙《か》んで」

なぁ、カモちゃん。よく見たら頭なんですけど、コレ…。

しかし、考えてみるとマヌケな話である。2年間かけて徐々に近付いてきた〝生きた手乗り鹿〟にようやく対面できるかと思ったら、その前にいきなり食っちゃってんだもの、オレ達。しかも、味の方はウサギの肉を少し獣臭くしたような感じで全然ウマくないし、第一、客観的に見たらキャバクラの前でヤンバルクイナの肉を食ってるようなもんだぞ、この状態って。

また、上の階にいたホステス達がまだ夕刻前でヒマなもんだから、全員下りてきて食事中のオレ達を至近距離で眺めている始末。これじゃあどっちが珍獣だかわかったもんじゃない。もひとつオマケに言わせてもらえば、その中の2人のネーちゃんが、数分前からキャハキャハ言いながらオレのオッパイをグリグリ揉《も》んでいるのである——。

「鈴木君、この店に生きてる手乗り鹿はホントにいないの？」

「ええ、オジさんにさっき尋ねたんですけど、今日仕入れたのはボク達に出した1頭だけだって言ってましたから」

「どこから仕入れてんだろ？　今度仕入れに行く時、俺達も一緒に連れてってくれってオッさんに頼んでくんない」

カモちゃんにそう言われ、厨房で一喫しているオッさんの所に向かう鈴木君——。

「ダメだと言ってます…」

「じゃあ、仕入れる所だけでも聞いちゃえよ。俺達が直接ソコ行っちゃえばいいんだから」

「いや、それも聞いたんですけど教えられないって…」

ホテルのそれぞれのベッドで大の字になるオレとカモちゃん。

「まいったな……。生きてる手乗り鹿は結局見れずじまいか。鈴木君から聞いたんだけど、ベトナムではコン・チェオって呼ばれてんだってよ、あの鹿」

「ふ〜ん……でも、見たいよな。何頭もの手乗り鹿がピョンピョン跳ねてるとこ……」


それから1週間後、どうしても諦《あきら》めきれないオレ達は再び例の抱きビアを訪れ、捕獲された手乗り鹿が集められる所に連れてってくれるなら2万円を出すと告げた。が、オッさんの答えはノー。やはり禁猟になっているモノを売り買いしているわけだから、仲間内でもそのへんの規律は厳しいのだろう。ところが……。

「連れてくことはできないけど明日、生きた手乗り鹿が3頭入るからココに来れば見せてやる…と言ってますけど」

「え、ホントかよっ！」

翌日の正午。ワクワクしながら例の抱きビアを訪れるオレ達。

「あの…いないらしいです」

「なんだよっ、それ！」

目が三角になるカモちゃん。

「オジさんの話では、手乗り鹿というのは鉄砲で撃つ必要がなく、石を投げたらビックリして動けなくなってしまう臆病者《おくびょうもの》の代表のような生き物らしいんです。しかも、捕える時に強くつかんだら10分で死ぬし、そうじゃなくても3時間ぐらいで死んでしまうらしいんです」

「手乗り鹿の解説を聞きに来たわけじゃねえんだよっ。約束の時間に来たのになんでいねえんだよ！」

「ですから、あの…生きてる手乗り鹿は滅多に手に入らないそうです」

「昨日と全然話が違うじゃねえかよっ!!」

まったく胡散臭《うさんくさ》い事だらけである。

この抱きビアの店主らしい例のオッさん。奴は顔からしてヒットラーとカンフー映画に出てくる悪の親玉を足して2で割ったような感じだが、その話がさらに怪しい。いくら臆病な動物でも、〝強くつかんだら10分で死ぬ〟っていうのは、どう考えてもウソ臭い。また、さっきから気になるのは、最初にこの店に来た時にいた用心棒のような男。奴がオレ達のやり取りを見てニヤニヤ笑っているのだ。ひょっとして、思いっきり担がれてんじゃねえのか、オレ達って……。

なんだか、さっきまで戸板1枚向こうにいた手乗り鹿がみるみる遠ざかっていくような気がした。

2日後の早朝。オレ達の部屋に自分のアパートにいる鈴木君から電話が入った。

「あの、例の抱きビアにいた目つきの鋭い店員って覚えてますか」

「——ああ、あの用心棒ね。で、どうしたの？　こんな朝っぱらから…」

「あの店員がこの前、ボクの携帯の電話番号を尋ねてきたから教えたんですよ。そしたら今さっき電話が入って、生きてる手乗り鹿が2頭入ったからスグ来い、って言うんですよ」

受話器を持ったまま少しの間考えるオレ。

「カモちゃん、ちょっと起きてくれよ。鈴木君から電話で、生きた手乗り鹿が2頭入ったっていうんだけど、どうする?」

「……恥ずかしい事をしてしまいました。丸焼きが食べたかったばっかりに」

「食べるんじゃねえんだよっ。生きた手乗り鹿が入ったらしいんだよ、ホントかどうか知らんけど。…ねぇ、どうするよ?」

「ミカンがプチュプチュプチュって…フフフ、ポケットの中に豆腐を入れちゃった♡」

なんだよっ。寝言じゃねえかよっ、バカヤロー!!

1時間後、抱きビアの前にオレ達が到着すると、例のオッさんが待っていたかのようにニコニコ笑いながら出てきた。

(なぁ、今日もいないいないなんてヌカしたらオレ、マジで暴れんからな)

と、店の前に出ている高さ2メートル弱の檻《おり》。その横3段に仕切られてる真ん中を指差すオッさん。腰をかがめて中を覗《のぞ》いてみると……。

いたぁ〜〜〜〜〜〜〜〜! 手乗り鹿だあああああ〜〜〜〜〜〜〜〜っ!!

全長は2頭とも40センチ弱。胴体はカモちゃんちにある剥製《はくせい》と違って、スマートそのも

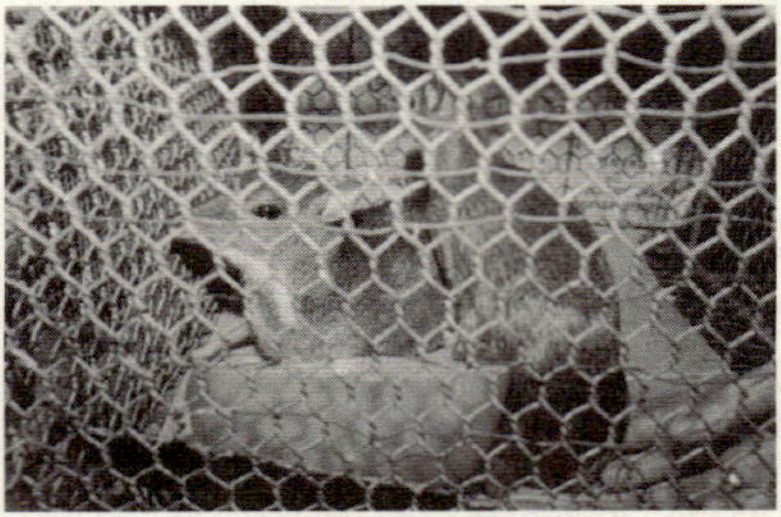
檻の中でジッとしている手乗り鹿。大声で謝りたくなった

の。体毛は黄土色。だが、アゴから胸にかけて白毛のストライプが3本走っている。ピーンとトガった4センチほどの耳の下には、クリクリっとした黒いビー玉のような目。さらに、その下にある口には驚くほど鋭い、糸ノコのような小さい歯がギッシリ並んでいた。そして、その2頭の手乗り鹿は、背中を細かく震わせて大人しくうずくまりながらも、香草をムシャムシャ食べていたのである。——しかし、なんと弱そうで、なんと儚《はか》なく見える生き物なのだろう。

と、いきなり両後ろ足をつかみ、1頭を檻から引きずり出す例の用心棒。逆さ吊《づ》り状態でオレの目の前にブラ下がった手乗り鹿は、左右に身体をくねらしながら、ディップのような透明でネバネバした鼻水を撒き散らした。そして、予想以上に長い舌を出した次の瞬間……。

グギャ〜〜〜〜〜〜〜〜〜〜〜〜！

というグロテスク窮まりない声で鳴いたのである。その光景をぼう然と見守るしかないオレ達。と、逆さにされているせいで、手乗り鹿の目の周り2ミリぐらいの白い部分。ソコがアッと驚くような早さで充血してきたと同時に、目がみるみる虚《うつ》ろになってきているのである。

　なんとデリケートで、なんと哀愁に満ちた生き物なのだろう……。強く摑《つか》んだら10分で死ぬ、というのはひょっとしたら事実に近い事なのかもしれない。

　とりあえず手乗り鹿を檻に戻させ、オッさんに話を聞くことにした。

「あの、なんで生きてる手乗り鹿が入ったのかというと、たまたま捕獲している人が2頭だけ後ろ足をそっと捕まえたので、それでショックが少なくて生きてたらしいです。それと、ホーチミンで手乗り鹿を仕入れてるのは現在、ウチの店だけだと言っています」

「ふう〜ん。でも、わざわざ電話してきてくれるなんて意外と親切じゃねえか、このオッさん達」

「これは予想なんですけど…。最初は変な外国人だと思ってたけど、何度も熱心に訪れてきたんでボク達のことを気に入ってくれたんじゃないですかねぇ」

　ふと、背後を振り向くと並んでニコニコ笑ってるオッサンと用心棒。おメーら、実は親切な奴かもしらんけど確実に顔で損してんだよ。整形しろ。

　世界の珍獣、手乗り鹿。ま、冷静に考えるとこうや

エサを食べる手乗り鹿。捕まる方が悪い、という心変わりを感じた

吊り下げられた手乗り鹿、それを満足そうに眺める抱きビアの主人。完璧な悪人ヅラ。絶対整形しろ

ってソレを料理にして出す店もあるぐらいなので、どの程度の珍獣かは正直、オレにもさっぱり見当がつかない。ただ、この旅の期間中、各地の人々にヒマさえあればこの手乗り鹿のことを尋ねてみたが、コン・チェオという名前を知ってる者はいたが実際に見た者は1人もいなかった。

抱きビアを去る際、オッさんが誰にも言うなという条件で次のような事を教えてくれた。

『ベトナムの山岳部で捕獲された手乗り鹿は、ホーチミンから約60キロ北上したところにある〝ロン・カン〟という街に一度集められる』

なぁ、オッさん。言うどころか本に書いちゃったよ。ま、これもアンタのその悪人ヅラが原因だと思う。整形しろ。

▼ホーチミン

闇占いと真鯉ブラザーズ

占いという占いが、すべて法律で禁止されているベトナム。迷信、怪現象、超能力……といったオカルトチックなモノは厳格な政府が認めていないため、この国で許されているのは宗教ぐらいなものなのだ。

が、中国文化の影響を強く受けているこの国では、昔からさまざまな占いが日常生活に溶け込んでいる。ま、いくら禁止されたって必要だと思うことはヤッちゃうのが人間だが、とにかくこの国で自分の運勢を見てもらいたいなら、〝闇占い師〟に頼むしかないらしい。

つーことで、オレ達はホーチミンの中心から車で30分ぐらい走った所にあるフー・ニャン区。そこにいる占い師を訪ねてみることにした。

仕事場になっていたのは、チビッコ達が軒先でキャハキャハ水遊びをしている普通の民家、その裏側にある物置部屋のような1室。そう、あくまでも闇占いなので、自宅でやるなどもっての外。できるだけ目立たない場所を借りているのである。

その部屋にあるテーブルで、貧乏揺すりをしながら座っていたのが占い師のグエン・クォック・フン。彼は67年生まれの31歳で、占いのキャリアは今年で9年目。また、彼の占いは本当に当たることで有名らしく、仕事は昼間の11時から2時までしかしないらしい。つまり、1日たった3時間でも客が絶え間なく訪れるため、楽勝で食っていけるのだ。

テーブルをはさんで彼の正面に座るオレ達。その顔はジャッキー・チェンを思いっきり情けなくしたような感じで、服装はシャツにスラックスと至って普通だったが、両手の小指の爪を万年筆の先のように伸ばしていた。

「あの…誰が占ってもらいます？」

「板谷君だよ。武蔵丸《むさしまる》に似てるし」

「関係ねーだろ、そんなこと！……わかったよ、オレが見てもらうよっ」

ところで、最初に断っとくが、オレの占いに対する信用度は〝テキサスあたりの農夫が宇宙人に捕まりUFOの中で変な手術をされたという話〟に対してより低い。というのも今から6年前、地元のデパートの中で、水晶玉を使う占い師に自分の運勢を見てもらったことがある。その時、「今年は健康そのもの」と言われたが、翌日オレは自分ちの庭で弟の車にマリアンの母親のようにハネられたのである。また、2年前のある日、新宿の割と有名な占い師に「今年は悪いことは何も起こりません」と断言され、その2日後、火事で自分の家が全焼した。

中央が闇占いの先生。ふと、「よろしく、どうぞ〜」と言ってから電話を切る男のような気がした…

これで今でも占いを信じろと言うのは、わかりニクく言えば信号のない大きな交差点のド真ん中で踊ってるマイケル・ジャクソン。彼の手の動きを手信号に見立て、それに従って交差点に突っ込むようなものである。

話を進めよう。ベトナムの闇占いには日本と同様、手相・人相・星占い・風水…といろいろあるらしく、この先生の専門はトランプ占いだった。つーことで、オレから名前と生年月日を聞いた彼は早速、テーブルの上にあったトランプを軽くキリ始める。

「どんな事を占って欲しいか、と聞いてますけど……」

「う〜ん……ま、今後の仕事のことだな。どうしたら大金持ちになれるか」

オレの要望を伝えられた先生は軽くう

なずいた後、1番上のトランプにオレの右手の人差し指をタッチさせる。そして、12、13枚のカードを上から順番に円形になるようにテーブル上に並べた。

「残りのトランプの中から1枚だけ好きなのを引け、と言ってます」

オレが引いたのはクラブの13。

「ヒゲを生やした人間と一緒に仕事しろ。そうすれば良い方向に行く、と言ってます」

(まんまじゃねえかよ…。スペードやハートの13を引いても同じこと言うんじゃねえか)

「アハハ、つまり俺が幸運のキューピットってわけか」

そういって少し照れくさそうな顔をするカモちゃん。なぁ、確かにあんたは顔中ヒゲだらけだけど、この世の中にヒゲを生やしてる男なんてゴマンといるんだよ。ついでに言えば、ウチのバアさんだって良く見るとヒゲが生えてるっつーの。

その後、頼みもしないのに、次々といろいろな事を占ってくれる先生。

「今年、絶対やっちゃいけない事は人間の死体を見てはいけない、御葬式に出席してはいけない、お産をした女性を訪ねてはいけない…この3つだそうです」

(遅いんだよっ。その3つ、全部やってるじゃねえか、オレ…)

その他にこんな事も言われた。――来年(99年)の6、10、12月のどれかに車を変える機会がある。日本に帰ったらスグに新しい愛が生まれる。年末に宝クジが当たる可能性が高い。名前の頭文字にT、L、N、C、が付く奴とは関わるな。今後、職を変えるなら変化が多い仕事がいい。

「…なぁ、鈴木君。んな事どうでもいいから〝ここ2年間、オレんちは悪い事しか起こらねえんだけど、それは家の向きとか位置とかに関係してるのか？〟って聞いてくんない」

「――私はそういう事を見るのが専門だ、と言っています」

「最初にそれを言えっつーんだよ！」

「この紙に家とその周囲の簡単な見取り図を描け、と言っています」

鈴木君。オレの脳が面倒臭い、と言っています。

ところが……。そこからがホントに凄《すご》かった。何が凄いかというと、オレが描いたのは敷地の形とその中に建っている家の位置だけだった。にもかかわらず、占い師はココに水の入ってない池があるはずだとか、この家の玄関はコッチを向いているとか、ココにも数年前まで家が建っていたはずだ…とか好き勝手な事を言い、それがすべて当たっていたのだ。

もう1度言う。オレは占いなんか全然信じてなかった。いや、今でも信じてはいない。でも、何なんだろう、この的中率……。ちなみに、占い師のアドバイスでは、寝室にあるオレのベッドの向きを変えれば悪い事は起こらなくなるらしい。つーことは、家が燃えたりドロボーに入られたりジイさんが急死したりって事の真犯人は…実はオレだったのか…。

もう少し家に関する事を尋ねようと思ったが、背後を見てみるといつの間にか深刻な顔をしたオバちゃん達が立ったまま並んでいる。そこで、ようやく席を立つオレ達。ちなみに、料金は外国人で1回30〜40ドルが相場、ベトナム人はそのほぼ半額ということだった。

その晩、ホテルの近くにある欧米からの旅行者でゴッタ返しているバーに行くオレとカモちゃん。このトロピカルな感じの店を訪れるのは今夜で3度目。考えてみるとオレ達は、バンコク入りしてからというもの毎晩浴びるほど酒を飲んでいる。そして、ようやくオレ達はある事に気付き始めたのである。

2分刈りの梶原一騎《かじわらいっき》のような人相のデブと、いつも目を三角にした雇われ侍のような男との2人組。オレ達はどうやら毛唐共に変な威圧感を与えているらしいのだ。その証拠に、隣のテーブルで楽しそうにしゃべっていたフランス人らしきカップル。奴らはオレ達が近くに腰を下ろした途端、ハマグリのように口を閉ざしてスグに席を立ってしまった。そして、次にその席に座った金髪の兄ちゃん2人組もオレ達と目が合ってからというもの、急に押し黙ってカクテルをすすっているのである。

コレと似た現象は昼間も見られた。オレ達が道を歩いていると、正面から来る欧米人が3メートルぐらい先から歩く方向を左右に微妙にズラし、既に避《よ》ける準備をしているのだ。奴らにとって東洋人の旅行者、その中でも日本人というのは一般的に愛想《あいそ》が良く、また、引っ込み思案なイメージがあるのかもしれない。ところが、こんなに乱暴そうで、得体のしれない自信をみなぎらせている日本人は奴らの目には不気味に映るのだ。

派手で華やかな感じのする欧米人。このバーを水槽に例えるなら奴らは熱帯魚で、オレ達は底の方に沈みながら並んで嫌な呼吸をしている黒い鯉、つまり真鯉なのだろう。

「カモちゃんは昔から欧米人が嫌いみたいだけど、どうしてなの?」

「欧米人というか、アメリカ、イギリス、フランス、中国、旧ソ連人が嫌いなんだ。やつらは心の底ではアジアを見下しているばかりか、その大地でチェスを楽しんでやがるんだ」

「……は？」

「板谷君はパチンコばかりしてないで、もっと歴史を勉強しなきゃダメだよっ。——とにかく、その中でもオレが大嫌いなのはフランス人だな。奴らは自分達が世界中で最もおしゃれで、利口で、上品だと勘違いしてやがるんだ。クソだよっ、アイツらは！」

その後、数軒のバーをハシゴし、ベロベロになってホテルに戻った。それにしてもカモちゃんというのはホントにおかしな奴である。

今も隣のベッドで横たわりながら両腕を身体に対して垂直に上げ、訳のわからない事をブツブツつぶやいている。そう、夢の中で本を読んでいるのだ。

オレとカモちゃんは、同い年の34歳。オレは物心ついた頃から、地元で暴走族やらヤクザの予備軍のような事をやって不必要に暴れてきた。そして、それに飽きるとパチンコをしながらその合間に仕事をし、外国に1ヵ月単位で旅して回るようになったのは、カモちゃんと知り合ったつい2年前のこと。で、現在も異なる環境の中では余りにも無力な自分に驚くばかりで、基本的にはただプルプル震えているだけなのである。

一方、カモちゃんはというと、若いうちから1人でインドやカンボジアに出向き、それが高じてフリーのジャーナリストになった。

それからの彼は、戦闘が行われている国にビデオカメラを担いで出掛け、自分の命や仕事やプライドを守るためにさまざまな国の人間とケンカしてきた。ボヤッとしていると死んでしまうかもしれない毎日。それは、以前の彼を常人の3倍の密度で怒ったり、警戒したり、悩んだりする男に変えた。しかも、寝ている間でさえ絶えず異常な歯ぎしり、寝言、部屋の中の徘徊《はいかい》……である。

で、そんなカモちゃんは、町内ではなく外国での闘い方をオレに教えてくれてるんだと思う。タイを旅して回った8ヵ月前、オレはなんでこの人はしょっちゅう怒っているのか不思議でしょうがなかった。旅というのは基本的に楽しい時を過ごすもの。したがって、現地にいる人間とフレンドリーに接し、そういうものを積み重ねる事によって、フワフワした思い出の風船が心の中に出来上がるのだ。が、カモちゃんがタイ人を怒鳴り続けているのを見ているうちに、オレはある事がわかってきた。

怒鳴られたり戦闘的にこられたりすると人というのは思わず本心を出してくるもので、その後、その人間が意外と〝イイもの〟を抽出してくる事が多いのだ。そして、その〝イイもの〟をつなぎ合わせていくと、その国のこと、その国の人々のことがよりハッキリと見えてくるのである。カモちゃんがオレに闘えというのは、そういう理由のような気がしてならない。

ま、そろそろ男塾になってきたのでこの辺で止めとくが、今夜のオレがそれ以上に言いたいことは1つ。イイ加減、眠りながら架空の本を読むのは止めろっつーんだよ！　バンコクから10日以上ずーっと同じ部屋だろ。気が狂いそうなんだよっ、オレ!!

元兵士の証言　その①

オレはベトナム戦争には全然興味がなかった。いや、正直言って知りたくもなかった。

「板谷君は4年前にベトナムに来たんだろ。じゃあ、今回で3回目じゃねえか。それなのに、なんでベトナム戦争に対する知識が全然無いんだよ！」

「いや、ヤバいと思って一応は読んだんだよ、ガイドブックの『ベトナム戦争』ってページを。でも、途中で頭がボーっとしてきちゃってさぁ」

「そういうのをバカって言うんだよ！」

「オレと同じような奴は5人に2人はいるんだよっ。難しい内容の本を読んだりすると、スグに頭の中に綿アメがドンドンできちゃって、何も入ってこなくなる奴って」

「ガイドブックのどこが難しいんだよっ。第一、板谷君は物書きだろ。そういう商売やっててベトナム戦争ぐらい把握できなきゃ止めちまえ、今の仕事！」

「オレは現在のベトナムを見に来てんだよっ！」

「その現在を理解するために、20数年前に終わったばかりの戦争のことを知っとく必要があるんだろ！　バカ！」

　ホーチミンのとある路上カフェで一息ついていたオレ達。事の発端はオレが何の気なしにカモちゃんに訊《たず》ねた『ベトコンって言うのは…なんか、こう、アスレチック好きな農民部隊のようなもんでしょ？』だった。

「仮にベトナム戦争について書いたって、オレが読者ならソコだけ読み飛ばすんだよ！」

「なんでだよ！」

「何か重たいし、面倒臭いし、知ってても実生活にはなんの役にも立たねえからだよっ！」

「だから板谷君はダメなんだよっ。だからイイ歳コイて共産主義の意味も知らねえんだよ！」

「なぁ、意外と知らないよ、人ってそういう事。知ってるつもりでその言葉を使っているけど、5人に2人はわかったフリをしてるだけなんだっつーの。オレなんて、つい3ヵ月前まで〝親展〟の意味を知らなくて、そう書いてある手紙は全部親に渡してたんだから」

「そんな事をしているのはお前だけなんだよっ！　ベトナムには2000年の闘いの歴史があるんだ。最初から理解しろとは言わんけど、せめてベトナム戦争からでも把握しろよっ！」

つーことで、急きょオレは鈴木君からベトナム戦争路上講座を受ける事になったのだが……。

「もともとホー・チ・ミンのプロパガンダは…」

「しょっぱなから既にわかんねえっつーの！　もっと昆虫にでも理解できるよう超わかりやすく教えてくれよっ」

——2時間後。

「なんとなくわかったような気はするけど……」

「おい、ウソだろ…。鈴木君の説明、メチャメチャわかりやすかったじゃねえか。板谷君って実は小学生がヌイグルミ着てんじゃねえかぁ!?」

ちきしょおおおおお〰〰〰〰〰っ。よし、こうなったら暴走族の勢力争いに置き換えて、もう一度頭ん中を整理してみんぞ。

そう遠くない昔——。

4つの巨大暴走族が小さな族・ヘラマンタを狙っていた。ミナゴロシと極悪は硬派バリバリ主義、スペクターとエンペラーは軟派パコパコ主義で友好関係にあった。

ヘラマンタを最初に傘下に入れようとしたのはスペクターだった。が、スペクターの殴り込みにヘラマンタは必死で抵抗し、それを阻止。すると、ミナゴロシと極悪のヘッド2人から、ヘラマンタのタマリ場に電話が入った。

『おメーら、結構ビッとしてるじゃん。オレらはお前らのこと認めてやんから何かあったら言ってくれや。鉄パイプや木刀とか送ってやるから』

その後もスペクターの殴り込みは何度にも及んだ。が、ことごとくヘラマンタの激しい抵抗を受けたスペクターは、武器の調達などを友好関係にあるエンペラーに頼むようになる。が、それでもスペクターはどうしてもヘラマンタを傘下にする事ができず、徐々に戦意は喪失されていった。

数週間後、4大暴走族のヘッドが吉祥寺《きちじょうじ》のスナックに集まり話し合いがもたれた。その結果、あろうことかヘラマンタの地元立川は、北立川と南立川にわけられてしまったのである。そして、北立川をミナゴロシと極悪、南立川をスペクターとエンペラーが仮の縄張りにしてしまう。

分断後の北立川にはヘラマンタの人気ヘッド、報知明（ほうちあきら）の家があった。彼のポリシーは、基本的にはミナゴロシや極悪と同じ硬派バリバリ主義。が、彼は何より立川全体を愛しており、また、勝手に2つにわけられてしまったヘラマンタのメンバーの

■表Ⅰ

統一を第一に考える男だった。

一方、エンペラーは南立川にいたダサ坊、田中浩を強引に南立川のヘッドに押し上げる。こうして立川は2分させられてしまったばかりか、ヘラマンタも北ヘラマンタと南ヘラマンタに完全に分裂してしまったのである。その結果、北立川に自分の家やアパートがあり、スペクターを追い出すために南立川にいた者。彼らは北立川の自宅へ戻らねばならなくなったが、中には周囲の暴走族が勝手に決めた事に対して反発し、南立川に留《とど》まるメンバーもいた。

数日後、以前の4大暴走族ヘッド会議で定められた、ヘラマンタの統一ヘッドを決める多数決が目前となった。が、結果は明らかで、それを実施したらいまだ絶大な人気を誇る報知明が再び立川全体のヘッドになるのは決まっていた。それに異常な危機感を抱くスペクターとエンペラー。報知が統一ヘッドに選ばれれば当然、南北ヘラマンタが完全に硬派バリバリ主義化する。そうなると立川の周囲を縄張りとするルート20、ピエロ、アーリーキャッツ……といった暴走族。奴らもドミノが倒れるように次々と硬派バリバリ主義に傾く可能性が高くなる。そうなると当然、ミナゴロシと極悪の力がより強大となり、下手をすると自分達の勢力が一気に弱まってしまうのだ。スペクターとエンペラーにとって、それだけは絶対に食い止めなければならない事だった。

そんな中、南立川に残留していた北ヘラマンタのメンバーは、ついにヘラコン（南ヘラマンタ解放軍団）という新組織を結成。そして、現在ではすっかりエンペラーの言いなりになっている南ヘラマンタとの小競り合いが始まったのである。

2日後、とうとう業を煮やしたエンペラーが、南立川に単車やシャコタンで乗り込んでくる。そして、南ヘラマンタと共にヘラコン撲滅の大ゲンカをおっ始めた。人数や武器の豊富さでは、圧倒的有利のエンペラー&南ヘラマンタ。それに対抗するため、ヘラコンは南立川にあるゴチャゴチャしたドヤ街の中に秘密アジトをいくつか作り、ゲリラ的に闘うしかなかった。

が、エンペラー&南ヘラマンタの暴れ回り方は予想以上だった。その結果、関係のないラーメン屋のオッちゃんや乾物屋のオバちゃんらもケンカに巻き込まれ、店をメチャメチャにされたりアイパーをかけているというだけでヘラコンと間違われてメッタ打ちにあう、といった被害が続出。そして、それが原因で南立川の一般市民の中にヘラコンに協力する者が徐々に増えていったのである。

その後、エンペラーはやっぱり使いモノにならなかった田中浩に見切りをつけ、イケイケの性格をしている柳田剛を南ヘラマンタの新ヘッドに任命。そして、とうとう北ヘラマンタのタマリ場にまで火災ビンを投げつけてくるようになっていた。

エンペラーの横暴に、己の乳首をツネリながら黙って耐え忍ぶ報知明。彼は、今自分が動くと味方はもちろんのこと、敵になっている南ヘラマンタも多大なダメージを受けると考え、いくつかのルートでヘラコンに鉄パイプ、チェーン、コーラの1リットルサイズ、ポテトチップ等の物資を送るだけにとどめていた。

やがて周囲の暴走族からもエンペラーのやっている事はムチャクチャで筋が通っていない、という声が上がるようになった。が、開き直ったエンペラーはついに香《かん》ばしい作戦に出るようになる。なんと、南立川のドヤ街一体に大量のシンナーをバラまき始めたのだ――。そのシンナーを吸引し、次々とラリってしまうヘラコンのメンバー。最悪なのは、周辺の住民達もそのシンナーをうっかり吸い込んでしまい、彼らもシンナー中毒になってしまったことだった。

その作戦が功を奏し、ますます南立川で猛威を振るうようになるエンペラー&南ヘラマンタ。勝負の行方はほぼ決まったかのように見えた。

ところが、そんなある日――。南立川にあるエンペラーの支部をいきなりヘラコンのメンバーが占拠するという事件が発生。

エンペラーは正直いってビビッてしまった。叩《たた》きのめしても叩きのめしても襲い掛かってくるヘラコン。そして、自分達の支部まで占拠され、住民も次々とヘラコンに加担していく。自分らはヘラコン、いや、立川をナメていたのだ。

以後、報知明の号令の下、北ヘラマンタが南立川に攻め込んでくるようになった。そして、恐れをなしたエンペラーは、ついに南立川から全面撤退。さらに数日後、北ヘラマンタ&ヘラコンが一気に南ヘラマンタの本タマリ場に突入し、南ヘラマンタは堪《たま》らず立川の最南部に敗走したのである。

こうしてヘラマンタは無事統一された。くれぐれも残念だったのは、報知明がその統一を目前に悪性のインフルエンザにかかり他界してしまったことだった。しかし、彼の一番のポリシー『ヘラマンタを完全なる独立暴走族にするっきゃねえ！』は見事に達成されたのである。めでたし。

——とまぁ、かなり乱暴だが大体こんな感じである。つまり、ベトナムという族…じゃなかった、国は、つい最近まで強国の数々の侵略に抵抗を続け、完全なる独立を勝ち取っているのだ。

「だからこの国の人間は、たとえ貧乏でも負けず嫌いでプライドが高く、しかも我慢強い奴が多いんだよ。板谷君はベトナムに出発する時、今回は負けないって言ってたけど大変だぜぇ、この国の人間に勝ってくってことは」

ベトナムの歴史をちょっとだけ理解したせいか、カモちゃんのその言葉が妙にズシリときた。

身体的には小柄で華奢《きゃしゃ》なベトナム人。が、彼らの体内には、いつでも命を張って闘える事ができ、しかも、目的を達成するためにはどんな痛みにも耐えることができるチップが埋め込まれているような気がしてきた。

そう、情けないことに少しビビッてしまったのである、このオレは。そして、このビビリ具合をもっとわかりやすく書けば、例えばオレが町内のチビッコ相撲大会に飛び入り出場する。相手はヒョロヒョロの小学生。こりゃあ楽勝だと思って張り手を繰り出すが、信

最初にインタビューに応じてくれたチャン・キム・ライさん。双子の行儀の悪い方のような気がした

じられないことに相手は一向に倒れない。それでもバンバン張り手を食らわせているとそのうち、その小学生の皮膚が裂け、ターミネーターの中に入っていたようなロボットが姿を現した…そんな感覚だった。こりゃあ手強《てごわ》いぞ、ベトナム人……。

その後、鈴木君の話では元南ベトナム軍（南ヘラマンタ軍）に参加した者がこのホーチミンにはたくさんいるというので、彼らに当時から現在にかけての話を聞いてみることにした。

最初に声を掛けたのは、オレ達が泊まっている安宿の前でいつも客待ちをしているシクロの運転手だった。

「名前、年、出身地を教えて下さい」

『名前はチャン・キム・ライ。年は56。生まれたのは南部のソクチャンって町だよ』

「自分で志願して南ベトナム軍に入ったんですか？」

『バカ言え。21歳になると強制的に南ベトナム政府によって徴兵されたんだよ』

「同じ国民同士で戦うのは嫌じゃなかったですか？」

『嫌とかそういう問題以前に、向こう（ベトコン）が撃ってくるんだからコッチも撃つしかねえだろうよ。そうしないと殺されちゃうもの』

「入隊した時の戦況はどうでしたか？」

『100対70で撃ち合うってケースが多かったな。コッチの方がいつも人数は多かったよ。……あまり戦争当時のことは思い出したくねえんだよな』

「敗戦が決まってからはどうなったんですか？」

『まず数ヵ月間、再教育キャンプに送られたよ。そこで元北軍の兵士だった教官に〝殺し合うのは良くない〟〝真面目に勉強しましょう〟ってことを繰り返し教え込まれて、最後に変な書類にサインさせられたな。その後、新経済区に指定された中部のダナンって町に連れてかれ、そこで植林と木コリを3ヵ月間やらされたよ』

「その後は？」

『しょうがねえからそのダナンに残って、シクロを借りてドライバーをすることにした。ま、他の職業につくのは許されなかったし、もし許されても何もできねえんだ、金が無かったから。当時は妻や3人の息子達を養うのに大変だったよ』

「ホーチミンにはいつ来たんですか？」

『今から6年前。現在でもシクロを1日1万ドンで借りてて、その日に妻と食うぶんしか稼げない。つまり、ずーっと大変だってことだな、アハハ』

「オジさんがもっと年を取って、シクロをこげなくなったらどうするんですか？ 息子達の世話になるの？」

『う〜ん、それもいいけど、バイクの修理屋や市場で働いてるアイツらも余裕はねえだろうしなぁ…。ま、シクロがこげなくなったら頑張ってホンダのバイクでも買って、バイクタクシーの運転手にでもなるさ』

次に話を聞かせてくれたのもシクロの運転手さん。彼はオレ達にベトナム戦争当時の話を聞かせてくれと言われ、最初は少々困ったような表情をしていたが、近くのカフェのテーブルについた途端、当時のことを懐かしむように語ってくれた。

「名前、年、出身地を教えて下さい」

『名前はディン・バン・ナム。出身地はサイゴン（現ホーチミン）で年は57。62〜75年まで南ベトナムの海軍に所属してた』

「海軍に所属した理由は？」

『特に海軍を志望したわけじゃないんだけど、結局はドコかに入らなければならなかったからね』

「同じ民族で殺し合うことについては、どう思いましたか？」

『もちろん凄《すご》く嫌だったけど、徴兵されて戦場に送りだされた以上は仕方なかった。バカな話だけど、オレは自分の軍が敗れた75年まで、ホー・チ・ミンのことは顔も知らなかったんだからね』

「北軍の主導者の顔をですか⁉　……海軍では実際にどんな任務に就いていたんですか？」

『軍艦の操縦だよ。小さいのは6人乗りから、大きいのは70人乗りまで動かしたなぁ』

「北ベトナム軍とベトコンが一気にサイゴンに攻めてきた時、オジさんはドコで何をしてたんですか？」

『サイゴンが陥落する75年の4月30日の2日前だったな。オレはもう完璧《かんぺき》に勝負あったりと思って、南ベトナム軍から脱走しちゃったんだよね。その後、北の兵士がドンドン攻めてきて命の危険を感じたんだけど、なぜだか俺はサイゴンにある自分の家でジーッとしていたよ』

「戦争が終結してからは？」

『再教育キャンプに送られた後、サイゴンの空港近くで水道管を埋める工事を4年間やった。国から給料は出たけど、とても安かったよ。それから現在までの20年間はずーっとシクロの運転手さ。シクロはこの商売を始める時に500ドンで買った。500ドンっていっても、水道工事の10ヵ月分の給料とほぼ同額だったからね。それを作るのはとても大変だったよ』

「せっかく……というか、任務で軍艦の操縦を覚えたんだから、船関係の仕事をしようとは思わなかったんですか？」

『うん。本当は漁船に乗り込みたかったんだけど、南ベトナム軍の兵士だったためにその望みは叶《かな》わなかった。……実は今でも船に乗りたいんだよ。俺は66年にフィラデルフィアとニューヨークに行ったことがあるんだ。アメリカから軍艦をもらい受けるためにね。……あれは忘れられない思い出だよ』

「差し支えなかったら教えて欲しいんですが、現在の日収は？」

『平均すると1日……3万ドンぐらいかな。女房と子供を養うので精一杯だよ』

ベトナムという国を完全なる独立国家にしようとして戦った北ベトナム軍&ベトコンに対して、アメリカの操り人形だった南ベトナム軍。オレの中途半端なインタビューに答えてくれた2人もベトナム戦争を自分の意志ではなく、徴兵されて止むなく戦った兵士だった。その結果、戦いに敗れて再教育キャンプに入れられた後、職業の選択も限られ、現在でもギリギリの生活をしているという。

ただ巻き込まれるしかなかった彼らが、おそらくこれからも払い続けなければならない代償、それは理不尽なほど大きい。

ナンケ六尺
バシャ
バシャ
バシャ
初からみ
さてこの二人は何をしてるかと申うと、この本の発売宣伝のために「G-men」と申うゲイ雑誌に六尺グラビア出演させてもらっているのであった。
パシャッ
パシャ
次もっとからんで下さーい
私はつきそい
G-men冨田編集長 カメラマン和義人さん ライターのうりぼうずくん 本当にありがとうございました。
鴨三日前からおダイエット。
ボクを最高に
美しくみせるため。
ゲッツ板谷もおダイエット
一下でも多くの
ホモがボクでぬいてくれるために
ふだん四袋たべるベルギーワッフルを一袋にしてコーラをウーロン茶に
なんのことはない二人共35歳になっちゃってぽっこりと出ちゃったおなか。
こんなだよーみっともないよー
鴨ちゃんなんかまだいいよーボクなんかちんここうまって
とにかくこれをかくしたいのが本心

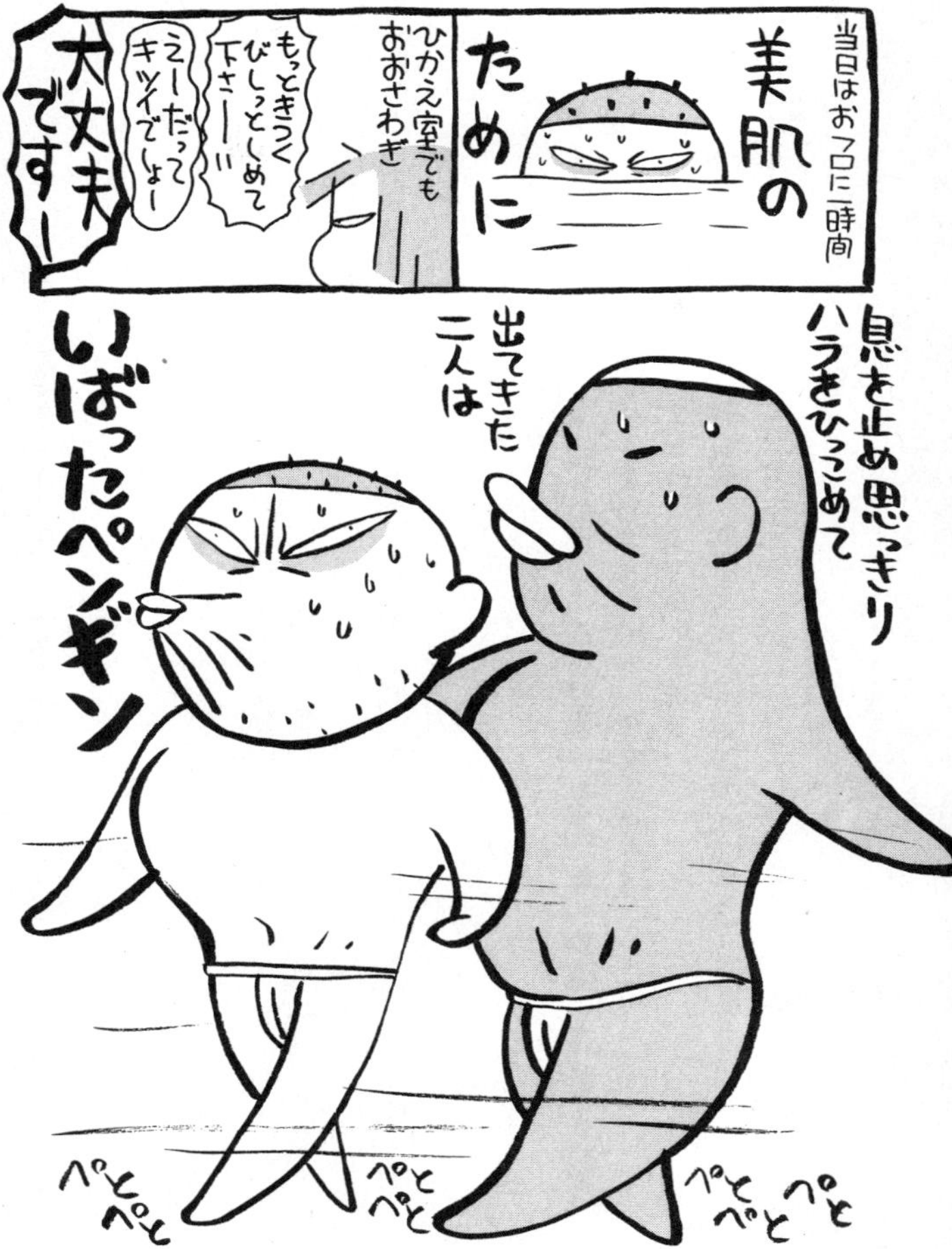
当日はおフロに一時間
美肌のために
ひかえ室でもおおさわぎ
もっときつくびしっとしめて下さーー!!
えーだってキツイでしょー
大丈夫ですー
息を止め思っきりハラきひっこめて
出てきた二人は
いばったペンギン
ぺとぺと
ぺとぺと
ぺとぺと
ぺと

第2章

メコンデルタ

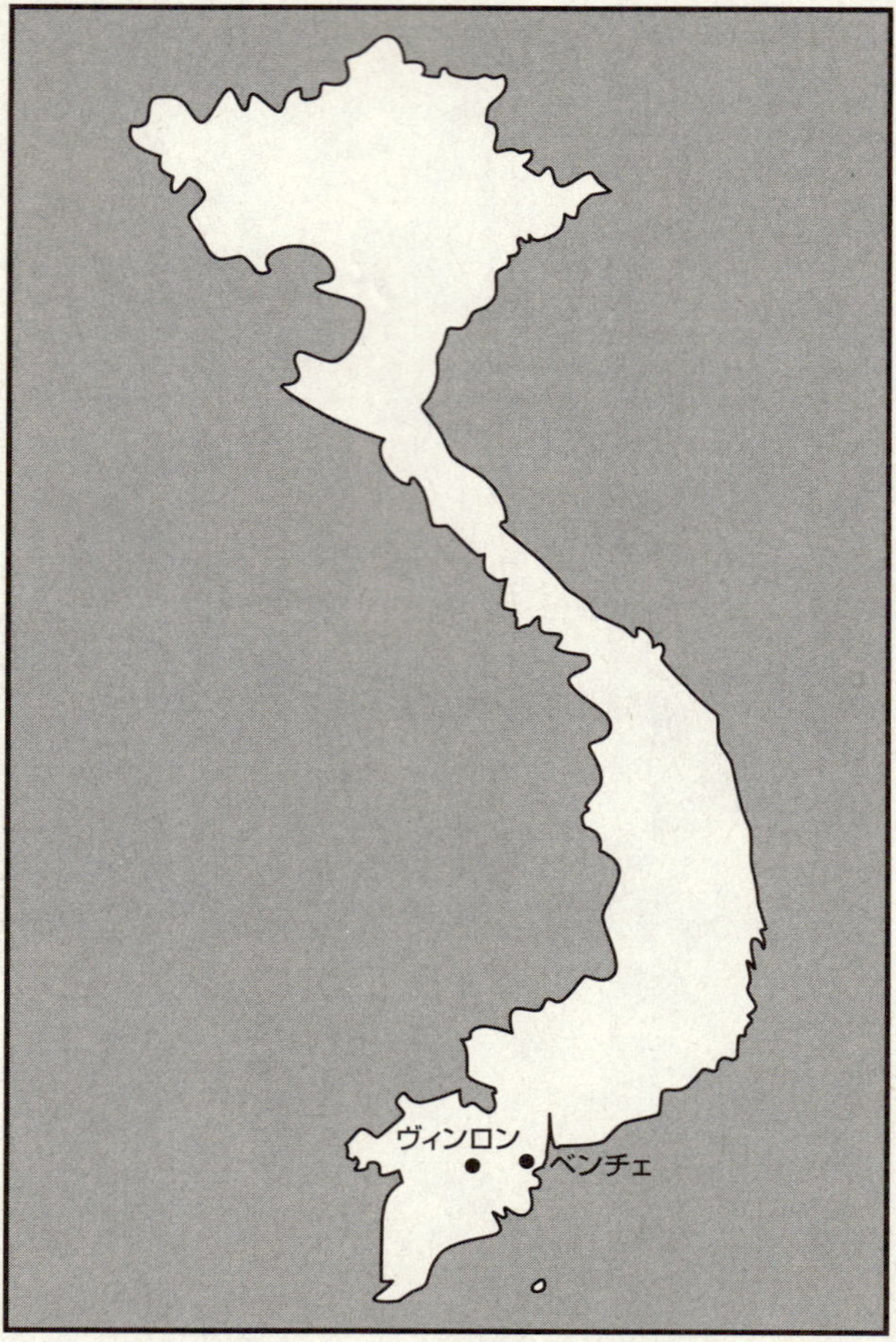
ヴィンロン
ベンチェ

▼ベンチェ

ヤシの国とベトナム一変なキャバレー

ベトナム最大の商業都市、ホーチミン。そこで1週間ほどコチャコチャ動いていたオレ達は、その下に位置するメコンデルタを少し回ってみることにした。

メコンデルタとはベトナムの南部に位置する地域の総称で、その大地は玄武岩が風化した肥沃《ひよく》な赤土に覆われ、気候も1年中温暖なため作物作りには非常に適している。したがって、米の三期作をやっている農家も多く、ベトナム全国土の約1割でしかないこの地域だけで同国中の米が賄えてしまえるらしい。また、群生する木々からは果物が、全域に広がるメコン川の支流からは魚がゴッソリ捕れる。つまり、このメコンデルタはベトナムの食糧庫のような所なのだ。

で、オレ達が最初に訪れたのは、ホーチミンから車で1時間ぐらい南下したところにあるベンチェ省（県）という所。この省は、メコン川の河口に三角州のように広がっていて、河口を肛門《こうもん》とするならばソコからコロコロした大小さまざまなウンコが吹き出した瞬間、

どこを見てもヤシの木だらけのベンチェ。ふと「壇さんと大和田さんで、壇さん！」という声がした

それを一時停止させたような地形をしている。つまり、複数の三角州の集合体がベンチェ省になっているのだ。

「ベンチェというのはとても貧しい町なんです…。外国からの投資も非常に少ないですしね」

ミトーという町からフェリーに乗って、対岸のベンチェに向かっている最中、例によって悲しい笛の音のような声で話し掛けてくる鈴木君。

「え、なんで貧乏なの？　メコンデルタに位置していて、おまけにホーチミンからこんなに近いのに」

「中州だから、物流の悪さも原因の1つだと思います。とにかくベンチェは田んぼより果樹園が多くて、特にヤシの木が群生してるんですよ」

「つまり、ベンチェっていうのは、ヤシ

の国なのかぁ」

　以前から思っていたことだが、ヤシの木というのは貧乏な国に対しての神様からの贈り物なのだ。というのも、ヤシというのは実にさまざまな使い道があって、特にベトナム人はそれを余すことなく活用する。

　まず、あの長い葉は織り込まれて住居の屋根や壁になる。ヤシの実にはジュースが蓄えられており、内皮に貼り付いてる白いココナッツミルクはそのまま食材にしてもいいし、加工すればヤシ油や石鹸《せっけん》にもなる。そして、実の中からそれらを取り出すと残るのは殻だけだが、その活用法がまた多岐に及んでいる。アイスクリームのカップとしても利用できるし、その内部の繊維はクッションの材料にもなる。また、細かく切って天日干しにしとけば固形燃料にもなるし、それを焼いたら活性炭にもなっちゃうのだ。

「…ん。なんだ、ありゃあ!?」

　フェリーが向かう、ベンチェ省の中心にあたる巨大な中州。その手前にある中州から、変テコリンなトーテムポールのような柱が数本伸びているのが見えた。

「あれはココナッツ教団の寺ですよ」

「ココナッツ教団？」

「ダオズアという教祖が、仏教とキリスト教をミックスさせて作った宗教らしいんですよ」

「仏教とキリスト教をミックスさせるとココナッツになっちゃうのかよ。和田勉と橋田寿《す》

写真とは関係ないが、立ち読みの人はココまでにしとけっつーの！

賀子《がこ》を無理矢理SEXさせたらアグネス・ラムが生まれちゃったようなもんだぞ、おい。……で、そのダオズアって教祖はまだ生きてんの？」

「いえ、10年以上前に死んだそうです。でも、その死に方っていうのが謎に包まれてて…。ベトナム戦争の前から宗教活動を続けていたダオズアは、南ベトナム政府によって何度も投獄されたらしいんです。そして、戦争が終わってからも、この〝ベンチェ省内だけで〟という条件でメゲずに活動をしてたんですけど、ある時、隣町のミトーで布教を行ったため公安警察に追いかけられたそうなんです。そして、その際に建物の2階から1階に落ちて死んだとされているんですよ。その後、ココナッツ教団は消滅。91年からあそこに見える寺の跡地が観光地化されたんです」

「建物の2階から1階に落ちて死んだぁ？　なんだかバカ漫画の最終回みてーな話じゃねえか、それって」

「ですから、事故じゃなくて公安に殺されたって噂も流れてるんです」

「そのジジイ、きっと油ゼミが食べたかっただけなんだよ」

――なぁ、カモちゃん。そのオチのないギャグはまだ許すとして、なんでアンタは上半身裸になってんだよ。早くしまいやがれっ、その薄汚い乳首と胸毛を！

ようやくベンチェ省の中心にあたる中州に上陸したオレ達は、そこから車で15分ぐらい走った所にある中心街へ。そして、その中にある約200メートル四方の池が目の前に広がっている国営ホテルにチェックイン。

ナント、隣には地球も……。「気が利いてるねぇ〜」「ウスッ!!」

「なぁ、鈴木君。とりあえずココナッツ教団の跡地に行ってみねえか」

鈴木君のさっきの話もさることながら、オレはあのサイケなトーテムポールのようなものに惹《ひ》かれていた。

それは、見知らぬ田舎道をドライブしてたら、左手の山の陰から首長竜の一部がチラリと見えた時の興味によく似ていた。そんな時、人間は2つのタイプにわかれるもので、一瞬アラッ？と思うけどそのまま直進する奴と、ドライブインかゲーセンのディスプレイだとわかりつつも、どうしてもそれを一度近くで見ておかねば気が済まない奴がいる。そして、オレは間違いなく後者の方なのだ。

ココナッツ教団の跡地で脱力したポーズを取るオレ。が、実は心臓がバクバクいうほど楽しかった

その後、車で再びフェリーの発着所まで戻り、その左手に位置する桟橋から小船に乗って、対岸にある全長2キロほどの中州へ上陸。寺の跡地は中州の端っこにあったが、その手前にある建物の1階で、往復の船代と寺の見学料の計1万5000ドンを各自払わされる。そして、いよいよ寺の跡地に踏み込んでみると……。

「――なんだろう、コレは……」

目の前に広がっている光景。それはマヌケで幼稚で、しかも、拍子抜けするほどチャチな代物だった。

80坪ほどの敷地。その中央部には竜が巻き付いていて、テッペンに電灯が付けられたポールが数本立っているだけで、その敷地を囲うようにして小学校の校庭にあるモンキー・バーのようなモノが張り巡らされていた。そして、その外側には数本の細長い鉄塔が立っているのだが、その1つにシャトルの形をしていて、ボディーに『APOLO』という文字が書かれたモノがブラ下がっている始末。寺のようなものは何一つ見当たらないし、これじゃあ頭のオカしい奴が作った風変わりな児童公園じゃねえか…。

また、それに華を添えていたのが、その跡地とチケット売り場の間にあるミニ動物園だった。ここを訪れた観光客が暴れ出さないようホローの意味でそんなモノを作った臭いがするが、長屋状になっているセコい檻《おり》の中でジッとしていたのは猿、ヤマアラシ、鹿、ヘビ、鳥…といった珍しくもなんともない動物ばかりで、それが逆に脱力感を増幅しちゃっているのだ。

「帰ろう。俺達、モノ凄《すご》い勢いで時間を捨ててるよ」

そう言って、スタスタと船着場の方に歩き出すカモちゃん。

ちなみに、チケット売り場のある建物の1階はココナッツ教団の資料館になっていたが、その入口には時間が経って干からびたゲロが放置されたままだった。そう、これがこの観光地で働いてる従業員達の、いや、ベトナムという国家のココナッツ教団への評価なのだ。なんだか少しだけ、教祖だったダオズアのことがかわいそうになった。

その後、ホテルに戻ったオレ達は近くに割と上等なレストランがあるというので、そこまで散歩がてら歩いていくことにした。ところが、このベンチェには滅多に観光客が来ないため、町中の人々からモノ凄い注目を浴びることになった。反対方向から歩いてくる奴のほとんどが、オレ達を目にすると驚いたように一瞬立ち止まってしまい、反射的に自転車から下りてしまうオバちゃんもいる有様。外国人が珍しくてしょうがないのである。

「なぁ、板谷君。こうして注目されるっていうのも決して悪い気はしないもんだよな」

「確かに。でも、こうジロジロ見られると……なぁ、カモちゃん。ひょっとしてオレ達、返り血か何かを浴びたまま歩いてねえか？」

『○△□××□△□○○×‼』

不意に、近くの電柱にくくり付けられていたスピーカーから大音響のベトナム語が流れ、ビクッとなるオレ達。その慌ただしい女のしゃべり声を耳にしていると、みるみる緊急事態が勃発《ぼっぱつ》したような不安な心境になってくる。

「何なんだよ、鈴木君。この空襲を知らせるような声は……」

「街頭のラジオ放送です。地方では別に珍しいことじゃありません。町によっては朝5時頃から流れる所もあるんですよ」

「早朝バズーカ級の嫌がらせじゃねえか、それって……」

ようやく目的のレストランに着き、なぜか離れになっている個室に案内されるオレ達。すぐにエアコンのスイッチを入れてくれる従業員。テーブルに着き冷たいオシボリで汗ばんだ顔をゴシゴシやっていると、従業員がもう1つのスイッチらしきものを入れる。次の瞬間、壁面に取り付けられているスピーカーから大音響で流れ出すカラオケの歌声。

「おい、何やってんだよ！　コレって、このレストランの母屋でやってるカラオケじゃねえか。こんなモノ聴かせて一体どうしようってんだよっ。止めろ、それも今すぐ!!」

なぁ、ベトナム人。これだけは言っとくけど、おメーらの音に対する供給って絶対間違ってるっつーの！

しばらくすると、次々と運ばれてくる注文した料理。それらを半分ぐらい食べ切ったところで、鈴木君がこんな事を教えてくれる。

「例のココナッツ教団跡地のスグ近くには、国営のキャバレーがあるらしいんです」

「…え、キャバレー。そんな建物あったっけ、あの近くに？」

「ボクも実際に訪れたことはないんで詳しい場所は…」

「しかし、国が経営してんのか、キャバレーを。つーことはだよ、そこで働いてるホステスって公務員じゃねえか。…なぁ、カモちゃん。面白そうだから行ってみんか」

ということでレストランを出た後、早速フェリーの発着所近くの桟橋に向かった。しかし、やっぱりココナッツ教団は国からもバカにされまくっていたのだ。その拠点だったスグ近くに、平気でキャバレーを作られちゃうんだから。

夜の桟橋は昼間とはうって変わって、かなり怪しい雰囲気に包まれていた。空以外の風景は限りなく真っ暗に近く、虫が小型モーターのように羽根を震わす音と川の水が真下にある橋ゲタに当たり、チャプチャプいう音だけが辺りに響いている。そして、桟橋に立っていた正体不明のオッさんが懐中電灯を2、3回点灯させると、真っ暗な川の中から何者かがコチラに向かって同じように明かりの返信をしてくる。まさに、ヘロインの取引現場のような感じだった。

「鈴木君。乗る前に、まず料金の交渉を船頭とした方がいいぞ。それからたぶん、渡し船はこの時間じゃあんまし出てねえだろうから、あの船頭にオレ達がキャバレーから戻ってくるまで向こう岸で待っててもらうことも頼んどいた方がいいな」

「はい」

カモちゃんに言われた通り、目の前まで来た小舟の船頭に早速声を掛ける鈴木君。

「いくらだって？　待っててくれるって？　もしかしてゴネてんのか、このオヤジ？　いくら欲しいって言ってんの？」

「あの、今聞いてますから…」

「早く料金の交渉しろよっ。なぁ、ゴネてんの、このオヤジ？　待つのは嫌だって言ってんの？　いくら欲し…」

「落ち着いて下さいっ!!」

鈴木君に初めて強い調子で言葉を返され、ア然とするカモちゃん。そして、船頭からの言葉をもっとよく聞き取ろうと、桟橋から川に向かって延びている階段を鈴木君が数歩下りた瞬間――。

「がっ…わあああああああ〜〜〜〜〜〜〜〜〜〜〜〜〜〜〜〜っ！」

ザパ――――ンンン!!

なんと、いきなり階段に足を取られたかと思うと、崩れるようにして川に落下する鈴木君……。

「おいっ、だ…大丈夫かよっ!」

「は…あぶっ……な、なんにも見えませんっ!」

「あ、板谷君見てみろよ。ほら、階段の4段目がスッポリ抜けてるんだよ」

ライターで階段を照らし出すカモちゃん。なるほど、確かにアンタの言うとおりだが、金田一少年じゃあるまいし、早く鈴木君を助ける算段をしろっつーんだよっ!

懐中電灯で合図を送っていたオッさんにも助けられ、ようやく桟橋に引き上げられる鈴木君。その姿は完璧《かんぺき》な濡《ぬ》れガッパだった。

「ねぇ、鈴木君」

そんな彼に、優しく声を掛けるカモちゃん。

「…はい。なんでしょうか?」

「落ち着いて下さい」

「…………」

なぁ、カモちゃん。アンタってサッパリしてると思ったけど、わりかし執念深い男なんだな…。

ようやく教団の跡地のある中州に上陸し、とりあえず辺りをキョロキョロ見回してみるオレ達。と、30メートルほど向こうに薄《うっす》ら明かりが点《つ》いており、5、6人の男女が屋外のベンチやハンモックに横になってダラ〜ンとしている。

「何なんだ、アイツら。行き詰まったペドロ&カプリシャスか。…鈴木君。ま、とりあえずアイツらにキャバレーはドコにあるか聞いてみようぜ」

数分後、その中の男に先導され、スグ近くにあった建物の外階段を上がっていくオレ達。

「なぁ、鈴木君。このネオンも何もない静まり返ったビルの中に、ホントにキャバレーがあんの…？」

「ボクの前を歩いている男の人はココだ、と言ってますけど」

「板谷君、気付かねえのか？」

「…何を？」

「裏手の階段から上がってきたからわからないかもしれねえけど、この建物って1階がコナッツ教団の資料館になってるビルだぜ」

「えっ、マブで……。じゃあ、近くどころかその中にあるのかよ、キャバレーが⁉」

男は階段で最上階の3階まで上がると、そのフロアにある1室に入っていき、パチンと電気のスイッチを入れる。途端に浮き上がる貧乏会社の会議室のような風景。その20畳ほどのガラ〜ンとした部屋には、中央に細長いテーブルがあるだけで、壁には絵さえ1枚も掛かっていない。そして、オレ達を残したまま黙って部屋から出ていく男——。

「おい、少ししたら青竜刀か何かを持った軍団が現れて、オレ達に財布を出せとか言うんじゃねえかぁ。なぁ、鈴……ププッ…プハッハッハッハッハッハッハッ!!」

さっきまでは全然オカしくなかったが、明かりに照らされた鈴木君を見た途端、どうにも笑いが止まらなくなってしまった。

濡れワカメを叩《たた》きつけられたような髪型。額には細長いハッパがどエラい傷のように貼り付いたままだし、ピッタリと上半身に密着したTシャツは、セクシーアイドル張りに彼の両乳首をクッキリと浮き上がらせている。また、よく見るとこの部屋のコンクリートの床には、彼の足跡まで付いている始末。…そう、今の鈴木君は川底にある自宅から陸に上がり、そのまま歩いてキャバレーに来たカッパにしか見えないのだ。冷静に考えると、ここまでファンキーな姿でキャバレーを訪れたのは世界広しといえど、おそらく彼だけだろう。プハッハッハッハッハッハッハ!!

――ガチャ!

フルーツが盛られた皿や缶ビールのケースを手にしたオネーちゃん達が、いきなり部屋に入ってくる。(あらら、この3人のうちの2人は、さっきまで野外のベンチでダラ～ンとしてた女じゃねえか…。ま、ある程度予想はしてたけど)

かくして宴《うたげ》の幕は無事上がることになったのだが、このオネーちゃん達は抱きビアの女のコのようにベタベタしてくるわけでもなく、ただ隣に座ってオレ達のグラスにいかにたくさんのビールを注ぎ込むかに終始してる様子だった。おまけに、オレとカモちゃんは彼女たちとのコミュニケーションがほとんどとれないので、みるみる故人を偲《しの》ぶ会のような雰囲気になっていく。

が、それも最初のうちだけでビールを3缶、4缶と空けているうちに、スグに町内で飲んでいるようになるオレ達。特にハイテンションだったのはカモちゃんで、隣に座っている殿様キングスのリードボーカルを無理矢理女装させたような顔のオネーちゃんを〝エイドリアン〟と呼び始め、オヤジがよくやる親指が切り離されたように見える5流マジックまで繰り出す始末。ところが、またエイドリアンがそれに物の見事に驚き、キャーキャー言って喜んでいる。昭和の初期にタイムスリップしとるぞ、この部屋の中って…。

と、不意に部屋のドアが少しだけ開き、何者かに呼ばれるエイドリアン。そして、しばらくして部屋に戻ってきた彼女の態度が急変。カモちゃんがどんな手品を繰り出してもそれを見ようともせず、ただ下を向いて地蔵のように固まっているのである。

「…鈴木君。どうしたの、カモちゃんの隣の彼女？　急にショボくれちゃったけど」

「どうやらさっき彼女を呼び出したのは亭主だったらしく、ハシャギ過ぎたので怒られたようですね」

「怒られたって…だって、ここは………」

つくづく不思議なキャバレーである。ホステスの亭主が水戸黄門《みとこうもん》に出てくる矢七《やしち》のように外で様子を窺《うかが》っていて、女房が騒ぎ過ぎると呼び出して注意するのである。

…ま、そんな事はどうでもいいが、よくよく気の毒なのはココナッツ教団の教祖ダオズアだ。どんな教えをしていたかは知らんが、布教中にさんざん迫害され、公安に追われて死んでしまったばかりか教団の跡地を観光地にされ、資料館の真上にキャバレーまで作られてしまったのだ。ハッキリ言って面目丸潰《まるつぶ》れである。いや、死んでからも面目など持つことも許されず、ただ国益を上げる道具として利用されているのである。

前の章で〝ベトナムで許されているのは宗教くらいのもの〟と書いたが、この国ではそれをやるのも大変なことなのかもしれない。

それはそれとして鈴木君。君の首の後ろにさっきから油ゼミのように止まってるのって、もしかしてヒルじゃねえのか？　ま、オレは怖くて触れないから君の隣に座ってるオネーちゃん同様、あえて黙ってるけど…。

▼ベンチェ

枯葉剤とカモ初暴れ

実はベンチェに来た目的は2つあった。その1つがベトコン（南ベトナム解放民族戦線）だった元兵士に当時の話を聞くことだった。

説明するまでもないが、前記のベトナム戦争を族の縄張り争いにたとえたページでは、このベトコンのことをヘラコンに置き換えた。アレを読んでもらってもわかる通り、ベトコンは最も過酷な状況で戦った兵士達なのだ。そして、オレ達が今いるベンチェはベトコン蜂起《ほうき》の地。つまり、アメリカの操り人形になった南ベトナム政府を自らの手で目覚めさせようという者達が集まり、その想いを誓い合った場所なのである。

ちなみに、ベトナム戦争では約300万人のベトナム人が死んだとされていて、そのうちの170万人がベトコン兵士だといわれている。徴兵されて銃を持つしかなかった南ベトナム軍兵士に対して、自らの意志で困難な戦いに挑んだベトコン兵士。そんな彼らの話をぜひ、この耳で聞いてみたくなったのだ。

ところがである。町中でシャキッとした年配のオジさんにビシビシ声を掛けるも、すべて知らぬ存ぜぬという答えばかり。中には〝ベトナム戦争〟という言葉に、明らかにビクッという反応をしたオジさんもいたが、オレ達のような外国人に自分の過去をアレコレ詮《せん》索《さく》されたくないのだろうか。

早くもドン詰まったオレ達は、泊まっているホテルとフェリーの発着所のちょうど中間に当たる地点に身体障害児学校があることを知り、とりあえずソコを訪れてみることにした。

これも族の縄張り争いのページに書いたことだが、このメコンデルタにはアメリカ軍によって大量の枯葉剤（オレはシンナーに置き換えたが）が空から散布された。その目的は、ゲリラ作戦を繰り出すベトコンが隠れるジャングルを失くしてしまい、彼らを攻撃しやすいようにするためだった。が、枯葉剤でダメになるのは木や植物だけではなく、人体もそれによって大きな被害を受ける。アメリカ軍はそれを承知の上で、あえて枯葉剤を使ったといわれている。そして、このベンチェはベトコン蜂起の地であるため、メコンデルタの中でも重点的にソレが撒《ま》かれた土地らしい。

その学校は平屋建てだったのにもかかわらず、予想以上に大きな校舎を構えていた。連絡無しで敷地内に入り込んだオレ達に声を掛け、親切にも来賓室に通してくれたのは副校長のディエップさん。彼女は60歳ぐらいのデップリとした体格の持ち主で、ニコニコしな

ハンディを背負いながらも明るい生徒。が、世界の歴史はこの子達のことを忘れようとしている

がらオレ達に学校の説明をしてくれた。

それによると、この身体障害児学校は91年に設立され、現在は27名の教職員で144人の7~28歳までの子供達の面倒を見ているという。ベンチェ省からの援助金は月に3000万~5000万ドン。なんと、最初は『ベトナムの子供達の発達を願う会』という日本の京都グループからも援助があったらしいが、それは95年に打ち切られたらしい。

この学校に入っている子供達の障害の内訳は、耳が聞こえず言葉もしゃべれない：53名、脚の麻痺《まひ》&脳障害：44名、視覚障害：32名で、その他に孤児を9名預かっているという。

「子供達の障害は、その親がベトナム戦争の時に浴びた枯葉剤の影響だと思いますか？」

ストレートに尋ねてみることにした。ディエップさんは断定はしなかったが、その代わり「枯葉剤の影響も考えられる」という言葉を慎重に返してきた。

その後、校内を見学することを許されたオレ達は、屋内外にかかわらず、とにかくそこら中を歩き回ってみることにした。

日本人によって贈られた絵本がギッシリ並んでいる図書館。ギターや古くなったエレクトーンが置いてある小さな音楽室。蚊帳《かや》付きの簡易ベッドがビッシリ並ぶ子供達の宿舎。屋外には地下水を汲《く》み上げている電動式の井戸や豚小屋まであった。ちなみに、豚を飼っているのは省からの援助金では運営費が全然足りないため、仔豚《こぶた》を大きくしてから畜産業者に売って少しでも運営費の足しにするためだという。

休み時間にゲームをする生徒。…アメリカのバカ！

「ディエップさんの話では、今の運営費だと壊れたベッドも直せないし、最も心配なのがアチコチにある雨漏りらしいです。でも、屋根を作り替えると1億ドンかかるので、とても無理だと言ってました」

「1億ドンっていうと……約100万円かぁ。豚を売るぐらいじゃ……ん？」

ふと振り返ると、授業中だというのに、いつの間にか10人以上の子供達がゾロゾロ後をついてくる。子供達はオレ達が気が付いたことがわかると一様に人懐っこそうな笑みを浮かべ、スグにオレの腕にブラ下がってきたり、カモちゃんのカメラを興味深そうに触ったりした。その様を眺めていると、普通の小学校に来ているような気分になったが——その中には、両方の黒目がグレーのコンタクトレンズを入れたようになっていたり、片方の目が完全に皮膚に埋もれて無い子供も混じっていた。

ショックだった——。ディエップ副校長同様、断定することはできないが、戦後24年経つというのに枯葉剤の影響だと思われるものをこんな形で実際に目にすると、その恐ろしさ、そして無惨さが希硫酸でも浴びせつけられたように強烈に伝わってくる。たった数日前に知ったばかりのベトナム戦争の概要。オレがこの子供達を見るのは、少し早過ぎたのかもしれない……。

しばらくすると学校は昼食の時間となり、ゾロゾロと食堂に集まり始める生徒達。メニューは小魚を煮たもの、菜っ葉のスープ、そして、白いご飯。

「動物性タンパク質が少し足りないですね」

(鈴木君、おメーもな)

食堂のテーブルに集合した子供達。彼らは日本の同じくらいの年の子供と比べて身体の発育が著しく遅れていて、とても細い首スジがそれを象徴していた。貧しい省で障害を抱えながら生まれた子供達。その静かで淡々とした食事風景を目にしていると、心がプルプル震えてきた。

人間というのはいつ、どこで生まれるかによって人生における大方の勝負が決まってしまうことが多い。いくらキレイ事を言ってホローしてもソレは事実なのだ。…どこかにリセットボタンはないのか？

ホテルの前にある四角い池。その辺りに簡易テーブルやプラスチックのイスを並べているカフェで一息つくオレ達。

池のほとりのカフェで一息つくオレ達。背後が泊まっているホテル

その真ん中あたりからは池の中心に向かって桟橋が伸びており、橋を渡っていくと円形のフロアがあって、ソコにも別のカフェがテーブルを並べていた。池の中央でソコソコのオシャレ感をかもし出しながらドンと構えているカフェ。どうやら周辺につながれているペンキがハゲまくった白鳥型の足漕《あしこ》ぎボートもその店の所有らしく、池周辺の飲食店の中では圧倒的に有利なポジションと権利を誇っているようだった。

最初、オレ達は迷わずその池の上に浮かぶカフェに直行したが、カフェ・ダー（アイスコーヒー）やビールをオーダーしてもなかなか運ばれて来ず、とにかく店をやっている一家がダレ切っている感じだった。日本でもそうだが、そういうホットポジションを手に入れた飲食店というのは大繁盛しているか、見事にコケたままになっているかどちらかである。そして、このカフェは間違いなく後者の方で、サマーベッドの上でダルそうに横たわっている一家全員の顔に一番のポジションを確保している、という傲慢《ごうまん》さと、その上にあぐらをかききっているダメさ加減が物の見事にペイントされていた。

「出よう、こんなブタ丸一家がやってる店。アイツらのツラ見てるとイライラしてくるわ」

生ヌルそうなビールを一口飲んで立ち上がるカモちゃん。

つーことで、オレ達は池の辺りにあるカフェに移ったのだが、ココで働いている姉妹は実に小気味が良かった。姉の方は18ぐらいの面長美人で、妹の方はそれより5つぐらい年下の茶目っ気たっぷりの女のコ。彼女らは注文を受けると姉が手際良くそれを用意し、妹がニコニコしながらスグに運んでくる。そして、周辺のゴミを小まめに拾ったり、氷をもう少し入れてあげようか…といった具合に、心憎いばかりの気遣いを全体に張り巡らせているのだ。

当然、計8つぐらいのカフェのテーブルは絶えず客で埋まっていて、池の真ん中に視線を移すと、例のブタ丸一家が無人の店内からその様子をコンドルのように眺めている。おメーらは、その眺め続けるエネルギーの10分の1でも営業努力に回せっつーの、クソバカ。

木陰になった席でまどろむのは実に気持ちが良かった。時折、池の方から皮膚を洗い上げるように吹いてくる涼しい風。対岸の近くには小学校があるらしく、下校中のチビッコ達がハシャグ声が小鳥のさえずりのように鼓膜に響いてくる。しばらくの間、そのカフェで英気を養ったオレ達は、再び周辺で元ベトコンの兵士を探すことにした。ところが、どのオジさんに声を掛けても、やはり返ってくる答えは知らぬ存ぜぬばかり。

「よくわかんねえけど、南の兵士を殺したのにもかかわらず、現在もその南で生活してるってことに気マズさみてーなもんがあるのかなぁ、ベトコンだった人には……」

当初は簡単に話を聞けると思っていたが、目に見えない壁にブチ当たり、情けないタメ息をついた時だった。ホンダのドリーム号を運転している片腕のオジさんが、オレ達が泊まっているホテルの駐車場に入っていくのが見えた。

「鈴木君。あのオジさんにも一応尋ねてみてくんないか」

「…はい」

数分後、オレ達のところに戻ってくる鈴木君。彼は基本的にオペラ座の怪人のようなポーカーフェイスなので結果は予想すらできないが、マウンドを降りる敗戦投手のような足取りからして、たぶんダメだったのだろう。

「…俺はベトコンじゃないって言われちゃったか、また?」

「いえ、明日の夕方の5時にホテルの前で待ち合わせをしました。…当時のことを話してくれるそうです」

…なぁ、鈴木君。頼むからその〝哀愁の常夏状態〟を止めてくんねえか。意外としんどいわ、それ。

その後、昨夜も訪れた例のレストランの離れの個室でルア・モイのソーダ割りを飲みながら盛り上がるオレ達。

「えっ、えっ！ カモちゃんって昔、ロッテリアでバイトしてたの…。グハッハッハッハッハッハ!!」

「うるせえなぁ。で、入った3日目の晩によぉ、客もいないから今のうちに店ん中を掃除してくれって言われて、ホースで水まいてたんだけどさ。フライドポテトを揚げる大鍋《おおなべ》の中にも、そのまま水をドボドボって入れちゃったんだよな。そしたらバチバチバチ！って油が凄《すご》い勢いで飛びハネちゃって、近くにいたマネージャーが驚いてスッ転んじゃってさ。頭を9針も縫ってんだよ。で、クビになっちゃってさぁ」

「プハッハッハッハッハッ！ 当たりメーじゃねえか。そんな中に水入れるバカがドコにいるんだっつーの。…それにしてもよぉ、鈴木君。この部屋の壁にも掛かってるけど、ベトナムの飲食店には数頭の馬が喜びながら歩いてるこの変な絵がよく飾られてるじゃん。で、決まって絵の中に『馬到成功』って言葉が入っているけどさぁ。どういう意味なの、コレ？」

「………ボクにもちょっと…」

「単細胞のクセに難しく考えるからわかんねえんだよ。字の通り、成功すると馬が集まってくるって事だろうが」

「じゃあ、今回は手乗り鹿も見れたし、元ベトコン兵士の話も明日聞けるし、このままのペースでいけば、最後に訪れるハノイでオレ達の周りに馬がパカパカ集まってくることになんぜ」

「そうだよ、集まってくるんだよ。ボリショイサーカスのように。そういうことだろ、鈴木君」

「…あの、皆さん疲れてたらマッサージにでも行ってみませんか？」

「お前は俺の話を聞いてんのか！　人が真剣に話してんのにマッサージの話なんか…で、料金はいくらぐらいなの？」


オレ達が訪れたマッサージ屋は、かなり怪しい雰囲気だった。というのも、建物自体が抱きビアとつながっていて、入口にはピンクのネオンが煌々《こうこう》と輝いていた。入ってスグのところにあるカウンターで１人４万５０００ドンを払って歩を進めると、小さな部屋が通路の両サイドにズラ～ッと並んでいる。まさにテレクラの内部のような状態だ。

「…ん？」

不意に背中をポン、ポンと叩《たた》かれたかと思うと、目がクリクリッとしたショートヘアの女のコに4畳半ほどの個室の中に引っ張り込まれた。そして、女のコは部屋の奥にある小さなシャワールームを指差し、服を全部脱げというジェスチャーをする。初対面の女のコの前で、会った瞬間から30秒以内に素っ裸になるというハレンチ新記録を達成しつつ、１

人でシャワーを浴びているオレ。なんだか早送りのテレビ画面の中に入ったような気分だった。そして、バスタオルを腰に巻いてシャワールームから出ようとすると、女のコが首を振りながら右手にある小さなドアを指差す。

「え、この中に入んの？」

半畳ほどの室内はイス以外は何もなかった。そして、しょうがなしにそのイスに座ってジッとしていると、シューという音が響いてきて部屋の上の方からガスのようなものが噴出されてくるではないか。

「な…おいっ、オレを殺す気か！ …ん。なんだよっ、このインチキ臭いミントのようなニオイはっ⁉」

ミニサウナだった…。

個室のベッドの上でトドのように横たわり、女のコのマッサージを受けるオレ。タイのトラディショナルマッサージをベルサーチのジャケットだとすると、ソレは羽田《はた》議員が提唱する省エネジャケットのようなヒドい代物だった。おまけに、何度注意しても女のコが珍しそうにオレのオッパイをワシづかみにしてくる始末。

「だから止めろっつーの。ノイローゼになりそうだよっ、オレ！」

ようやくイイ加減なマッサージを終えると、女のコはイタズラっぽくほほ笑み、ベッドの下からゴソゴソと何かを出してくる。

（おい、いよいよか…）

が、意外にもそれはノートとペンで、それをオレの鼻先に差し出すと何かを書けと指示してくる女のコ。開かれたページの右の方に目をやると、そこに客が書いたらしい住所のようなものがいくつか記されている。

(ははぁ〜ん…あとでホテルに乗り込んで来て、スペシャルマッサージをしようって算段だな)

ま、コッチとしてもやって欲しいのはヤマヤマだが、オレ達は3人部屋に泊まっているのである。

「あのねぇ、だから3人部屋なの。一緒にこの店に入ってきた友達2人もいるんだよ。だから泊まってるホテルじゃダメなの。わかる?」

ホテルの名前を英語で記入した後、その横に、3つのベッドにそれぞれ横たわる人を描いて、1番右がオレだと説明してみた。

「×○△□××○○□×」

「だからオレだってしたいけど、泊まってるホテルじゃダメなんだっつーの。う〜〜〜〜っ、簡単な英語も通じねえし…どうすりゃいいんだ、こんな時」

「○×□□△××△○□?」

「…ん、ルームナンバーが知りたいのか? だからダメなんだよ、そういうのは。な、ダメ。バツ!」

そう言いながらも、オレ達のルームナンバー『215』という数字をノートに書き込んでみる。途端に目を丸くし、何か大声で叫び出す女のコ。

「な、何なんだよっ⁉ 降霊でもしたんか、おメーは…」

ふと左の方から嫌な視線を感じ、ドアの上部にある大きなガラス窓に目をやってみると、まるでジュゴンでも観賞しているような表情の女のコの顔が4つ並んでいる。…おい、最先端のホラーハウスか、ココは。

10分後、店の入口からスグの小さなフロアにあるソファに座り、一喫しながらカモちゃんと鈴木君を待つオレ。

「ブッ！……ペヒャヒャヒャヒャヒャヒャヒャヒャ‼」

なんと…オレの顔を見るなり、人間離れした笑い声を繰り出す鈴木君。

「ペヒャヒャヒャヒャヒャ！ボク、板谷さんの隣の部屋でしたからブッ！…2人の会話が丸聞こえだったんです。板谷さんてどこの国から来たかって聞かれてるのにズーッとダメメって言ってて、体重を尋ねられたらブッ！ 215キロって答えたんですか。女のコが驚いて仲間を呼んでましたよ。ペヒャヒャヒャヒャヒャヒャ‼」

「な………」

その後、最悪なことにカモちゃんに続いて例の女のコも現れ、オレが描いたノートの図を見せながら皆に事の成り行きを説明する始末。

「ブハッハッハッハッハッハッハ‼ バカじゃねえの、板谷君。なんだよ、この図。扇風機の位置まで描いてやんの、ブハッハッハッハ‼」

…なぁ、カモちゃん、お前が望むならツッパリもやめていいぜ、今のオレ。

翌日の夕刻。池の辺りにあるカフェで例の元兵士のオジさんを待つオレ達。

「板谷君、質問事項はあらかじめ考えてあるんだろうな。ホーチミンでしたような幼稚なインタビューはもう認めないよ」

「認めないって言われても…大丈夫だよ、昨夜寝る前に考えといたから」

「そろそろ現れる頃だな…。話は違うけど、今夜抱きビアにでも行かねえか。俺さぁ、実はマッサージ屋のネエちゃんに、はずみでチンコを握られちゃったんだよ。で、昨夜は頭ん中がモヤモヤして一睡もできなかったんだよな」

当たり前である。なんたってオレとカモちゃんは経費節減のため、同じ部屋での寝泊まりが2週間にも及んでいて、オナニーすら満足にできない状況下にいるのである。が、正直言って、カモちゃんのその発言は驚きに値するものだった。

前回、タイを回った時もそうだったが新婚中のカモちゃんはどういうつもりか、このオレにも〝お金を出して女のコを買うような真似は許さない〟と念仏のように言い続けてきた。したがって、今回の旅も性欲耐久レースになることは覚悟していたのだが、奴は鉄人28号のコントローラーを操る正太郎君のように、女のコにチンコを握られた途端、その内部で何かが弾《はじ》けてしまったのである。そして、それはオレにとっても大変有難いことだった。

最初最も上機嫌だったカモちゃん。ところが…

「ま、抱きビアのことはさておき、今はガッチリと話を聞き出すことを考えなきゃな。板谷君、あのオジさんは今日はバイクじゃなく車でココに来るよ」

「えっ、なんでそんなことがわかんの？」

「長年の勘だよ。世界中でいろいろな奴に会ってると、そういう事がピピピッとわかっちゃうんだ」

1時間後、ようやくオジさんにバックレられたことに気付いたオレ達は、そのまま『クーロン』という名の抱きビアに直行。そして、2階にある1室で、隣に女のコを座らせながらカラオケをすることになった。が、歌本に目をやると、やはりベトナム語と英語の歌しかなく、ビートルズか何かのヤワい曲でも無難に歌おうと思いながら何の気なしにテレビ画面に視線を移すと、既に2曲が入録されている。

（誰だよ、もう曲を入れてる奴って。日本のカラオケBOXじゃないんだから…）

その直後、カモちゃんが歌うホイットニー・ヒューストンの『セイビング・オブ・マイ・ラブ』、そして、鈴木君が動脈にパイナップルジュースを注射されたような声で奏でるペットショップボーイズの『イッツ・ア・セイム』を連チャンで聴かされるハメになるオレ。……なぁ、おメーら。今のオレは自分の父親とロボットダンスを向かい合って踊るより恥ずかしい気分だっつーの！

「え～とぉ、1・4・7…5・0と」

だからカモっ！　そう言ってる先から入れんなよっ、アラベスクの『ペパーミント・ジャック』とかを!!

ま、一連のキ○ガイカラオケは忘れるとして、ノドがキュっと鳴るような冷たいビールを飲みながら、女のコの暴力的に柔らかい肩を抱くのは最高の気分だった。素敵な追い討ちをかけるように顔をゆっくりとオレの胸に埋めてくる女のコ。ビールジョッキを置き、右手の人差し指でそのポッチャリとした頰を優しく突ついてみる。…あぐうううううう～～～～っ、このまま抱き潰《つぶ》してオレの身体にそのまんま入れちゃいたいぞっ、この娘。

「お前、さっきからトイレにビールを流してんだろ！」

部屋に付いているトイレから鈴木君の隣に戻ってきた女のコを突然怒鳴りつけるカモちゃん。が、すっかりノープロブレム状態になっている鈴木君は全く気にもとめず、スグに女のコの背中に顔を回しアナゴのように巻きついている。鈴木君がこの体勢を出す時は、自分に付いた女のコを気に入ってる証拠なのである。

「トボけてんじゃねえよ！　何缶分のビールを流したんだよっ、おい！」

再びカモちゃんが叫んだが、ナンセンスな感じしか受けなかった。たった2、3缶のビールをトイレに流されたからって、そんなことにムキになるより、今はこのプリンの中でミニ宇宙飛行士になったようなフワフワとした気分、それを満喫するべきなのだ。

「39、40、41、42…。おいっ、全部で42缶も空いてんじゃねえかよ！　こんな短時間で飲めるかっ、こんな本数を!!」

「□×○○□△△××○□××！」

何度も怒鳴りつけられ、鈴木君に巻きつかれた女のコがついにキレた。

「…なぁ、カモちゃん。落ち着けよ。いいじゃねえかぁ、ちょっとぐらい流されたって」

オレの胸に怯《おび》えたように顔を押し付けてくる女のコ。彼女とのミルクが溶けていくような時間を邪魔されたくなかった。

「なにノンキなこと言ってんだよ！　実際に飲んでる倍以上のビールをトイレに流されてるんだぜっ!!」

突然、声を上げて泣き始める鈴木君に巻きつかれた女のコ。そして、彼女は気分が悪くなったのか何度も嘔吐《おうと》しそうになり、もうドロドロの状態だった。にもかかわらず、相変わらず彼女に巻きついたままの鈴木君。

「都合良く気持ち悪くなってんじゃねえよっ。ダマされねえぞっ、そんなことしたって！」

「○×□△△□×○□！」

オレについている女のコもついに堪忍袋の緒が切れたらしく、カモちゃんに向かって激

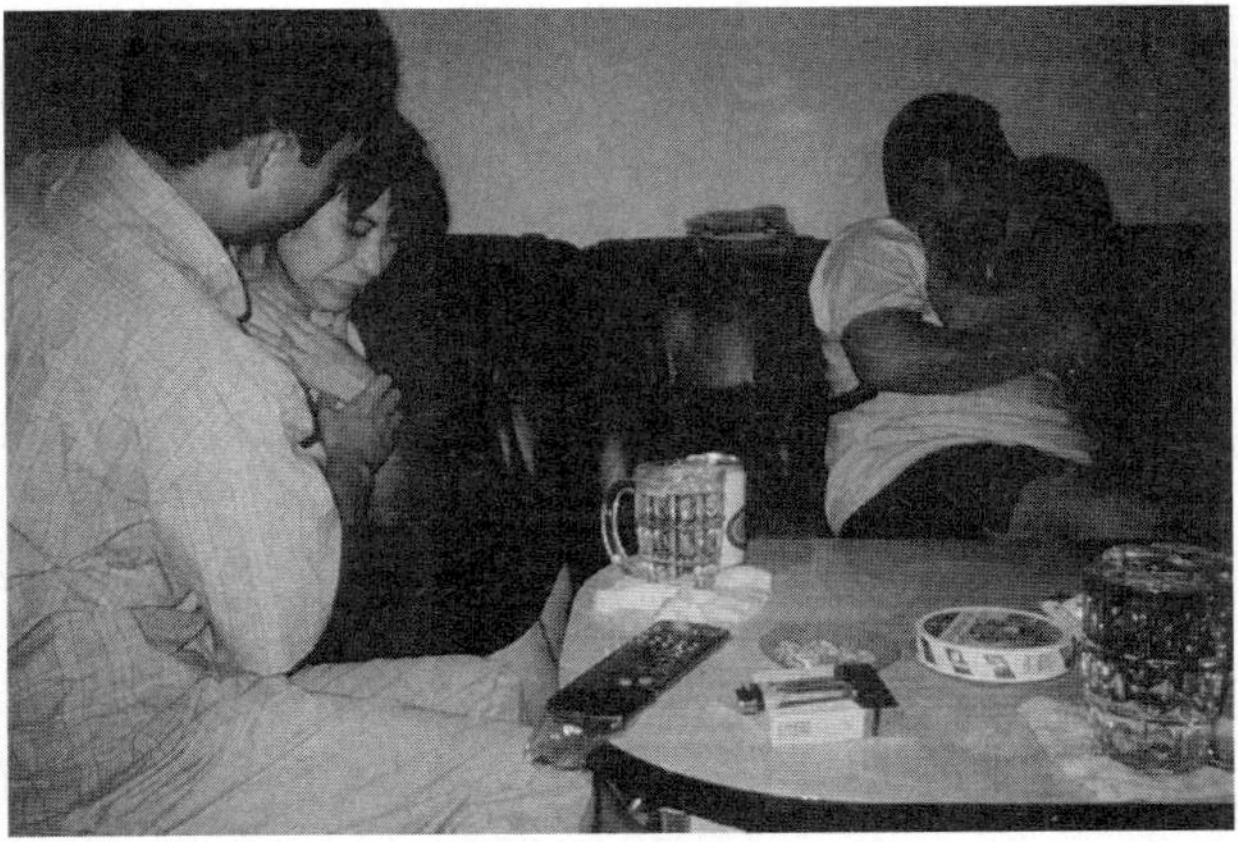

何度も嘔吐しそうになる女のコを尻目に、クライマックスに向かって突き進むオレ。正に天国と地獄

しい言葉を浴びせかける。そして、その騒ぎを聞きつけ部屋の中に入ってくる3、4人の男の従業員。

「上等じゃねえか！　やるんならやったるぜっ!!」

そう言ったかと思うと、立ち上がってテーブルをひっくり返すカモちゃん。……ねぇ、なんでしょう。この大カモちゃん祭りは？

隣の女のコに手を引かれ、別室に連れていかれるオレ。そして、そこにあったソファでシクシク泣き始めた彼女も急に悪酔いしたのか、何度も嘔吐しそうになっている。

「よしよし、大丈夫だから…」

オレの腰に両手を回し自分達は何も悪い事はしてない、といった感じで首を横に振る女のコ。そんな彼女にチップをあげようと財布をポケットから出した瞬間、映画『八つ墓村』の中で32人殺しを遂行中の山崎努《つとむ》のような表情をしたカモちゃんが部屋に入ってきた。

「ダメだよっ、板谷君。そんなバカ女にチップをあげちゃ！」

次の瞬間、逃げるように部屋を出ていく女のコ。

「あんまり熱くなるなよっ、カモちゃん。途中で部屋に入ってきた野郎共も大人しく戻ったんだから」

「……帰るよ。今、鈴木君が勘定済ませてんから」

元いた部屋に戻った途端、その中の光景を目にしてア然とするしかなかった。鈴木君からお金を受け取り、それを1枚1枚数えている女のコ達。彼女らはさっきのことがウソのように至って平静で、事務的に札ビラを数えるその顔には〝してやったり感〟さえにじんでいた…。

ホテルに戻る道すがら、ようやくフツフツと怒りが込み上げてきた。

「鈴木君、全部でいくら払ったの？」

「…77万ドンです。いくらなんでも……抱きビアであんなボッタクリをされたのは初めてです…」

ションボリと下を向きながら答える鈴木君。

「……オレ、銭取り返してくるわ。このままじゃどうしても気が収まんねえから」

「もう遅いよ！　負けなんだよ、俺達の」

ゆっくりと冷めたアスファルトの道路、それにカモちゃんの声が響いた。が、次の言葉はタバコの煙が宙を舞うように吐き出された。

「タイの女は笑うのがウマいけど、ベトナムの女は泣くのがウマいよなぁ……」

すっかりサビついてしまった洞察力と使いモノにならなくなっている動物的勘。己のそれに無性に腹が立ち、そして、心底情けなかった。あんな大ぴらにインチキをやられていたのに、ソレに全く気付かないで女のコ達に最後まで本気で同情していた自分。恐らくカモちゃんは、最初の1缶をトイレに流された時からソレに気付き、かなりの間ガマンしていたのだろう。

クソッタレ。結局はまたヤラれてんじゃねえか、オレは…。

▼ベンチェ

エビ穴捜索奮闘記

ベンチェに来た2つ目の目的。それは〝エビ穴〟を探し出すことだった。

話は2年前にさかのぼる。その時、メコンデルタのさらに南にあるカントーという街にいたオレは、カモちゃんからこんな話を聞かされたのである。

カントーより少し西に進んだ所にある町。その郊外に、ベトナム戦争の時アメリカ軍の砲弾で空いた穴が残っていて、雨水が貯まったその穴の1つにいつの間にやら手長エビが入り込んだ。そして、今ではその数が激増し、まさに養殖池と化している。さらに、その池の持ち主に頼めば大きな網で好きなだけそのエビをしゃくわせてくれ、それをその場で料理してくれる。しかも、ソレが頭蓋骨《ずがい》に亀裂《きれつ》が入るほどウマいらしい。

オレは、そのロマンあふれる話に完全にノックアウトされてしまった。爆弾で空いた穴が池となり、自然に入り込んだエビがその場で増殖。それだけでもグッとくるものがあるが、その上、そのエビを網で豪快にしゃくわせてくれるのである。

——あれは確か8歳か9歳の頃だった。伊豆《いず》に家族旅行に出掛けた板谷家は、1軒のいけす料理屋に入った。その店では、いけすの中にいる魚を客に網でしゃくわせてくれ、ソレを刺身にしてくれるというシステムをとっていた。ま、刺身はともかくとして、とにかくオレはその魚がゴチャゴチャ泳いでいる池の中に網を入れ、それを思いっきりすくい上げたかった。水中のモノを自分の力で地上に上げる。その圧倒的な支配感と非日常的なビジュアルを味わいたかったのだ。ところが、オレが大量の魚を満身の力でしゃくい上げようとしたその瞬間、「欲張るんじゃねえっ!」という声とともに親父の猛ビンタが飛んできたのである。そのショックと悔しさから、オレは号泣しながらも反射的にそのいけすの中に飛び込み、さらに大騒ぎになった。——物心ついてからその時のことを考えると、たぶんオレは黒鯛《くろだい》とかの値の張る魚を大量にしゃくってしまい、それをすべて刺身にされたら破産すると親父の方も必死だったに違いない。

で、その時の欲求不満をいまだに引きずっているオレは、その〝豪快にしゃくい上げる〟という行為自体に爆発的な魅力を感じたのである。しかも、そのエビがメチャメチャウマいと聞いたら、そりゃあ行って食いまくるしかない。つーことで早速、そのロンスエンという町の郊外を車で回ってみた。

ところが、アチコチに水が貯まった穴がボコボコ現れ、その中には人工的に掘られた穴も混ざっていて、どの穴がソレだか全く見当がつかない。そして、次々と現地の人に尋ねまくった結果、ようやく目的のエビ穴にたどり着くことができた。…が、その穴の持ち主に話を聞いてみたところ、確かに20年前に2年間だけエビを養殖していたが、そのうち三期作で米を作るようになった周囲の農家が農薬を使用するようになり、それでエビが育たなくなって魚の養殖に切り替えたというのだ。

さらに彼は、爆弾で空いた穴でエビを養殖している家はこの辺りでは1軒もないだろう…とトドメまで刺してくれたのである。

エビ穴捜索はそこで暗礁に乗り上げてしまった。……ところがである。今回、そのエビ穴がこのベンチェにある、という情報を鈴木君が入手していたのだ。つまり、すっかりガセ話だと思っていたエビ穴が再浮上してきたのである。

「あの…でも、そのエビ穴がこのベンチェのドコにあるかは、ボクに情報を提供してくれた人も知らなかったんです」

「ややっこしい展開になりそうだなぁ、また。…ま、とにかく聞き回るしかねえな。鈴木君、とりあえずホテルのフロントの兄ちゃんに尋ねてくんねえか。キツツキみてーな顔してんけど、ああいう奴が意外とホームランボールを投げてくることが多いんだわ」

数分後、ホテルの中庭にいるオレ達のところに戻ってくる鈴木君。例のごとく、その表情からはどんな答えが返ってきたのか全く予想できない。

「自然にできたか人工的に掘られたモノかはわかりませんが、ここから車で2時間ぐらい走った所にエビを養殖している池があるそうです。詳しい道順も教えてもらいましたけど、どうしましょうか…？」

「ほら！　な！　オレの勘もまんざら捨てたもんじゃねえだろ。ちなみにオレは相手を一目見ただけで、そいつが母乳で育ったか粉ミルクで育ったかって事も…」

「甘いよっ、板谷君は！　そんな不確かな情報で動いてばかりいるから『ゲッツ』なんていうしょうもない言葉を苗字《みょうじ》の前に付けちゃうんだよっ」

「どういう関係があるんだよっ、その2つに！　…じゃあ、100%確実な情報が得られるまで動くべきじゃねえのかよ!?」

「いや、行ってみよう、その養殖池に」

…なぁ、カモちゃん。今のアンタって、キャンディーキャンディーに出てくる意地悪役の娘より始末悪いぞ。

ベンチェ橋を行き交う人々。みんな大きくなれ！

キツツキの言ったとおり、オレ達を乗せた車はホテルを出発してからちょうど2時間後に目的地に到着。が、その養殖池があるらしい敷地は背の高い金網のフェンスに囲まれており、あまり人を寄せ付けたがらないというか、少なくとも気軽にエビを食わせてくれる雰囲気…それが全く漂っていなかった。

ま、とりあえずその中に勝手に入って歩を進めると、2棟の宿舎みたいなものがあり、その間を抜けると縦15メートル横30メートルほどの抹茶色の水をたたえた四角い池が出現した。

「…つまり、コレなのか。オレ達が探してたエビ穴って？」

「あ〜〜〜急にクソしたくなってきた。俺、ちょっとドコかでやってくるわ」

そう言ったかと思うと、少し離れたところにある木陰の方に走り出すカモちゃん。それから30秒もしないうちに宿舎のような建物から2人の男が出てきて、クリスマスケーキを食べる時にいかにもチョコレートの家が載った部分を真っ先に取りそうな顔をした方が、オレに英語で話し掛けてくる。

「…KANTO UNIVERSITY？ ……ああ、おメーは大学生なのかぁ。でも、学生がなんでこんな所に…って、通じねえよな、日本語じゃ。……ア、アイアム アニャパーン」

「イエス」

「ア、アフター トゥー ウィークス…リ、リターン ニャパーン。え〜とぉ、あと何話そう……ア、アイハブ ア ベリービックドック。…アンド…アイ……アイ ライクスキヤキ」

場を保《も》たせようと必死で英語を繰り出していた。そして、ふと池のフチに視線をやると、水面でハゼのような魚が口をパクパクさせている。さらに背後に人気を感じたので振り返ってみると、いつの間にかカモちゃんが立っていた。

「カモちゃん、ハゼだよっ、ハゼ。ほらっ、ソコにいるだろ」

「ハゼじゃねえんだよっ!! さっきから聞いてりゃ英語で何バカな事ばかり言ってんだよっ。なんで肝心なことを尋ねないんだっ、コイツに!」

「た、尋ねないんじゃなくて尋ねられないんだよ…」

鈴木君がもう1人の男から聞きだした話はこうだった。この施設は親エビを他から買ってきてその卵子を採取し、池の中で体長4センチぐらいに育ててから業者に出荷している所らしい。また、エビに関した試験的なこともやっているらしく、オレに話し掛けてきたのはカントー大学から派遣されている研究生だという。

「つまり、人工的に作った池なんだろっ、ココは!」

さらにピリピリした感じになるカモちゃん。

「ええ。…あの、この先にもエビを養殖している池があるそうです。でも、養殖技術を盗まれることを用心して…あの、あまり人には見せたがらないだろう、と言っています」

「爆弾で空いた穴かどうか聞いたのかよっ。そういう肝心なことを聞かないとまた無駄足に…よしっ、今から行くぞ、その池に」

そう言ったかと思うと、金網のフェンスに寄りかかっていたドライバーを呼びつけるカモちゃん。ちなみに、そのドライバーはホーチミンからこのベンチェに来る際に雇った兄ちゃんで、鈴木君にさえ無駄口をたたかない割と真面目そうな男だった。

「あの…この先はたぶん、道が細くなるだろうから、自分はココで待っているので歩いて行ってきてくれと言っています……」

ドライバーの言葉をカモちゃんに伝える鈴木君。

「なんで走りもしないうちからそんな事がわかるんだよっ！　じゃあ、おまえも一緒に歩いてついて来いっ!!」

30度後半の炎天下の中、1本道を既に1時間半近く歩いているオレ達。20キロ近い重量のカメラバッグを肩に掛け、汗だくになっているカモちゃんが久々に口を開く。

「こらっ、運転手！　どう考えても車で通れるじゃねえかよっ、この道！　戻って車取って来い!!　早く取って来いっ!!」

と、偶然にもスグ近くの道沿いに小さな1軒家が建っていて、その前にいたオジさんがカモちゃんが激怒する様を口をポカ〜ンと開けながら眺めている。驚いたのは、そのオジさんの両腕には手首から先がなく、その代わりと言っちゃなんだが、両方の腕のヒジから先が骨に沿って2つに分かれており、右腕のその隙間に火のついたタバコをはさんでいた。ひょっとして、その腕も枯葉剤の影響によるものだろうか…。

「あの……この先にはエビを養殖している池など無いらしいです…」

オジさんから話を聞き、そう報告してくる鈴木君。近くでの大爆発を予測し、無意識のうちに両耳を手でふさいでいた。が、クルリとUターンしたかと思うと、来た道を無言で戻り始めるカモちゃん。彼の爆発を防いだモノ、それは腕に障害を持ちながらもそんな事はまるで感じさせないオジさんの底抜けに明るい笑顔だったかもしれない。

ホテルに戻る途中、川のサイドに備え付けられた全長7メートルほどの巨大なタマ網を車窓から発見し、ストップをかけるカモちゃん。

「たぶん、アレでエビを捕ってるんだ。行くぞ、何か手掛かりをつかめるかもしれないから」

固定された巨大網のスグ近くに建っている、ヤシの葉で作られた小さな家。その軒先で、いきなり現れた変な日本人をビックリしたような表情で眺める若い夫婦。男の方はベトナム人にしては180センチ近くある長身で、その顔はなんとなく時任三《ときとうさぶ》郎《ろう》に似ていた。とりあえず彼に爆弾で空いたエビ穴について尋ねる鈴木君。

「知らないと言っています」

「そうかぁ……。ところで、そのデカい網で何を獲《と》ってんの？」

鈴木君が、時任三郎から教えてもらったことは次のようなことだった。

この巨大網は確かにエビを獲るもので、普段はロープを引いて川辺りに立てた状態にしておくが、夜にな

時任夫妻と巨大網の前で。オレって捨てられた冷蔵庫に見えねえか？

お前は手長エビじゃない！

るとロープをゆるめて川の中に下ろすらしい。そして、明かりを点《つ》けてエビを網の上におびき寄せ、15分ぐらい待ってから網を上げる。それを一晩に平均30回ほど繰り返し、獲れた手長エビはキロ2万～2万5000ドンで市場に売るとのこと。が、日によっては売り上げが1万2000～3000ドンぐらいになる大漁（？）の時もあるが、一晩やってもほとんど獲れない日が多いという。また、川のエビは案の定、農薬の影響で年々減ってるそうだ。

その後、時任の奥さんが親切にもヤシの実ジュースをごちそうしてくれ、ダメな親戚《しんせき》同士がよもやま話に花を咲かせているような和やかな雰囲気に。そして、オレ達の質問は彼ら自身のことについても及んだのである。それによると、時任三郎の本名はグエン・バン・レイといい、69年生まれの30歳。奥さんはそれより2つ上の姉さん女房で、家の中では2歳の娘が寝ているという。彼らにとってエビの捕獲はいわば副業のようなもので、時任は1年の半分以上を遠洋漁業の船の上で過ごし、奥さんは水田をたくさん持っている近くの農家の手伝いをしているという。そして、それから得られるお金を全て合わせると、彼らの平均月収は40万ドンぐらいになると言う。

…が、ちょっと待てよ。40万ドンということは、日本円に換算すると約4千円だろ。つーことは、先日訪れた抱きビアでオレらがボッタクられた金額のほぼ半分じゃねえか……。つまり、この夫婦が懸命に2ヵ月間働かなければ得られない金額をオレ達はわずか一晩…いや、2時間で使ってしまったのである。

日常生活の中に土足で踏み込んで来たオレ達に対し、手を振りながら並んで見送ってくれる時任夫婦。鈴木君の話ではホーチミンでシクロの運転手をやってる者でさえ、月に1万円近くの収入を得ているという。それに比べるといくら貧しい省で働いているとはいえ、子供までいる彼らの収入はあまりにも少ない。だからというわけではないが、帰り際にヤシの実ジュースのお礼として1万ドン札を2枚渡そうとしたが、彼らは笑いながらそれを受け取らなかった。

クタクタになりながら、ホテルから歩いてスグの例のレストランを訪れるオレ達。バカの1つ覚えのように連日通っているので、若いダメカップルに説教中のデビ夫人のようにけたたましい番犬。奴もオレ達に吠《ほ》えなくなっていた。そして、これまたいつものように、カイン・チュアというベトナム名物のトマト味の効いた酸っぱいスープを飯にかけて食べていると——。

「食いてえなぁ〜、爆弾で空いた穴にいる手長エビ……」

既にルア・モイのソーダ割りでイイ気分になっているカモちゃんが、手長エビにガブリつきながらそんなことをつぶやく。

人間の味覚というのは、つくづく環境や状況に左右されるものである。真冬の屋台でおでんを食べるとてつもなくウマいが、食卓に白いご飯と一緒におでん鍋《なべ》をドンと出されても往々にしてあまり食欲はそそられない。今のカモちゃんがまさにソレで、美味《おい》しく焼かれた手長エビを食べながら、同じ手長エビを食いてえなぁ〜と言っているのだ。つまり、オレにも言えることだけど［爆弾で空いた穴↓勝手にエビが入ってきて増殖↓網で豪快にしゃくう↓目の前でスグ調理］——そういう状況が食べたいのである。

それにしてもだ。カモちゃんという男は、何かに夢中になればなるほどテンションが極端な上がり方をし、メチャクチャせっかちになると同時にさらに怒りっぽくなる。つまり、激情型の演出家。ソイツが新しいアイデアを思いついた途端、ダンサーに20秒置きに全く違う動きをするよう指示を出し、それができないと己の乳首を噛《か》み切ったり、タレ幕に火を付けたりして怒りまくる。カモちゃんはそんなトランス系のゾーンに入ることがよくある。で、それに一旦《いったん》キリがつくと嘘のように大人しくなるのだ。

ま、オレは8ヵ月前、カモちゃんとタイを1ヵ月旅した際にソレと何度も遭遇したので慣れたが、鈴木君はいまだにかなりマイってる様子だった。が、ソレには同情するとして鈴木の旦那《だんな》。今、おメーの全身から発散されてる哀愁って、阿蘇《あそ》山の噴煙クラスだっつーの。なんだか知らんけど怖いよ、浮かばれない幽霊が隣に座ってるみてえで……。

翌朝。得体の知れない責任を感じたのか、オレ達が目を覚ます前からホテルの周辺でエビ穴について尋ね回っていた鈴木君。その結果〝近くで水上レストランを経営しているオーナーが持っているモーターボート。それをチャーターして川を下っていくと、エビを捕っている場所に案内してくれるらしい〟という新情報を入手してくれたのである。

「エビを捕ってる場所って、つまり、エビ穴のことなの？」

ベッドから起き上がり、右目をゴシゴシ擦《こす》りながら尋ねるカモちゃん。

「あの…ハッキリとはわかりません……。しかも、そのモーターボートのチャーター代っていうのが1時間につき30ドルなんですよ」

「30ドル!? 高けえよっ、そりゃあ。しかも、その場所が遠けりゃ行って帰ってだから最低でも5～6時間はチャーターすることになんぞ」

「……やめましょうか。リスクが大き過ぎますし」

「よしっ！ さっさと支度して乗るよ、そのモーターボートに」

(なぁ、種類の違う宇宙人同士の会話かよ…)

ベンチェの中心街を横切るハム・ルォン川をモーターボートで滑っていくと、時任夫妻の家の前にあったような巨大な仕掛け網が水上のアチコチに現れる。

「川沿いだけじゃなく、川の中にもおっ立てちゃってんのかぁ、この網を……」

さらに川を下っていくと、今度は川辺りに沿って100メートル以上もある長い網が、

この子供が手長エビに見える。食っちまうぞ、オレ

まるでテニスコートのネットのように張られている。偶然にもその1つの近くで作業している人々がいたので、ボートを停めて話を聞いてみることにした。

「彼らもエビを捕ってるそうです。この川はスグ近くで海につながっているため、陰暦の2日と3日、それと15、16日に潮の関係で水位がすごく下がるそうなんです。そうすると網の岸辺側に自動的にエビが取り残され、それをスグに拾い集めるらしいです」

ちなみに本日は陰暦の4日にあたるそうで、MAXではないがまだ水位がかなり下がっているため、網を仕掛けたオジさん達のバケツの中では30匹ぐらいの手長エビがゴチャゴチャ動いていた。月に2回のボーナス期間。それとエビが繁殖する最盛期が重なると、驚くことに1日に15〜20キロの収穫があるという。

さらに下流へと進むモーターボート。そして、みるみる川幅が広くなってきたと同時に、波のようなものも出てきて、嫌なバウンドをモーターボートが始めた。

「おわっ！　カンベンしてくれよぉ〜。オレ、もう何度も水かぶっちゃってビショビショだっつーの。…鈴木君、いつになったら岸に着けるんだよっ、このボートは!?」

小柳ルミ子と大澄賢也をこの中に3日間置き去りにしたら、確実に復縁すると思う。ルミ子、DO！

「……ん、汽水だよ、ココ。板谷君、川の水を舐《な》めてみ。ちょっと塩っ辛いから」

「何だよ、汽水って？」

「……板谷君ってホントに俺と同い年かよ。川と海の境目の水のことだよ」

「へえ〜っ……あ…なんだっ、アレ⁉」

　1キロほど先の完全に海になっている部分。目の錯覚かもしれないが、その上に何軒かの家が建っているのが見える――。

　10分後、エンジンを止めたモーターボートから不思議な建物を見上げるオレ達。ちなみに、この辺の海の水深は10メートル以上。にもかかわらず、辺りに点在する計5軒の小屋は、どれも海上から8〜9メートル垂直に突き出した柱の上にチョコンと乗っかっており、その近くには巨大な仕掛け網のようなモノがこれまた海上に突き出ている。ウオーターランドなのか、ココは。

「アレもエビを捕るための網らしいです。網の持ち主は約2週間あの小屋で寝泊まりして、2~3時間置きに仕掛け網を上げるそうです…」

早くも船酔いで真っ青な顔をしながらも、モーターボートの運転をしているレストランのオーナーからの話を伝えてくれる鈴木君。

「網を上げるったって、あんな高い所にある小屋からどうしてそれができんの?」

「いつもは小舟を柱の下につないでいて、それに乗って網を上げ下げし、網にかかったエビを獲《と》ってるらしいです。小屋にいる人は2週間ココにいたら1週間は岸辺の家に戻るそうで、残念ながら今は岸辺の方にいるようです」

「つーことは、1年のうちの3分の2は海の上かよ、ソイツらは……。ハンパじゃねえなあ、エビを獲るその執念って」

「鈴木君。最終目的地って、もしかしてココのことだったの?」

会話に割って入ってくるカモちゃん。

「あの……」

「はい、もういい。…とにかく戻ろう、お金がもったいないから」

その声は、昨日とは打って変わってニューヨークのキャリアウーマンのように事務的で、しかも寒気がするほど冷淡だった。あることに対して動き出すのも早いが、見切りをつけるのも人一倍早いカモちゃん。彼は今日明日ではエビ穴は見つからないと判断し、既にその先の予定の方に頭が回り始めていたのかもしれない。

2時間後、ホテルのベッドの上でクタ〜ンと横になっていた。結局は120ドルも取られて無駄足を踏んでしまったが、それにしてもベンチェに住んでる人間というのは、いろいろな方法でエビを獲っているものである。川辺りから巨大網でしゃくう。川の中に巨大網を立ててしゃくう。岸辺に長い網を張り、水が引いたら一気に拾う。海上の小屋で寝泊まりしながら仕掛け網でしゃくう。なんだかこのベンチェは、ヤシとエビの国のような気がしてきて、かわいいというか…なんか、こう、とにかくココが好きになってきた。が、そんなブリッコ小町のような事を言っている場合じゃない。爆弾で空いたエビ穴には依然として巡り合えず、また、その手掛かりさえ何もないのだ。

現地の者に直接尋ねられないというビハインド、神経や肉体に積もり始めた疲労感、エビ穴なんてホントは無いんじゃないかという疑いの心、明日に迫ったタイムリミット。なんだかそういうモノが土砂となり、エビ穴をどんどん埋めていくような気がした。…負けんな、オレ。

次の日、池のほとりにあるカフェでモーニングコーヒーを飲むためホテルの部屋から出ると、中庭の方が妙に騒がしかった。それもそのはず、ホテルの1階にあるレストランで結婚式が開かれていたのである。味も素っ気もないロシア人が設計したような古びた国営

幸運の女神となった花嫁。が、オレの弟に似てる…

ホテル。こんなダサい所でよく結婚式を…と思ってはみたものの、中心街のアチコチに行ってわかったことだが、ベンチェでは1番立派なホテルだったのである、ココが。

たまたまウエディングドレスを着た花嫁がフロントの前にあるソファに座っていたので、彼女にカメラのフラッシュを浴びせるカモちゃん。花嫁は少し恥ずかしそうにしながらも、自分の最もイイ顔をつくって写真に収まり、カモちゃんに何かを話し掛ける。

「鈴木君、彼女はなんて言ってんの？」

「住所を教えるから写真を後で送ってくれと言っています。それと、ボクたちがココで何をしているのか尋ねています」

「エビ穴を探してるって伝えてもなぁ……ま、鈴木君、俺の代わりに説明してくれや」

カモちゃんに頼まれ、花嫁に簡単に事情を説明する鈴木君。と、どういう訳か、次第に2人の会話が熱を帯びてくる。

「彼女、その穴なら知ってると言っています。ここから15分ぐらい車で走った、小さな村にあるそうです」

「おいっ、ホントかよ!!　ちゃんと爆弾で空いた穴って説明したのかよっ!?　ちゃんと今でもエビがいんのかよっ!?」

自分でもビックリするような大声を出していた。

その後、穴の所在地をより詳しく鈴木君に聞き出してもらい、早速ソコへ向かってみることにした。

（…ブプッ!!）

去り際に、花嫁に向かってウインクをするカモちゃん。が、なんてウインクが似合わない男なんだろう…。

念のため、ホテルから200メートルぐらい離れた市場。ソコでタマ網とビニールテープを買ってから現場へ向かうオレ達。花嫁が言った通り、町のメイン道路を西に向かって10分ちょっと走ると、右手に車1台がやっとこ通れそうな小道が出現し、そこを400メートルほど進むと左手に縦10メートル横7メートルほどの長方形をした池が現れた。

「…どうやらアレのようですね」

夢中で車から降り、生け垣の間から池のある敷地内に突っ込んでいくと、目の前に薪小屋のようなものが……。

「これって、ひょっとするとココに住んでる人の家なのか？　…お、ドアが開いたままになってんぞ」

反射的にその中をのぞいてみると、痩《や》せ細ったジイさんが粗末なベッドの上で死んだように仰向《あおむ》けになっている。そして次の瞬間、いきなりオレの鼻先に飛び出てくる老女の顔。

「ぐばっ!! ……あ…す、すみませんっ。オレ達、エビ穴を…」

その後、彼女と言葉を交わした鈴木君からの報告はこうだった。

その女性の名前はハー・ティ・ホア。年は見た目より若い49歳。庭にある穴は70年か71年に、確かにアメリカ軍の砲弾でできたモノ。1年後にはその中に雨水が貯まり、その後、スグ近くを流れている小川とこの池との間に細い水路を作ったので、勝手に小魚やエビが入り込んできて自然に繁殖したという。そして、現在は少なくともベンチェでは、爆弾で空いた穴でエビを自然に育ててるのはウチしかないだろうとのこと。

つまり今、オレ達の目の前にある池。ソレがようやくたどり着いた〝正解〟だったのである。…が、それはオレの想像していたモノとはかなりかけ離れていた。濁ってはいるが、大漁の手長エビの背で池の水面は絶えずゴニャゴニャ動いていて、その横にある食堂のテーブルは客で埋まり、厨房《ちゅうぼう》からはバリバリバリ!という獲れたてのエビを油で揚げる香ばしいニオイが漂ってくる――オレの頭の中にあったのはそんなイメージだった。

ところが、目の前にある池の水面は波紋1つたっておらず、周囲には老夫婦が生活している小さな家がポツリと建っているだけなのである。親が町1番のレストランで満腹にさせてやると言ったのに、行ってみたら営業しているかも定かでないチッポケな駄菓子屋だった……まさにそんな気分だった。

少しして気を取り直したオレはホアさんに許可をもらい、用意していたタマ網の短い柄。

池の中をしゃくうオレ。が、この時、最近姿を見せないチャック・ウィルソンのことばかし考えてた

それを偶然近くに落ちていた枯れかかった竹の棒にビニールテープでくくりつけ、とにかく池の中をしゃくってみることにした。網の中でたくさんの手長エビがゴワゴワとひしめく感覚、それだけでも味わいたかったのだ。が、水深1メートルほどの池の中をがむしゃらに何度も何度も何度もしゃくってみたが、網の中に入ってくるのはヘドロ化した土と枯葉だけという有様。

「ハア…ハア…ハア……ホントにいるのかよぉ、この中にエビがぁ？」

家の前でホアさんと話している鈴木君に声を掛けてみた。

「…ええ、いるにはいるらしいです。ただ、農薬のせいでエビの数はかなり減っているそうです」

「減り過ぎなんだよ…」

その後の鈴木君からの追加報告は、次のようなものだった。——ホアさんが行っているエビの捕獲方法は、池の水を一旦《いったん》抜いてからその中に入り、直接手で捕まえるというものらしい。獲れた手長エビはキロ6万ドンという割と高値で市場に売れるそうだが、売り物になるサイズまで成長したエビ。それは1年に1回の割合で、しかも、4〜5キロしか収穫できないため、30万ドン前後にしかならないと言う。よって、ホアさんは本当は池を埋め、そのスペースにライムやヤシの果樹園を作りたいらしい。つまり、その方が実入りが増えるのだが、穴を埋めるための費用がないのでそれができないというのだ。

——なんという皮肉だろう。エビ穴によって恩恵を受けるどころの話ではなく、その穴がアダになっているのだ。

これはあくまでもオレの推測だが、昔は爆弾で空いた穴を利用してエビを自然養殖していた家はアチコチにあったのだ。が、農薬の乱用によりエビの育ちが極端に悪くなっていったため、ほとんどの人は外から魚の稚魚を買ってきてその養殖に切り替えたり、穴そのものを埋めてしまったに違いない。そして、経済的な事情から、そのどちらもできないホアさん夫妻の庭に空いた穴。それが今でもしょうがなしにエビ穴として残存していたのだと思う。

ちなみに、ホアさんのダンナさんは3年前から肝臓を患い、病院に連れてくお金も無いので、ああして寝たきりになっているという。鈴木君によると半年間入院して治療するとしたら、乱暴な計算だが医療費は約2万円。そして、人を雇ってこの池を更地にするには約1万円が必要とのこと。無断で敷地内に入られた上、池までかき回されてもオレ達の質問に嫌な顔もせずに答えてくれたホアさん。たった3万円…たった3万円あれば、彼女の今後の人生は革命的に改善されるのだ。

「カモちゃん、経費の…いや、オレの小遣いの中から…」

「やめとけ。この国には彼女のような人は腐るほどいるんだよ。仮に彼女にお金を渡しても、スグに新たな問題が発生すると思うぜ。…いけないんだよ、中途半端に立ち入っちゃや」

ようやく探し当てたエビ穴。が、そこにはロマンやエビをしゃくう爽快感《そうかい》はなく、老人の顔に刻まれた無数のしわが物語る〝のっぴきならない状態〟。それだけが存在していたのである。

あ〜〜〜〜っ、エビじゃなくて〝切なさ〟で腹一杯だぞっ、今のオレ。どうしてくれんだ！

▼ヴィンロン

サイさん、ついに正体を現す

ベンチェから車で南東に向かって約2時間走ると、ヴィンロンというメコンデルタではカントーに次ぐ2番目に栄えた街がある。

そして今、オレ達はある〝怪人〟と再会するため、ソコに向かっているのだった。前回のタイ、そして、今回のベトナムと本のタイトルに〝怪人〟という文字が入っているが、相手が怪人であることを承知した上でその人物を訪ねるのは初めてのことである。

オレ達がその怪人と出会ったのは、またまた2年前のベトナム旅行の時だった。ホーチミンからカントーに車で移動している途中、オレは7種類の奇声を上げたくなるような便意に襲われた。そして、トイレを貸してくれそうな民家を探していると突然……、

「おおおっ、ニッポン人——っ!!」

短パン一丁の元気なチンパンジーのようなオッさんが声を掛けてきたのである。車から飛び出したオレは、そのオッさんの燦然《さんぜん》と輝く4本の金歯に戦慄《せんりつ》を覚えながらも、彼の家

で無事用を足すことができた。そして、そのサイと名乗るオッさんは親切にもオレ達のために瓶コーラを買ってきてくれ、栓抜きがないのでオレが歯で開けようとすると危ないと制止し、なんと自分の目の上の骨を使って全部の栓を開けてしまったのである…。

自分はニッポン人で年齢はすでに70に近い、というサイさん。が、確かにそれなりの日本語を話すのだが、その顔は日本人というか、どちらかというと中国系に見えるのだ。

さらに彼は『自分はヒロチマ（広島）で生まれ、14歳の時に家族は全員死んだ』という。ところが、「原爆でですか?」という問いに『そう、原爆もいました。いい人です』、「どうして日本からここに来たんですか?」という問いには『なんとなく来ました』と答えるサイさん。また、彼はいきなり日本の軍歌を歌うと言いだし、オレ達が手拍子を打つとハトポッポを歌い始めたのである。

その後、オレ達が去ろうとするとサイさんは次はいつココに来るか尋ねてきて、1年後と答えると寂しそうに何度もうなずき『ニッポン人———!!』という絶叫を上げながら見送ってくれたのだった。

なんだかよくわからないが、とにかくパワフルでプリティーでもあるサイさん。1年遅れになってしまったが、そんな彼との約束を果たすためヴィンロンに向かっていたのである。…と、細い橋の前で渋滞になり、何の気なしに右手にある道路拡張のための工事現場。そっちに目をやった途端、偶然にも面白い光景が飛び込んできた。

30代後半らしき2人の作業員。その表情からして、彼らは本気でケンカをしているらしかった。ところが、一方が真剣にゴムホースから出ている水を相手に浴びせかけてて、もう一方も真剣な表情で砂を投げつけているのだ。いい大人が真剣になって、なんとかわいいケンカをしているのだろう。

あ…。〝真剣〟という言葉で思い出したが、オレの出入りしている出版社の1つに、ポカばかりやっていつも上司に怒鳴られている編集者がいる。ま、いつもヘラヘラしているので怒られるのは当然のことかもしれないが、ソイツはある事をする時だけは異常なくらい真剣なのだ。そして、それはションベンをしている時なのである。同出版社のトイレでオレは何度もその姿を目撃しているが、あんな真剣な顔をしてションベンをしている奴は今まで見たことがない。…そう、真剣さというのは、その時の行為とマッチしなければしないほど爆裂なオカしさを発生させるのだ。プハッハッハッハ！ あ〜〜〜〜思い出しちゃった。

ま、そんな話はいい。その後、ヴィンロンの中心街に着いたオレ達は、中庭に熊を1頭だけ収容した檻《おり》がポツンとある不思議なホテルのカウンターへ。が、そこにいた従業員によれば空いているのはツインの部屋1室のみで、しかも、たとえソコに3人で泊まっても簡易ベッドは用意できないという。理由はソレが無いから。ま、どうせ野郎3人だし経費の節約にもなるって事で、その部屋で1泊することにした。

「いいよオレ、このベッドとベッドの間に寝るから。その代わり毛布を1枚ずつ貸してくんない」

「何言ってんだよ、板谷君。いいよ、俺がソコに寝るよ」

オレとカモちゃんはたぶん、同じ事を考えていた。

ベンチェのホテルの3人部屋で、鈴木君は夜になるとオレ達が吐き出す膨大なタバコの煙や酒盛りに悩まされ続けていた。鈴木君はタバコも酒もほとんどやらず、おまけに夜の10時に寝て朝6時には起きるという真人間なのだ。が、オレ達のせいで夜中になると弱い動物の短い悲鳴のようなセキを連発し、ここ数日間は寝不足状態が続いたらしく顔色もあまりすぐれていなかった。そんな鈴木君を気遣う意味で、せめて彼だけにはベッドの上で寝てもらいたい。が、ジャンケンで決めると必ず鈴木君が負ける、ということをオレとカモちゃんは直感で察知していた。彼はそういう星の下に生まれた男なのだ。

「いや、ジャンケンで決めましょう。それが一番公平だと思います」

数分後、ベッドとベッドの間に、牛丼の特盛りのような哀愁を漂わせながら毛布を敷く鈴木君。——断言しとくけど、仮に鈴木君がロシアンルーレットをやるハメになったとしたら、8つの穴に実弾1発という条件でも確実に1回で自分の脳味噌《のうみそ》を撃ち抜くことになるだろう。もう1ついえば、卒業アルバムのクラスの集合写真の右上にある四角い小さな枠。その中では、事故や病気で不幸にも在学中に死亡してしまった生徒が笑っているが、それを切り抜けただけでも鈴木君にとっては大ファインプレーのような気がしてならない。

彼はそういう男なのだ。

さて、寝床が決まったところで時刻はまだ夕方の6時。つーことで、オレ達は早速ヴィ

サイさんとの再会を喜ぶオレ。サイさんの顔をツメでゴシゴシしてごらん。バナナのニオイがするよ

ンロンのちょっとだけ郊外にあるサイさんの家を訪れることにした。

「あれっ……あの子ってサイさんの孫かぁ？」

サイさんの家の前で地面を棒で突ついて1人で遊んでいる男の子。年は8歳ぐらいで、確かにカモちゃんが言うように孫のようだ。男のコにおジイちゃんを呼んできてくれ、とベトナム語で頼む鈴木君。そして、その子が家の中に入ってしばらくすると……、

「お〜〜〜〜〜〜っ、ニッポン人——っ!!」

2階のベランダから興奮した珍獣のごとく姿を現すサイさん。——とにかく嬉《うれ》しかった。オレ達のことをしっかり覚えててくれ、しかも、この懐かしい雄叫《おたけ》び。異国の地に知り合いがいるということを、

この時ほど素敵な事だと思ったことはなかった。

その後、一緒に夕飯を食おうということになり、オレ達の車にサイさんと例の男のコも乗せて、同市内にあるサイさんの息子が経営しているという食堂。そこに行くことになった。

店はそんなに上等な構えではなかったが、サイさんは店内のど真ん中にある円卓にオレ達を得意気にエスコートしてくれる。

左がサイさんの孫。この子は短命のような気がした

「ワタチ、コドモ13人います。オトコ5人、メンメンコ（女）8人。この店、オトコの2番目やってます。……いやあああああっ、ニッポン人———っ!! うれしよ、また会えて〜〜〜〜っ！」

そう言って隣に座っているオレにガッシリと抱きついてくるサイさん。ちなみに、一緒についてきた男のコはサイさんの娘さんの子供らしく、昨年彼女は離婚して今はホーチミンに働きに出ているため、サイさん夫妻が預かっているという。

「サイさんっ、とにかく今夜は食って飲みましょう！メニュー見てもわかんないから、サイさんがどんどん注文して下さい」

カモちゃんもすこぶる上機嫌な様子だった。

「よお――ちぃいっ！　のむよ、たぺるよ〰〰〰ウハッハッハッハッハッハ!!」

なんというテンションの高さだろう……。さらに、ジョッキに注がれたビールを一気飲みにすると、返す刀で例の軍歌（ハトポッポ）を大声で歌い始めるサイさん。それとは対照的に次々と出てくる牛のサイコロステーキ、青菜の炒《いた》め物、エビのフリッター等を黙ってポクポク食べてる男のコ。

「前にも聞いたかもしんないスけど、サイさんはいつ日本からベトナムに来たんですか？」

「そう、ワタチもエピ1番ます。アナタもたぺて、たぺて！」

「あ、ハイハイ。…鈴木君、ちょっとベトナム語で聞いてくんない」

2年前もそうだったが、鈴木君によればサイさんはベトナム語もあまり達者に話せないらしい。それでも辛抱強く話を聞きだしてくれた鈴木君からの報告はこうだった。

サイさんは広島で生まれた。そして14歳の時にお父さん、お母さん、おジイさん、おバアさんが全員死亡（たぶん原爆で）。その後、日本軍のベトナム侵攻に参加。日本軍が撤退を余儀なくされた1945年以降、サイさんは1人でサイゴン（現ホーチミン）に残った。が、サイゴンにいると連合軍に捕まってしまうので隣国のカンボジアに移る。そして数年後、カンボジアから再びベトナムに戻ってきた――ということだった。

下衆《げす》な好奇心かもしれんが、再会の喜びが徐々に夜の空気に溶けていくにつれ、やっぱり知りたくなってきた。サイさんがなぜ日本語を話せて、日本人に会うと喜び、そして、あくまで自分は日本人だと言い張るかを。が、鈴木君が聞き出してくれたことは２年前から比べると、かなり大前進だった。ひょっとすると、サイさんはホントに日本人なのかもしれない……。

「ワタチ、このヴィンロン…そちてカントーまでトモタチたくさんいますっ。アナタのトモタチきても案内ますです」

「そうっスね。そういう機会があったらぜひよろしくお願いします」

「ワタチ、トモタチたくさん。ても、ワタチ、今、金ない。…できるぅ？　できない？ても、アナタたち、トモタチね。おおおおおっ、ニッポン人————っ!!」

再びガッシリと抱きついてくるサイさん。そして、急に神妙な表情になったかと思うと、

「ワタチ、ニッポン人です。ウソありません」

そう言って、懐の財布から古びた何枚かの名刺を取り出し、それをオレに手渡してくる。

「むかち兵隊さんたった時の、そのナカマがワタチのきました。みんなワタチと一緒に戦いましたです。それ、ワタチにくれたメイチです」

１枚１枚めくってみると、確かにそれには日本人の名前と企業名が書かれていた。ところが、１番下にあった名刺。それを目にした途端、振り出しに戻されたような気分になった。それは２年前に受け取ったらしいカモちゃんの名刺だった…。

サイさんの家。最上階の壁に穴を埋めた跡が…

「やっぱりサイさんは日本人じゃないな…。おそらく台湾かどこかの人で、憲兵にかり出されて日本軍にいた時の思い出。それが彼の人生の中で1番強烈だったから、日本人と出会うとにかく嬉しくて自分も日本人だと言っちゃうんじゃないのかなぁ」

ホテルのベッドで横になり、天井を見つめながらそんな事を言うカモちゃん。

「…ボクもそれに近いと思います」

「う〜ん…でも、サイさんて何か別のことを言いたそうなんだよなぁ、とくに今回は」

「ま、オレ達はサイさんの元気な姿を見に来ただけなんだからさ。…それにしても高かったなぁ、あの食堂。全部で45万8000ドンだろ。確かにウマかったけど、ふつうの食堂の倍以上は取られた感じだぞ」

「…ボクもそう思います」

ねぇ、鈴木君。墓場の下にいるドクロが相づちを打ってるみてーで薄気味悪いっつーの。寝てくれ、お願いだから。

翌朝10時。市場でパイナップルを買ったオレ達は、それを持ってサイさんの家を再び訪れた。あるモノを見せたいので家に来てくれ——昨夜、サイさんにそう言われたのだ。そして、着いた早々、いきなり屋上に案内されるオレ達。

「あれっ、穴がきれいに埋まってるじゃないっスか…」

3階建てのサイさんちの屋上は、60センチほどの低い塀でグルリと周囲を囲ってある。ところが、サイさんが排水溝を作り忘れるというガンセキオープンのようなミスを犯したため、雨が降ると屋上が赤ちゃんプールのようになってしまうらしく、2年前ココを見た時は、塀に無理矢理ハンマーか何かで叩《たた》き壊したような大きな穴が2つも空いていたのだ。

「あはは〰〰〰〰！　アナタに言われて作りましたです、水をだすこと」

そう言って、トレードマークの前歯を輝かせるサイさん。しかし、改めて見るとなんという下品な金色をしているのだろう。香港の昔のカンフー映画に出てくる悪の親玉。その屋敷に飾ってあるインチキ仏像に塗りたくられたような、正視すると頭がクラクラするような金色なのだ。

その後、2階のリビングに通されたオレ達は、初めてサイさんの奥さんと対面。予想に反して彼女は大人しそうなオバアちゃんといった感じで、ニコニコしながらバナナとお茶を出してくれる。

「これ、家のケンリチョ。こっちはベトナムの国がワタチの庭、すこち買いましたです。そのチョルイです」

2年前と同じく、ヤブから棒にいろいろな書類を出してきては、それをオレ達に見せようとするサイさん。超高レートの麻雀《マージャン》で負けたんじゃねえんだから……。

「あれ？　この書類によるとサイさんは1929年、ヴィンロン生まれって事になってますね…」

書類の1つに胃下垂の税務官のような視線を止め、そんな事を言う鈴木君。

「チョルイはみんなベトナム。でも、心はニッポン人よっ。ワタチ、ニッポンとベトナム戦争したら必ずニッポンつく。これまちがいないね！」

さらにサイさんは次のような話もしてくれた。

サイゴンからヴィンロンに移り住んだ彼は、まずシクロのドライバーをやり、運搬業の手伝い、自動車の整備工、果物屋、レンタルガレージ業…とさまざまな職業に就いた。日本人の友人はたくさんいるそうだが、日本に帰郷したことは1度もナシ。また、ベトナム語と日本語の他にも、英語、中国語、カンボジア語がペラペラらしい。「日本は現在、大変景気が悪いですと英語で言って下さい」と頼んだら、『ニッポーン　メケメケ……サブチャンダレ』という大理石のタイルで鶴を折ってしまうような答えが返ってきたが……。

サイさんのパワーはとどまることを知らなかった。

「ワタチ、ココに家ある。コトモある。トモタチもある」

そんなキャッチフレーズを3分に1回の割合で繰り出しながら、日本地図を出してきたかと思うと、和歌山の毒入りカレー事件が発生した辺りを広島と断定。また、北海道を東京都だと言いだし、知床《しれとこ》半島が日本の中心だと言いきる始末。さらに、古びたメダルをどっかから引っぱり出してきたかと思うと、これは昔サイゴンの射撃大会で優勝したときにもらったモノだと自慢する。ところが、鈴木君が表面に彫られているベトナム語を読んでみると、それは町内で開かれた釣り大会のメダルで、しかも大きく〝2位〟と書かれていたらしい。

オレは基本的には楽しいウソつきは好きである。で、サイさんもその部類に入ることがメキメキ明らかになってきたが、それにしても気になることが2つあるのだ。1つめは、2年前と比べてサイさんは日本語が極端に下手になっている、ということ。2つめは、サイさんは何かに対して〝モノ凄《すご》くアセっている〟感じがするのだ。そして、その原因は少し前からサイさんに何やら熱心に話し掛けられていた鈴木君、彼の口から吐き出されることになった。

「あの………日本に帰ったらお金を送って欲しい、と言っていますが…」

「はぁ……。ちなみに、いくら?」

「3万ドルを投資して欲しいそうです…」

次の瞬間、サイさんに視線を移してみると、彼の顔面が物の見事に詐欺師のようになっている…。

サイさんからの提案、それは次のようなものであった。――ベトナムの米は1キロ2000ドンで買え、それをカンボジアまで持っていくとキロ4500ドンで売れる。が、大量の米を運ぶには船が必要で、それを購入するのに約3万ドルが必要になる。船でカンボ

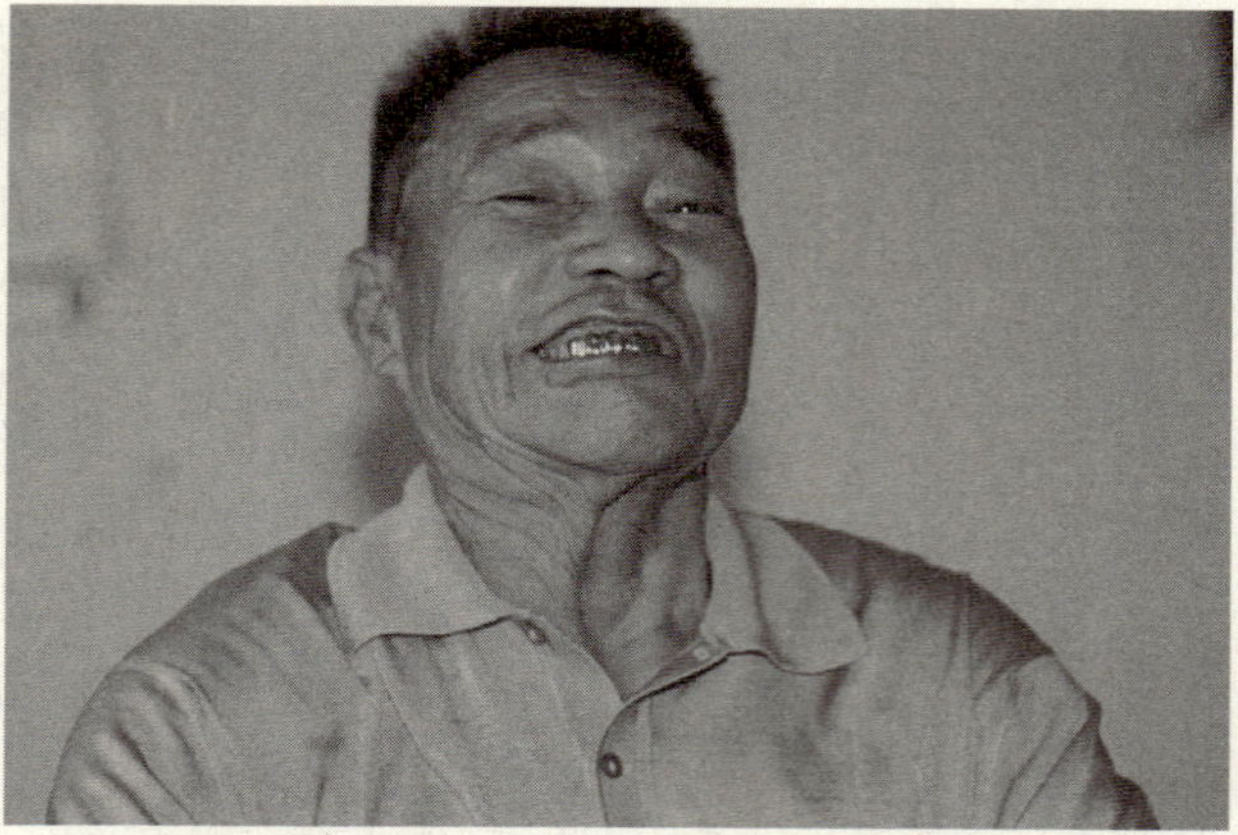

すっかり詐欺師の顔になっているサイさん。クジャクとかエリマキトカゲ級の〝わかり易さ〟だ

ジアまで往復すると約8日間かかるが、1回につき2500〜3000ドルの儲《もう》けになるので2年でお金は返せる。だから、船の購入代金を用立てて欲しい——ということだった。

「サイさんと俺はずーっと友達です。でも、サイさんにお金を貸すと友達じゃなくなるので、お金は貸せません」

　サイさんの目を見据えながらも、穏やかに話すカモちゃん。が、サイさんはさらに自分の長男は米と塩をカンボジアに運び、それを売ったお金で現地で廃材（主に車の部品）を購入している。そして、それをサイゴンで転売し、1ヵ月に1万ドルは稼いでいる。だからアナタ達が貸し倒れになるような真似はしない——といったことを言い、諦《あきら》める様子はなかった。しかし、長男が1ヵ月で1万ドルも稼ぐなら、彼にお金を借りればいいだろうと思うのだが……。

「ワタチの話はチッパイない。前にワタチにお金を出すと言ってきた人、いっぱいいたです。でも、トモタチじゃないから断りましたです」

ノド元まで上がってきた〝じゃあ、まだ2回しか会ったことのないオレ達が友達なんか!?〟という言葉を抑えつつ、オレはようやく一連のことを線で結ぶことができたのである。

2年前、サイさんは日本人の50代ぐらいの男性と一緒に写ったスナップを自慢げに見せてくれたことがある。そして、彼と自分は共同で事業をやっている——てな事を言ったのだ。

つまり、サイさんが日本語が下手になったのは後にその男性に投資の話を断られ、それから日本人との交流がパッタリ途絶えたことにより、自動的に日本語をしゃべる機会が無くなってしまったからじゃないだろうか。そんなところに、オレ達が再びノコノコ現れたので、サイさんはラストチャンスとばかりに、投資の話を持ちかける機会を窺《うかが》っていたのだろう。彼の妙な落ち着きの無さはそこからきていたのだ。…ここから先は完全に推測だが、サイさんは写真の男性と出会う以前にも何人かの日本人と交流があったのだろう。そして、ほとんどが儲け話につながらなかったが、ちょっとだけオイシイ思いをしたこともあった。したがって、現在でも彼にとって日本人というのは金の成る木になっているのだ。

その後、オレ達が何度も申し出を断っているうちに、ようやくサイさんも諦めがついたのか、こんなセリフを吐いた。

「お金ない。できる？　できない？　ニッポンに帰ってたくさんマンマンテ、マンマンテ（たぶん『考えて』の意だと思う）。そちて、またワタチのとこくる。ワタチ、ココに家ある。コトモもある。トモタチもある。ウソできない」

サイさんの家を後にし、車に向かって歩いていたオレの肩に突然、何者かの腕が掛かってきた。そして、生温かい息とともに、

「お金ある、信用できる。お金ない、信用できない…」

そうささやいてからサイさんは満面の笑みを浮かべ、オレにガッチリ握手してきた。そして、例の男のコと道路沿いに2人並んでオレ達のことを見送ってくれたが、振り返って後部席の窓から彼の顔に目をやると、ガッカリしたような、それでいて少しふてくされている表情になっていた。

自分の父親と同じくらいの年齢のオッさん。異国で知り合ったそんなオヤジの「ニッポン人―――っ!!」が再び聞きたかった。が、今度の「ニッポン人―――っ!!」は少しばかり意味が違っていて、結局はドコにでも転がっているようなチンケな話になってしまったのである。

さよなら…サイさん。

さていばったペンギンの撮影はじまる。
編集長 冨田さん
ホモだとねー たつんだけどなー 迫力がねー
うーん イマイチ
二人共 キンチョーで
ちんこめりこみ
時間を 時間を 下さい! ボキは今 生涯で一番 えっちな事を 考えています。
んー
下くちびるを 血が出るほど かんでエッチな事 かんがえてます。
ボクは アクティブに ダイレクトに いじってみます。
はいはい 二人共素人 なんだから しかたないないっ
えぐ えぐ
すん すん
そーだくつ下入れちゃおっ 大丈夫 恥ずかしい事 じゃないから、ねっねっ
すたたた
すたすた

こら
あら
ボキ？
板谷宏一の方が見栄っぱり
そして
サツエイは進みー
シンメトリ六尺
私ね いいもの もってきたよ。
リンス これを 顔に
うすぎたねえギャグ
あーあ
12年もギャグやってこれかねえ
本日唯一のしこみギャグが不発におわり、12年間小当りのいまひとつパッとしない、おのれの限界をふと見るが直視しがたく見すごす。

第 3 章

ホーチミン Part II

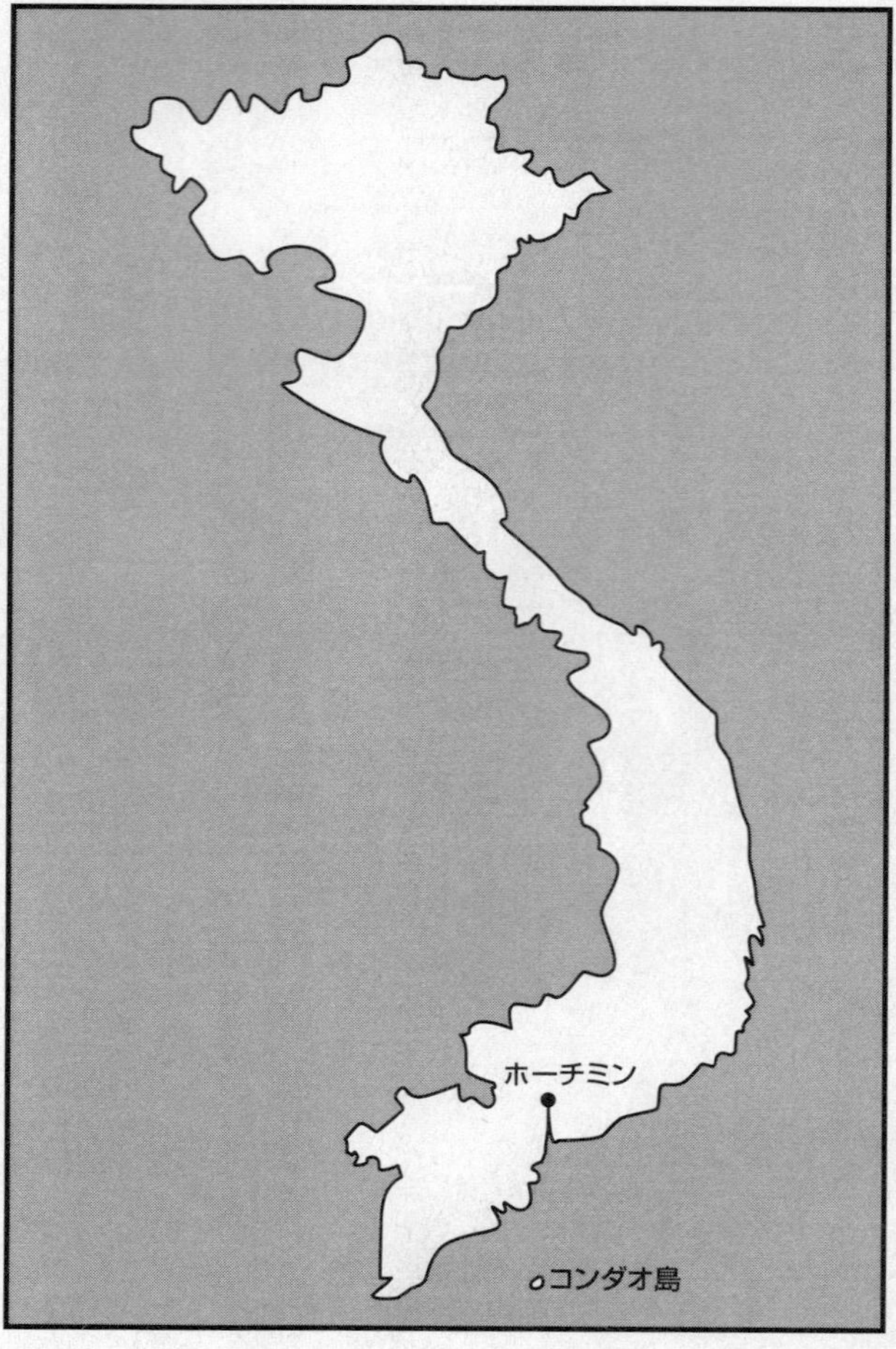
ホーチミン
コンダオ島

▼ホーチミン

ジャイアント・ドラゴン・ホテルとアオザイ

ヴィンロンからホーチミンに戻ってきたオレ達は、再び同市内にある『ジャイアント・ドラゴン・ホテル』にチェックイン。このホテルは欧米からのバックパッカーで賑《にぎ》わう安宿街に建っており、近くには味も素っ気もないニューワールドという高級ホテルがそびえ建っている。

『ジャイアント・ドラゴン・ホテル』はヒョロ長いアパートのような外観をしていて、さらに隣のホテルと合体して1つの8階建てビルになっている。つまり、そういう作戦を取らないと、突風にでも吹かれれば倒れてしまうほどヒョロヒョロなのだ。したがって、1フロアにはわずか4部屋しかないが、その中は割と小ギレイにしてあってバスタブ、水洗トイレ、電話、フカフカのベッド、文机、ソファ、タンス…と一応のモノは不自由なくそろっている。

通りに面した窓から外を見ると、都市部の中心地だというのに目の前に東京ドームが2

つぐらいスッポリ入りそうな空き地が広がっているのである。そこにはベトナムが香港、台湾、シンガポールの企業と合併で総合娯楽センターを建設するらしいのだが、2年前もこのままの状態だった。いくら不況中の日本だとはいえ、その各都市部では到底お目にかかれない光景である。

このホテルの料金は2人部屋で30ドル。1人分に換算すると1泊15ドルってことになるが、ベトナムはタイとかに比べるとメシ代は安く済むが、ホテル代は一般的に高い。それは『外国人料金（ベトナム人の利用者の約2倍）』というものが制定されているせいもあるが、それでもホーチミンやハノイなどの都市部ではホテル代は徐々に下がり始めてきた。その理由は、不況でアジアからの観光客が減ったことにより、ホテル同士の競争が激化しているため。つまり、ダンピングが起こっているのである。

ところが、田舎の方に行くと事情は違ってくる。薄汚いホテルに泊まっても、結構な値段をふんだくられるのだ。なぜかというと、都市部をはずれた小さな町には外国の旅行者（金持ち、貧乏人に関係なく）が泊まれるホテルが1つか、あっても2つぐらいしかなく、そして、そのほとんどが国営だからだ。

ライバルがない上に経営してんのは国だから、危機感や競争心というものが全く無い。そうするとどういうことになるかというと、箱根の峠にポツンと建っているガソリンスタンドのように料金が高く、おまけにサービスも悪くなる。というか、サービスが何かということすらわかっちゃいないのだ。そこで働いている奴は公務員ってことになるし、たとえそのホテルが潰《つぶ》れたって別の部署に回されるだけだからな。

話を『ジャイアント・ドラゴン・ホテル』に戻そう。

オレがこのホテルを割と気に入っている理由は3つある。どうでもいい順から書くと、1つめはフロントの脇に置いてある布袋《ほてい》様のような出っ腹の人形、それがオレに似てるから。2つめは近くにバーがたくさんあるから。そして、一番の理由がこのホテルの1階にある従業員も客もいない喫茶室だった。喫茶室と書いてはみたものの、それは屋根付きの外通路のような代物で、壁は一方がそのままホテルの外壁。また、もう一方にはヤル気のない大ざっぱな鉄柵《てっさく》が伸びているだけなのだ。さらに、そのウナギの寝床のような細長い空間にテーブルがホテルの外壁に沿って並べられており、お茶やビールが飲みたいときは外壁のガラス窓をノックすると中のフロントにいる従業員。ソイツが徹夜の仕事明けに古女房にクンニをせがまれたような倦怠《けんたい》感を漂わせながらやって来て、面倒臭そうにオーダーを取っていくのである。

ところが、空き時間にココに座ってボーッとしているのが、これまた実にイイのだ。チャー・ダー（冷茶）が入った大きめのグラスを時々口に運びながらボケ老人のようになっていると、いろいろな楽しい音が耳に入ってくる。

MY鳥籠《とりかご》を持った者だけが集まる近くの不可解な喫茶店、その軒先から響いてくる小鳥のさえずり声。また、時折「ファ〜〜〜〜〜〜！」という誰かが突然発狂したような物売りの女の声が響き渡る。ちなみに、その豆腐屋のラッパのような役割を果たしている声にはさまざまなバリエーションがあり、人によっては「ムミャ〜〜〜〜〜〜！」とか「モヘ〜〜〜〜〜〜！」だったりする。それをスグ脇の路地でやられるから、最初のうちはビックリしてションベンを出しそうになった。が、そのどの声にも背中がゾクゾクッとするような透明感があり、まるで楽器が出す音のようなのだ。

また、片方が大ざっぱな鉄柵という環境は、その間から香《かん》ばしい光景も見せてくれる。フランス人のバックパッカーが注文したフー・ティユ（きしめんをさらに平たくしたようなウドン）の上に厚さが2センチもあるハムをのせ、その厚みの分だけ料金をボッタクろうと目論《もくろ》んでいる向かいの食堂のオバちゃん。歩いている途中で立ち止まったかと思うと、なんの前触れもなしに泣き出すオジさん。

…そして、こんな2人組も目撃することができた。右手には杖《つえ》、左手にプラスチックのカップを持って首から拡声器をブラ下げているジイさん。その肩に妻らしいバアさんが左手を掛けながら、右手に持ったマイクを通して琴のような声で歌を唄《うた》っているのである。つまり、夜の渋谷《しぶや》の駅前かドコかでフォークギターを弾きながら熱唱し、ギターケースの中にお金を入れてもらっている若者。それと2人羽織を合体させたようなもので、2人とも目が不自由なのにもかかわらず、ヨボヨボ歩きで移動しながらソレをやっているのだ。…ハンパじゃない。

そんな音と風景に包まれながらノンビリと茶やビールを飲んでいると、自然と無駄話にも花が咲くことになる。ちなみに、この日のオレ達はこんな下らんことを話していた。

「うわあっ、変なバッタみたいなのがコッチに向かって飛んできたっ！」

「……板谷君は、なんでそんな図体《ずうたい》してんのに小動物にそんなに弱いんだよっ。噂によるとハムスターとかも触れないっていうじゃねえか、情けねえ！」

「いや、だってネズミとか野良ネコとか変な鳥って、至近距離で遭遇すんと〝いきなり死にもの狂い〟だろ。ソレが怖いんだよ。普通じゃねえよ、アイツら」

「普通じゃねえのはおメーだよ」

「バカ、だってよく考えてみろよ。普通は動物と動物が出くわすとさぁ、まず見るじゃん。そして、相手を観察するじゃん。そんで、ソレによって相手の出方を予測して自分も行動決めんだろ。ところが、アイツらときたら出会った0.2秒後にいきなり死にもの狂いなんだよっ。のっけから一太刀浴びせようとすんだよっ、弱いクセに。普通じゃねえよ。あのテンションの上げ方は」

「ただの防衛本能だろっ、弱虫！　――話は違うけど、板谷君って8歳ぐらいの頃に、毒《どく》蝮三太夫《まむしさんだゆう》のゴマ油のCMって見たことある？」

「え……いや、見たことないと思うけど、どんなCMなの？」

「毒蝮三太夫が、滝の前でビンに入ったゴマ油を一気飲みしてんだよ」

「自殺したいのかっ、毒蝮は。そんなCMあるわけねえだろ」

「…おかしいなぁ。確かに見たんだよな、俺。それで母ちゃんにゴマ油を飲みたいから買ってくれ買ってくれってセガんだんだけど、絶対買ってくれなくてさぁ。…そうかぁ、板

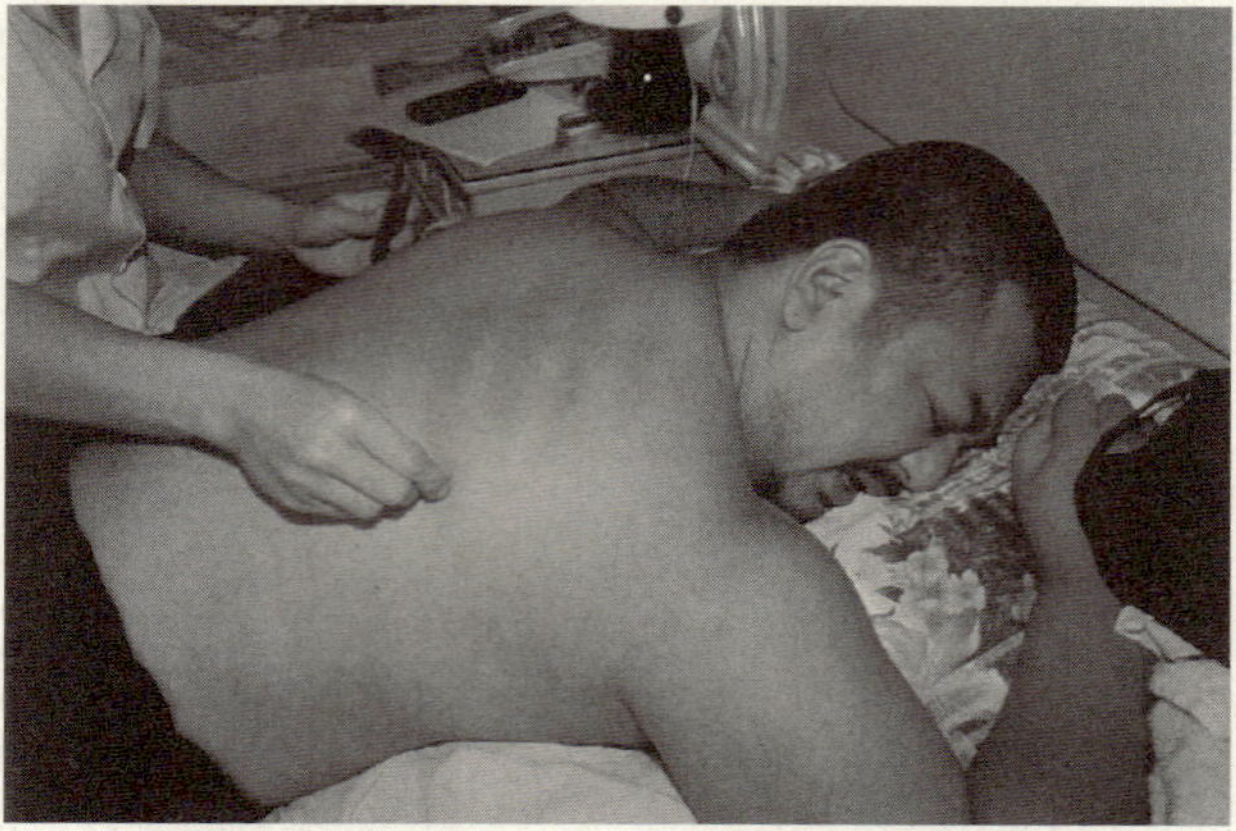

「コオ・ヨー」と呼ばれる肌擦りマッサージを受けるオレ。顔が勝新の放出してる瞬間になっとる…

谷君も見たことねえかぁ」

「夢で見たものと混同してんだよ。オレもガキの頃、ポール・ニューマンが素足で刺身包丁の上を歩くってCMを見たんだけど、クラスの奴に聞いても誰もそんなの知らないって言うんだわ。それと同じだよ。……ちなみに、カモちゃんって友達から誰に似てるって言われる？」

「…板谷君は？」

「オレ？ …う〜ん、その時期によって変化してるんだよなぁ。小学校ん時はゴレンジャーの黄レンジャーだろ。中学ん時はクンタ・キンテとテリー・サバラス。高校に入ってからは…せんだみつお、それに超人ハルク。5〜6年前からは武蔵丸に落ち着いたけど……で、カモちゃんは？」

「いいよ、俺は」

「何言ってんだよっ、オレも言ったんだからアンタも教えろよ。誰に似てるって言われてんだよ？」

「……はだしのゲン」

「プッハッハッハッハッハッハッハ!!　は、はだしのゲン…プッハッハッハッハッハッハッハ!!」

キリがないし、そろそろ本格的なバカだと思われるのでこの辺にしとこう。そうそう、『ジャイアント・ドラゴン・ホテル』の魅力のオプションとして、フロントに電話して頼むと従業員の女の子が1万ドンでコオ・ヨーという肌擦《はだこす》りマッサージをやってくれる。方法は、米兵が首から下げた認識票。あれによく似た金属製のヘラで背中にハッカ油を塗った後、ゴシゴシ擦ってくれるのだ。慣れないうちは結構痛くて、しかも、背骨の近くを起点として左右に放射状にゴシゴシするので、背中がアジの開きのようになる。が、これをしてもらうとみるみる身体が覚醒《かくせい》していくようで、たちどころに疲れがフッ飛ぶどころか、その刺激で頭の中もパキッとなるのである。オレはこのマッサージで何度蘇生《そせい》させてもらったかわからない。

さて、1階にある例の喫茶室から外を見ていると、時々オレとカモちゃんは魂を抜かれたようになる。そして、視線の先には決まってアオザイを着た女のコがいるのだ。アオザイとはベトナムの女性用の伝統服で、ウエストの上までスリットが入ったチャイナ風の長いブラウスのこと。ベトナムの特にこの南部から中部にかけては女子中・高生の制服は白いアオザイと決められていて、これが実に色っぽいのだ。さらに、その下には白いブラジャーとクァンと呼ばれる白いパンツをはいていて、シースルーに近い生地からそれらがバッチシ透けて見える。つまり、セクシー金魚ちゃんみたいで大変なことになっているのだ。

しかも、である。ベトナムの女のコは冗談抜きで本当にかわいい娘が多い。タイの女のコはうねるようなナイスバディーをしている娘が多いが、その反面、顔がリオのカーニバルで暴動が勃発《ぼっぱつ》したような状態になってる娘も相当いる。ところが、ベトナムの女のコは抱きしめるとバキバキッと壊れてしまいそうな、なんともいえない可憐《かれん》な身体つきの娘がほとんどで、おまけに素朴だがハッとするような美人がマジでゴロゴロいるのだ。

ちなみに、ホーチミンでは野球キャップをかぶり、ドリーム号にまたがって通学する女のコが多くなってきたが、地方ではスゲ笠《がさ》をかぶって自転車をこぐ女子学生が大半を占めている。そのアオザイ、スゲ笠、チャリンコ……という3点セット。そのスタイルが痛いほど素敵で、あれはベンチェでモーターボートに乗って川を下っている時だったか。ふと、

アオザイ姿の女学生。これは世界一親切な暴力だああああ!!

ヤシの木が林立する岸辺に目をやると、チャリンコを横に携えてスゲ笠をかぶった女子学生がポツンと立っていた。その姿が背後のヤシの群に冷やし中華の頂上にある紅ショウガのように見事にハマっていて、なんというか、こう…妖精《ようせい》を目撃しているような感じだったのである。

とまぁ、そのくらいアオザイ姿の女のコというのはイケるのだ。ところが、あろうことか、このアオザイを着る女性が年々減少しているという。確かに今回、ホーチミンの街中を歩いているとTシャツにGパンといったラフなスタイルはもとより、身体に貼り付くような服にヒールの高さが10センチ近くある靴をはいたニューモード系の女のコもちょくちょく出現するようになってきた。が、男&無責任な外国人の視点でいうと、ベトナム特有のアオザイを着る女性が減っているというのは単純に寂しい。以前、ベトナムに観光客が増えたので、風紀上のことを考えてアオザイの制服を取りやめる会社が出てきた——という話を聞いたことがある。が、それだけの理由でアオザイがこんなに減るわけがない。

つーことで、オレ達は街中にいる女のコに次々と声を掛け、その疑問をぶつけてみることにした。そうし

一方、こんなファッションの女のコもチラホラ…

アオザイの聞き込みをする鈴木君。が、なんでオッサンに聞いてるの？
まず、お前が答えろっ!!

ないと気が済まなかったからだ。そして、返ってきた答えを集計してみると、アオザイが減っている理由というのは、ほぼ2つだけだった。

●働くのに適さない、ということで会社側がスーツ系の制服を用意した。

●シャツ&短パンという流行のラフな服を着たいから、私生活でアオザイはあまり着なくなった。

…ということは、やはり日本人が着物を着なくなったように単なる時代の流れなのか。が、面白いことにその反面、大半の女子学生やOLからこんな意見も返ってきた。

●今の白いアオザイの制服は気に入っている。

●個人的にはアオザイは大好きで、若い世代にも着て欲しい。

●お寺やパーティーに行く時は必ずアオザイを着ていく。私たちベトナム人にとってアオザイは正装だから。
●結婚式はアオザイとウエディングドレスの両方を着たい（ま、これは日本のお色直しと同じ感覚だが）。

つまり、会社の規則や流行に押されつつも、多くの女のコがアオザイを現在も気に入っているのである。

実はこのアオザイ直撃インタビューをオレ達はこの後に訪れる中部や北部の街でもしつこく続け、ハノイのある女性から興味深い意見を聞くことができた。彼女によると、アオザイは元々はベトナムの北部で誕生し、ベトナム戦争以前のフランス植民地時代に形を変えられ南部を中心に普及したという。そして、現在では南の人はファッションとして着ることもあるが、北では主に会社の制服としてしかアオザイは着られなくなったとのこと（ハノイの中学・高校は女子生徒に週1回だけアオザイで登校させている）。が、ベトナムからアオザイが消えることはなく、むしろ、これから素材や色が多様化して北でも身に着ける人が増えていくだろ

インタビュー中に鈴木君が恋した女のコ

ジャイアント・ドラゴン・ホテルのフロント嬢もアオザイ姿。忘れないで、そのキラキラした心を！

うと言う。

…ま、結局は計50人近くにインタビューしたのにもかかわらず、アオザイが減っている理由やその今後についてはイマイチわからずじまいである。

ふた昔ぐらい前、京都などを旅行中のバカ欧米人が『オ〜、ジャパニーズキモノ。ベリーナイスね！　デントウね！』などとテレビ画面でよくホザいていた。そして、イーデス・ハンソンやフランソワーズ・モレシャンなどの外タレも『日本女性の象徴でもある着物。それを若い人が着なくなったのは悲しい』なんてコイてた。つまり、オレもそれと大して変わらぬ感覚なのだろうか…。

が、日本の着物は美的要素を除けば、値段も高く着るのも教室ができるほど難しく、おまけに走ることもままならない。

仮にオレが女で着物を着ることになったら、その内側にトイレでウンコなどをつけてしまい、同僚や友達に「あ、板谷がまたクセーよっ！」なんて常時からかわれていることだろう。つまり、着物は弱点だらけなのである。よって、街中でもほとんど着ている者がいないのだ。

ところが、アオザイは洋服と比べても高くないし、着るのも楽チンそうだ。何もこんな早さで減っていかなくてもいいと思うのだ。

ホーチミンでアオザイのインタビューを終えた時、鈴木君がこんなことをポツリと言った。

「結局、1人もナンパできませんでしたね。話題をアオザイに集中させ過ぎたのがイケなかったんでしょうか…」

なぁ、そういうつもりだったのか、おメーは……。

うまく言えないけど今の鈴木君って、死にそうなコオロギを裏返したらモノ凄《すご》いリアルなチンコが付いてたみたいで、とにかく気持ち悪いよ。少しの間、オレの目を見ないでくれ。頼む。

▼ホーチミン

オカマ少年と魂を叫ぶホモ

オレ達が泊まっている『ジャイアント・ドラゴン・ホテル』。深夜になると、その近くの路上で1人のオカマ少年が楽しそうにキャハキャハ遊んでいた。

アメンボを縦にしたような痩《や》せぎすの体型。いつも黒いワンピースの上にサテンのジャージを羽織っており、髪は肩にあと数センチで届くぐらいの長さ。手足の爪にはワインレッドのマニキュアとペディキュアがそれぞれキチンと塗られていて、バカッと横に開いた小鼻。それがすっかり主役になっている顔には、うっすらと化粧も施されていた。

ベトナムは資本主義の国々と比べると細かな禁止事項が多い。占い禁止。オカルト関連の雑誌や本の発行禁止。親類以外の外国人を自宅に無許可で泊めるのも禁止。売春婦をホテルの客室に入れるのも禁止。また、あの抱きビアだって公安警察にチョクチョク手入れを食らってるっていうんだから、その営業だって禁止事項に近いのだ（だから、ベンチェに国営のキャバレーがあると知った時、オレ達は驚いたのだ）。

そういった政府が定めたさまざまな禁止事項をほとんどのベトナム人は理知的かつ、真面目な国民性からか、案外キチッと守っている。また、ベトナムの女性がタバコを吸うと、それだけで売春婦かそれに近い職業の女と見なされるらしく、そんな国ではオカマという生き方も法律でこそ禁じられてないが、世間の風当たりは相当なものだろう。

ところが、その少年は実にあっけらかんと女装し、そして、路上で堂々と騒いでいるのである。そんな彼を何度も目にしているうちに、いろいろなことを尋ねてみたくなった。が、その少年が現れる頃には鈴木君は自分のアパートに帰っていて、また、鈴木君にその時刻までホテルにいてもらう日に限って少年は現れない。オレは幼児だった頃、誘拐犯が1日中自分を狙っている――という夢をよく見た。そして、その誘拐犯はオレがオフクロと一緒の時は決して姿を見せず、オレが1人になった途端、至る所から出没してくるのである。つまり、その少年はそんな奴だった。

考えた末、ホテルの近くでラーメンの屋台を1日中出しているオヤジが少年と頻繁に言葉を交わしていたので、とりあえず彼に少年のことについて尋ねてみた。すると、オヤジと少年は家が隣同士らしく、誰か（客？）が少年に用事があると、そのオヤジが電話で呼び出しているという。つまり、タレントとマネージャーのような関係が築き上がっていたのだ。

つーことで早速、オヤジに少年の呼び出しを頼むと、「今はたぶん学校だろうから今夜中に自分の屋台の前に来させる」という。が、今夜中と言われても……。試しに今度は3

セクシーなヒエン。が、コント赤信号の小宮に…

万バーツのチップを渡して同じ事を頼んでみたところ、「今夜8時キッカリに屋台の前に来させる」という。…なぁ、オヤジ。1つだけ言っとく。明日以降、おメーんとこのラーメン鍋《なべ》にネコの死体が浮いてたとしても、それは悩ましい季節の仕業だ。そして、それと寄り添うように油ゼミの死骸《しがい》が浮いてたら、それはオレのオゴリだ。

午後8時10分。屋台の前にいつも通りの格好でようやく現れる少年。早速オレは、彼をホテルの1階にある例の喫茶室に連れてくことにした。ちなみに、仮に路上で話を聞き始めようものなら、あれよあれよという間にたくさんのベトナム人ギャラリーが集まってくる。そうすんと、そのギャラリー達は自分の事ではないのに「いや、そうじゃない」とか「オレはウサギの方が好きだ」とか口を出してきて、30秒もしないうちにカモちゃんが激怒する。…で、インタビューは自動的に中止になってしまうだろう。それを防ぐ意味と、喫茶室は密室でないため相手に余計な警戒心を抱かせることもなく、また、一般のベトナム人がその中に入ってくるとホテルの従業員が面倒臭そうに追い出してくれるため、インタビューには絶好の場所なのだ。

テーブルに着いた少年は、オレ達3人に囲まれた状態になっているのにもかかわらず、臆《おく》した様子もなく、逆にこれから何が始まるのかワクワクしている感じだった。

「まず、名前と年を教えてくれるかな？」

『男名前はボー・バン・ヒエン。女名前はグー・ゴック・ヒエン。年は15歳』

「いつ頃からこの通りで遊ぶようになったの？」

『う〜ん…3年前からかな。週に2、3日は夜になるとあの通りで遊んでる」

「君みたいに女装してる男の子って他にもいるの？」

『あまりよく知らないけど、この通りには4人いる。特に親しくはないけどね』

「家族は？」

『お父さんはバイクの修理業をやってて、お母さんは主婦。あと、12学年生（日本の高校3年）のお姉ちゃんが1人いる』

まだ2分と話してないのに、つくづくかわいい奴だと思った。少年の声は変声期特有のガラガラ声なのだが、それを隠すようにワザと小さな声を出しているのだ。また、少し照れているのか、オレ達とは目を合わせずにやや下を向いて答えているのである。

「アオザイとか着たくならない？」

『うん、もちろん。でも、アオザイを着たりボーイフレンドなんて作ろうものなら、学校から追い出されちゃう…』

「化粧品やワンピース買うお金は親からもらってるの？」

『正直に言ってももらえないから、朝ゴハン代を少しずつ浮かしてそれで買ってる。…女

ヒエン君と。…ブローカーにしか見えんな、オレ

の格好をしてるのをお父さんに見つかると怒られる時もあるし、時には殴られるの。だから、化粧品や女物の服は自分の部屋に隠してる』

「何歳ぐらいから男の人が好きになったの？」

『…2歳の頃から女物のサンダルが好きでしょうがなくなって、5歳の頃から男のコのことを意識するようになった。それからは一番楽しい時は、男の人と話してる時なの』

「ベトナムにいたんじゃ将来、男と結婚できないだろ。パスポートが手に入ったら他の国で生活してみたくない？」

『まだドコにも行きたくない。男の人とは両親が認めてくれるのなら一緒に暮らしたいけど、一生認めてくれないと思う…』

「あの通りで何して遊んでるの？」

『だいたい知ってる人と話してるだけ。11時半ぐらいになって眠たくなったら帰る』

少年は予想以上にウブな感じで、そのことが次の質問の順番をだいぶ後に回すことになった。

「えーとぉ…男の人と経験したことはある？」

『……その質問には答えたくない』

少年は少しの間気まずそうにしていたが、その後、ドキドキするのは女の服を着てる時と学校に遅刻する時。また、日本人とこうやって話すのは初めてだから今はとても楽しい……といったことも自分から話してくれた。そして、缶コーラを注文してやるとそれをココでは飲まず、大事そうに抱えながら通りに戻っていったのである。印象的だったのは、去り際に握手をしようとするとオレの手をシッポリと握り、そして、コチラがそれを終わらせようとしたら、ゆっくりゆっくり名残惜しそうに指を離したことだった。

それからというもの、ヒエン少年は通りでオレ達を見かけるたびに嬉《うれ》しそうに手を振ってくるようになり、また、ある時はホテルから少し離れたバー。そこに向かっている途中、ニコニコ笑いながら追いかけてきた。そして2時間後、オレ達がバーから出てくるとその出入口近くに両手で顔を覆いながら立っており、その姿にコチラが気付くとキャッキャと喜びながら近付いてくる。つまり、2時間もの間、オレ達が出てくるまでそこで待っていたのだ。が、彼は必要以上にオレ達に付きまとうことはなく、少しの間片言の英語で言葉を交わすと例のシッポリとした握手をして消えてしまうのだ。

正直な話、オレは34年間生きてきて、こんな明らさまにプリティーな奴と出会ったのは初めてだった。朝ゴハン代をコツコツ浮かして化粧品や服を買い、ドキドキするのは学校に遅刻する時だと言い、両手で顔を覆うポーズをオレ達に見せたいがために2時間も外で待っている。…たぶん、少年は欧米の腐れバックパッカーに何度か買われたことがあるのだろう。が、彼にとってそれは商売ではなく、あくまでも恋の延長なのだ。そう、ヒエン少年は天然の少女だった。

「あの…ホーチミン市内にホモの人が集まるディスコがあるらしいんですけど……行ってみます？」

鈴木君からのネタ振りの約6割は、このようにある日の午前中突然繰り出される。

「ホモが集まるぅ〜!?……第一、営業できんのかよ、そんなディスコ」

そのネタには、さすがのカモちゃんもア然とした顔をしていた。

それから5時間後の夕刻。レックスホテルの向かい側のビルの前でタクシーから降りるオレ達。ちなみに、目の前のビルの外壁には『ディスコ　サムソン』と書かれた看板がピンク色に輝いている。

「なぁ、ココってホーチミンの中心のさらにド真ん中じゃねえかよ…。確かに店の名前はいかにもソレだけど、ホントに集まってんのか、ホモが？」

「実際にはボクもわかりません。知り合いがこのディスコだと教えてくれただけですから」

階段で2階まで上がり、そのディスコの中に足を踏み入れた途端、さらに驚きを隠せなくなるオレ達。だだっ広い店内にひしめいている約150人の客は全て男。しかも、いかにも清潔感あふれる普通の青年達なのだ。そいつらが一斉に踊っているのでディスコというより、男子校の体育祭…いやさ、日本の東北地方かなんかで4年に1回ぐらい開かれる奇祭の最前線に突き出されたような感じだった。

そんな野郎共をモグラのようにかきわけながら、ようやく空いているテーブルに腰を下ろすオレ達。

「…ねぇ、カモちゃん。いくらなんでもコイツらが全員ホモってわけじゃねえよなぁ？」

「オレはこの街のタウン誌の編集長じゃねえんだから、そんな事聞かれたってわかるわけねえだろ」

ま、そりゃそうなのだが……。ところが5分後、その答えはダルマを真っ二つにしたように判明。なんとチークタイムになった途端、ほとんどの野郎共が抱き合いながら中央のステージで女心のように左右に揺れ始めたのだ。目の前で家族一同が捕鯨のモリで団子のように突き抜かれた……そんな表情を浮かべ、黙ってソレを見守る鈴木君。

「まいったよ。変なオタクみたいな野郎がオレがションベンしてたら、チンコを覗《のぞ》いてきやがってさぁ」

トイレから戻ってくるなり、小粋な報告をしてくるカモちゃん。そして、20分後に再びトイレに立ち、しばらくして戻ってきた彼はさらにこんな香《かん》ばしい事を言う。

「さっきのノゾキ野郎が、ついに日本語で話し掛けてきやがったわ。今、恋人といるからって言ったら、顔を出してもいいですか、なんてコキやがるんだよ」

「恋人？　誰だよ、ソレ…」

「板谷君に決まってんだろ」

「気持ち悪いっつーの!! ただでさえお互い嫌な真鯉だっていうのに、それが恋してどうすんだよっ!」

「奴をおびき寄せるエサだろうがっ。オレだってそんなこと言うの嫌だったよ!」

2分後、オレとカモちゃんの前にひきつった顔をしながら立つ1人の坊ちゃん。身長は160センチにも満たなく銀縁のメガネをかけているので、その姿はスパルタ塾に通っているマザコンの中学生にしか見えない。

「お、来たな。立ってないでソコに腰掛けなよ」

そう言って、自分とオレの間にあるイスに男を座らせるカモちゃん。よく見ると奴の指先は強度の緊張のためか、小刻みに震えている。その姿はもう1度同じような事を言うが、2人の不良にハサまれてカツアゲを食らう直前のマジメな中学生にしか見えなかった。

「日本語はドコで覚えたの?」

カモちゃんが優しく声を掛けるも、相変わらずプルプル震えている中学生のような男。ところが、その返答はとても同一人物の口から飛び出したものとは思えない内容だった。

「…ワタシ、日本の男の人としたい。だから、日本語学校で日本語マスターしました」

「…なるほど。それならタイのバンコクへ行けばいいよ。あそこには日本人のホモが結構いるから」

「バンコク行きましたっ。でも、日本人とデキませんでしたっ。どうしてできないんですかっ!?」

その時点でようやく気付いたが、その男の震え。それは恐怖や怯《おび》えからきているものではなく、長年探し求めていたモノが突然目の前に現れた時に発生する極度の興奮、それによるプルプルだったのだ。オレはなんだか気味が悪くなり、とりあえず席を外してトイレに行くことにした。

「す、すみません……あの…」

ションベンを済ませて席に戻った途端、例の坊ちゃんが全身に走るプルプルの震度を上げながら顔を近付けてくる。

「え…な、何？」

「ア…アナタのオチンチンが食べたいですっ!!」

「な……」

「アナタのオチンチンが食べたいですっ!!」

「ちょ、ちょっと待てよっ」

「なんで待つんですかあああっ！」

「いや…あ、カップヌードル…なに言ってんだっ、オレ。だ、だから１回外に、なっ。ま、また戻ってくるからっ」

「ワタシは日本のホモが大好きですっ!!」

「お…おう、ＹＥＳ！　わ、わかったからチョット待てや…なっ」

ディスコの出入口に向かってまっすぐ突き進むオレ。情けない話だが、いきなり魂の叫びを浴びせつけられたオレはビビッて逃走を始めていたのだ。

数分後、ようやくディスコが入っているビルから少し離れた地点までたどり着いた。そして、背後に目をやると、いつの間にかカモちゃんと鈴木君もついてきている。

「なぁ、カモちゃん。オレがトイレに行ってる時、奴になんて言ったんだよっ⁉」

「彼はチンコがデカくて、しかも、お尻《しり》に入れられるのが大好きだって…」

「んなこと言われれば、土井たか子のハートにだって火がつくだろっ!!」

「ん……例の彼がディスコの入口に立って、モノ凄《すご》い形相でコッチの方を見てますよ」

「えっ……あ、ホントだ。…とりあえずタクシーに乗っちゃおう。そして逃げよう」

「ホントに弱虫だなぁ、板谷君は」

…なぁ、アル中。たとえばオレんちの家族の大好物が割れたビンの破片だったとする。そして、アンタがその食卓に招かれてそれを食べられなかった時、オレに弱虫って言われたらどうする？　そういう問題なんだよ、バカタレ!!

ホーチミンの盛り場で青春を謳歌するオカマとホモ。いくら社会主義国だとはいえ、そんなもので人間の魂の叫びを抑えることはできないのだ。ましてや十数年前、この国に導入されたドイモイという指導型資本主義の中で育ってきた若い世代。その中には規則や周囲の目をものともせず、自分の性をストレートに表現してくる奴もいるのだ。

シッポリとした握手、そして〃アナタのオチンチンが食べたいですっ!!〃――それはしばらくオレの頭から離れそうもなかった。

▼ホーチミン

元兵士の証言　その②

吉報はある朝、鈴木君と共に突然やってきた。

「昨夜、ボクの知人から電話が入りまして、インタビューをさせてくれる元ベトコン兵士がいるって言うんですけど、あの…会ってみましょうか？」

「ええっ、元ベトコン兵士に話が聞けんの!?　そんなもん会うに決まってんじゃねえかよっ。で、ドコにいるの、その人？」

「このホーチミンに住んでるそうです」

ベンチェで例のバイクに乗ったオジサンにバックレられてからというもの、諦《あきら》めかけていた元ベトコン兵士へのインタビュー。それが突如として可能になったのである。つーことで、ホテルから空港方面にタクシーで15分ぐらい走ったところにある1軒の小さな雑貨店。その店主であるフイン・タン（54年生まれ）さんに、当時のことをアレコレ聞かせてもらうことになった。

自分の雑貨屋でほほ笑むタンさん。が、眼が鋭い

元ベトコン兵士だというタンさんは丸顔の愛想《あいそ》の良さそうな人で、初対面のオレ達をスグに店の奥にあるテーブルに案内してくれる。ところが、インタビューが始まると彼の顔はビシッと締まり、その変わり様は、北島三郎の前でニコニコしていた山本ジョージが後輩の小金沢君にタメ口をきかれた途端、ヤクザの鉄砲玉のような顔になった——という感じだった。

「どのような経緯でベトコンに参加したんですか？」

『俺は元々サイゴンに住んでたんだけど、54年のジュネーブ協定により家族のいるハノイに戻ったんだ。で、70年に志願して北ベトナム軍に入隊し、翌年にはホー・チ・ミンルート（ベトコンに物資を送る道）を通ってサイゴンに戻ってきた』

「ベトコンに参加するために？」

『もちろん。サイゴンでのオレの任務は、南ベトナム軍の基地を攻撃したりケガ人を運ぶことだった』

「同じ民族同士で戦うことについては、どんな気持ちでしたか？」

『……初めて銃を持った時は、なんともやるせない複雑な感情がわいてきたよ。でも、べトナムを真の独立国家にしたいという強い信念を持っていたし、撃たなければ理屈ぬきでコッチもやられるだろ。だから引き金を引いたんだ』

「戦闘はかなり激しいものだったんですか？」

『ああ。いつもコッチの方が少人数で撃ち合ってたよ。最もピンチだったのは、ジャングルの中にあるオレ達の基地が南側にバレて、奴らに包囲された時だった。それに気付かずに俺は2人の仲間とソコに戻ろうとしたら一斉射撃さ。それで2人の仲間はハチの巣になり、俺だけは奇跡的になんとか逃げ出せたんだ。…ま、それに近いことは何度かあったよ。ホントに地獄のような毎日だったけど、とにかく南にいるアメリカ人を追い出したかった。最大の敵はアメリカだったからね』

「ベトナム戦争に勝利した際、国からはどんな恩賞をもらったんですか？」

『勲章1個と軍の中での昇格、それだけさ』

「えっ…それだけ？」

『うん。その後、85年まで軍にいて、除隊後に仕事を探したんだけどなかなか見つからなかったなぁ』

「国からの斡旋《あっせん》とかなかったんですか？」

『特にはね。だから最初の3～4ヵ月はシクロの運転手をやって、その後、理髪業、トラックの運転手、木材加工業なんかを転々として、ようやく1年前にこの店をオープンさせることができたんだよ』

「北ベトナム軍とベトコンはアメリカを退けましたよね。ところがその後、ベトナムの経済は破綻《はたん》状態になって10数年前にドイモイ、つまり、市場経済での指導型資本主義を導入しましたよね。そして、一気にアメリカの企業とかが入り込んできました。極端な言い方をすれば、ベトナムは実際の戦争ではアメリカを追い出したけど、皮肉にも10年後にはアメリカなどの資本を受け入れなければ経済的にダメになってた。――そのことについてはどう思いますか？」

『ドイモイが導入されたことは良いことだと思う。以前はいろいろな物が国からの配給制だったが、今は自分に能力があればなんでもできるし、いろいろなものが自由に買えるようになった。アメリカの資本が入ってきたことに関しても抵抗はないね。戦争は過ぎたことだし。国家主席だった故ホー・チ・ミンは、侵略者を追い出し貧しさをなくす――という理念を持っていた。たとえアメリカの企業が入ってきても、それで皆の暮らしが良くなればホー・チ・ミンも喜ぶと思うね』

「最近、アメリカはイラクやユーゴスラビアを空爆したりしていますが、そのことについてはどう思います？」

『アメリカの各国に対する干渉は正しくないと思う。強い者が弱い者をイジメてるだけ。俺はあくまでも今の平和が続いて欲しいけど、アメリカがまた軍事的に攻めてきたら軍隊に参加して戦うよ』

インタビューを終えたオレ達は、『ジャイアント・ドラゴン・ホテル』の例の喫茶室でタンさんの話を改めて頭の中で整理していた。

最も印象に残ったのは、やはり信念を持って闘う者の強さだった。ベンチェに行く前にインタビューした、巻き込まれ型の元南ベトナム軍兵士達。タンさんの言葉は彼らの証言と比べると明らかに強い響きがあり、現在のアメリカ資本の流入に関しても〝それで国民の暮らしが豊かになれば〟という前向きな柔軟さまで持ち合わせていた。

また、意外だったのは除隊後の就職状況のことである。実は元南ベトナム軍の兵士に話を聞いた際、自分らは戦争に負けた側なのだから職業の選択に勝ち組との差別が発生するのは仕方ない、という意見があった。ま、確かに勝ち組の中にはベトナム戦争での功績により、現在は割と豊かな生活を築き上げてる人も存在しているはずである。ところが、タンさんによれば最もキツい立場で闘ったベトコン兵士の中にも政府から受けたバックアップについては、南ベトナム軍兵士と大して変わらなかった人もいたことになる。そして、少なくともタンさんはそのことに関して不満を持つこともなく、淡々とその時に可能だった職業に就き、現在に至っているのである。自分の国に誇りを持ち、自分と同じ民族を愛する人というのは、きっと当たり前にそういうことができるのだろう…。

「それにしても、ホー・チ・ミンっていうのはホントに人気があるんだなぁ。普通、共産圏の国では主導者が交代すると前任者は途端に非難されたり、その銅像がブッ倒されたりするのが常なんだけど、ホー・チ・ミンっていうのは例外なんだな」

「ホー・チ・ミンはフランス、アフリカ、中近東、インド、ソビエト、中国、タイ…とさまざまな国に赴いて、実際に自分の目で政治を学んだんですよ…ね。はい、それによって広い視野と確固たる信念を築き上げ、自分の民族を守ることや豊かにすることに己の一生を捧《ささ》げたんです。おまけに、かなり質素な生活を送っていたらしいので、ベトナム国民が彼を愛し続けるのは当たり前のことなんですね」

カモちゃんの言葉を受け、いきなり武田鉄也のような口調になる鈴木君。――すっかり忘れてた。彼はホー・チ・ミンの熱烈な崇拝者だったのだ。

「あ、板谷君。ベトナムが最後に闘った国はアメリカじゃない、ってことは知ってるよね」

「…へ？　ベトナム戦争後もドコかの国と戦ってたの」

「おい、ホントに知らないのかよ…。鈴木君、この無知に第2回目の授業をする必要があるな」

「もう、お腹一杯だっつーの！　止めようよ…な。そういうややっこしい事は、そういう事を書くのが得意な人に任せとけばいいんだって」

「何言ってんだっ、ベトナム戦争後の歴史もおさえとかなきゃ現在のベトナムは語れねえんだよ！」

「語りたくねえんだよっ、そんなモノ！」

「ダメだよっ、認めないよ！　もし、第2回目の授業をボイコットするなら、板谷君の大嫌いな山登りとかを残りの予定に加えるからな！」

…まいった。ベトナム戦争のことを大雑把に把握するだけでも脳味噌《のうみそ》が満腹なのに、何なんだよ、いきなり突き出されたこのライスの大盛りは…。苦手な遠泳でなんとか目標の2キロを泳ぎきって陸に上がろうとしたら、さらに5キロを追加されたような気分だった。

——2時間後、鈴木君の話を聞き終え、頭の中がキカイダーの左半身のゴチャゴチャした部分のようになっているオレ。ダメだ、全然わかんない……。つーことでだ、再び暴走族の勢力争いに置き換えて整理してみよう。あ〜〜〜誰からなんと思われようと今、なんか柔らかいモノを食べながら1日中部屋でゴロゴロしていたい…。

北ヘラマンタがエンペラーを追い出し、あとは操り主がいなくなった南ヘラマンタを降参させるだけとなった時点。第2幕はそこから始まった……。

立川の隣町を縄張りにしている族、ピエロ。そこには山田というヘッドがいた。ところが、山田が彼女と2人で湘南《しょうなん》海岸に海水浴に行っている間、エンペラーの支援を受けた親衛隊長の佐藤に新ヘッドになられてしまう——という事件が発生。

チャランポランな性格の佐藤は、エンペラーからのカンパ金を自分の懐に入れることしか考えておらず、後のことはどうでもいいという男だった。当然、海水浴から帰ってきた山田は怒りにうち震え、まだ佐藤の言いなりになっていないピエロのメンバーに『打倒！佐藤』を呼びかける。そして、集まったメンバーと共に魁《さきがけ》ピエロを結成。と、その魁ピエロに加勢することを申し出る北ヘラマンタ。理由は、南ヘラマンタとの戦いでヘラコンに鉄パイプやチェーンなどの武器を送る道。それがピエロ領を通っており、仮にピエロのシマ全体が佐藤に統括されてしまうと、そのバックにいるエンペラーにその道を封鎖されてしまうからである。

数日後、佐藤率いるピエロをようやく打倒する魁ピエロ&北ヘラマンタ。ところが、魁ピエロの山田の下にいた高木という男が急にのさばり始め、両暴走族の仲はみるみる険悪になっていった。

が、仲が悪くなった主な原因は、単に高木が大きな顔をし始めたからではなく、もう少し深いところにあった。というのも、実は数日前にエンペラーのヘッドが極悪のシマを訪れ、なんと全く違う主義のヘッド同士が握手をしてしまったのだ。要するに、北ヘラマンタとしては、自分たちが少し前まで直接ケンカをしていた族と自分たちを支援してくれた族が握手をしたので頭にきた。そして、魁ピエロは対ピエロ戦の前から極悪からの大量の支援を受けるようになり、北ヘラマンタは急に威張り始めた高木のことは当然虫が好かず、高木の方も極悪さえバックについてくれれば、北ヘラマンタの助けなど要らなくなってしま

■表Ⅱ

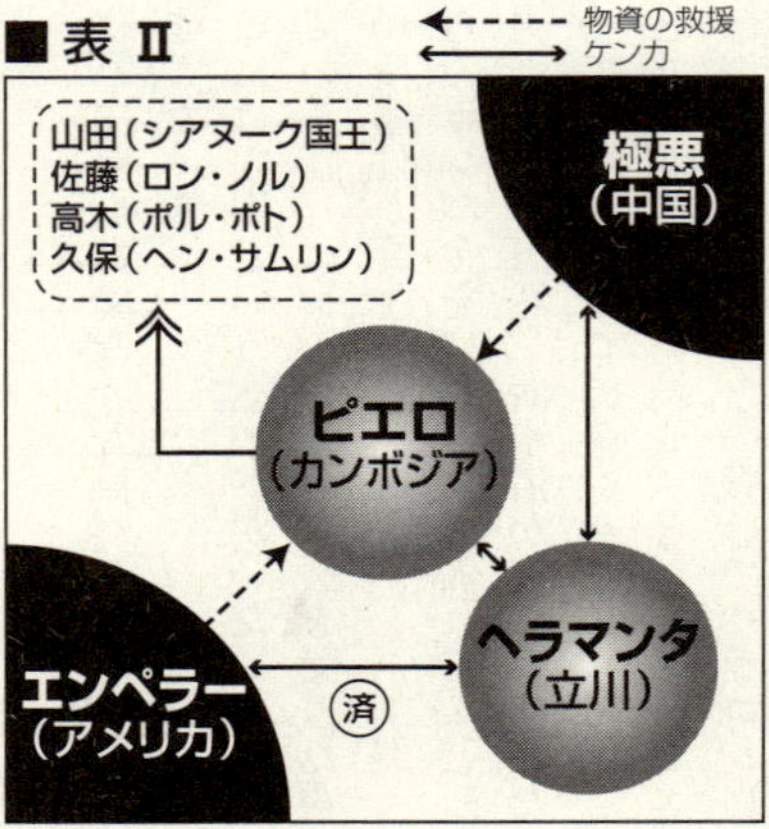

ったのだ。

その後、魁ピエロ領から続々と引き上げていく北ヘラマンタ。そして、その引き上げ完了後のある日、魁ピエロ領内でとんでもない大事件が発生した。なんと高木は、佐藤について いたピエロのメンバーはもとより、自分の縄張り内に住む一般市民の約3分の1を半殺しにしてしまったのである。自分の理想通りの族、新ピエロを作るために……。

それから数日後、北ヘラマンタ&ヘラコンは南ヘラマンタを完全に降参させ、念願のヘラマンタの統一を達成。が、その直後、皮肉なことに完全に高木に掌握された新ピエロが、ヘラマンタの縄張りである立川の隅っこで大暴れを開始。当然、ヘラマンタはスグに駆けつけて奴らを追い出したが、同じ硬派バリバリ主義という意識があったためか、新ピエロの縄張りに乗り込んで報復することはしなかった。

さて、ヘラマンタの縄張りに攻め込んできた新ピエロ。その背後では案の定、極悪が指揮をふるっていた。もともと極悪は北ヘラマンタの支援をしていた族だったが、統一されたヘラマンタが強くなり過ぎるのは歓迎していなかった。そう、自分たちに反抗してくる可能性もあるからである。いくら極悪の力が強大とはいえ、エンペラーを退けたヘラマンタは、小さくても決して侮れない族として見なされるようになっていたのだ。

その後、何度も立川の隅っこで暴動を起こすようになる新ピエロ。そして、ついにヘラマンタがキレた。ヘラマンタのメンバーは新ピエロ領内に乗り込んで奴らを撃退し、高木は隣町のルート20という族のシマに逃走。また、新ピエロに大量の武器を送り込み、エンペラーとも握手してしまった極悪。そのメンバーの何人かが立川市内でアルバイトをしていたため、「テメェら、地元に帰れ！」とメチャクチャ蹴《け》りを入れて追い出したのだ。

たまっていたウップン。それを吐き出したことによって落ち着きを取り戻したヘラマンタは、スグに高木によってメチャメチャになってしまった暫定ピエロ、そして、その領内を復興させるためにいろいろな力を貸すようになる。が、自分達のメンバーがヤキを入れられた極悪も黙っているわけにはいかなかった。ヘラマンタに制裁を加えるという名目で立川の北端に乗り込んできた極悪は、そこで暴動を起こしてしばらく居座った後、一応気が済んだということで引き上げていった。

ようやくエンペラーを撃退して念願の統一を果たした直後、隣町の族から攻撃を受け、今までは支援してくれていた極悪からも、極端な牽制《けんせい》をされるようになったヘラマンタ。

──まさに、一難去ってまた一難である。

が、彼らはその後もピエロの復興に力を貸し、暫定ピエロ内に久保という新ヘッドを擁立。ところが、そんなヘラマンタの動きを極悪はもちろんのこと、周囲の穏健派の族までもがピエロを侵略していると見なし、ヘラマンタに対しての武器や食料の援助を一切打ち切ってしまったのである。

エンペラーとの長期に及ぶ大ゲンカで金や武器を使い果たして弱っていたヘラマンタは、その上、暫定ピエロのヘッドである久保を助けなくてはいけなかったため、ますます苦しい状況に追い込まれる。そんな中、ルート20の縄張りに逃げていた高木。そして、元々は彼の上に立っていた山田が手を組んで魁新ピエロを結成。そして、暫定ピエロとの間で小競り合いが始まったのである。それはしばらくの間、断続的に続くことになるが、周囲の族からの物資は魁新ピエロの方に送られ、暫定ピエロに加担しているヘラマンタの評判は日に日に悪くなっていく。

ヘラマンタのメンバーは改めて考えてみた。

(自分たちは高木らの凶行からピエロを守ろうとしているだけなのに、世間的には単なる侵略者になっている……)

そして数日後、バカらしくなったヘラマンタのメンバーは、ピエロ領内から全て引き上げていったのである。

「しかし、ベトナムっていうのは、アメリカや中国っていう強敵に一歩も引かない国なんだなぁ…。それと、ベトナム戦争と並行してカンボジアにも侵攻したりして、こんなに小さな国なのにハンパじゃねえスタミナがあるよな」

「だから板谷君に何度も言ってんだろ、ベトナムは手強《てごわ》いって。ベトナムがカンボジアから引き上げたのは、たった10年前だぜ。そういうバックボーンがあるから、プライドが高くって一筋縄じゃいかない奴が多いんだよ、現在もこの国には」

「けど、なんでこの国は、アメリカや中国にこうまで干渉を受けたり狙われたりしたの？」

「大きな理由は2つだな。1つは鈴木君が前にも言ったけど、ドミノ理論っていってさぁ。中国は他の国を自分と同じ共産圏にして、その頂点に立ちたいんだよな。逆にアメリカは資本主義にして、やっぱりその頂点に立ちたいんだ。で、ベトナムがどっちかの国に完全に支配されちゃうと、その周囲のカンボジアとかミャンマーとかラオスなんかもその影響でパタパタって、一気にどちらかの主義に傾く可能性が出てくる。要するにオセロ盤の角っこなんだ、ベトナムは。もう1つの理由は、この国の豊かな資源に目を付けてるんだよ」

「え、その資源って?」

「まずは海底油田があんだろ。それに無煙炭や希少金属もとれるし、メコンデルタからだって穀物が豊富に採れんじゃねえか」

「なるほどね…。しかしさぁ、ベトナムっていうのは、どういうつもりでカンボジアに干渉したんだろう。最初はホー・チ・ミンルートを確保する目的があったとしても、ポル・ポトによるカンボジア国民の大虐殺後も軍隊を送ったっていうのはナゼなの? 純粋に心配だったから?」

「ま、それはカンボジアに行った当事者に直接尋ねてみた方がいいな」

つーことで早速、ホテルの前にタムロしているオレ達と同世代ぐらいの者に「兵隊としてカンボジアに行ったことがあるか?」と尋ね、肯《うなず》いた者を喫茶室に呼んで話を聞いてみることにした。

最初に話をしてくれたのはチャン・ゴック・フーンという名のシクロ運転手。彼は60年にこのホーチミンで生まれ、78年から4年と8ヵ月間カンボジアに歩兵の小隊長として派遣されていたらしい。

『アメリカは勝手に攻めてきたけど、俺達はカンボジアが攻めてきたから戦ったんだよ。あれはベトナムの侵略戦争と言われてるが、そうじゃなくて、それ以前にポル・ポト派がベトナムの侵略を始めてたんだ。それにベトナム軍が攻めてなかったら、ポル・ポト派はきっとカンボジア国民の70%以上を皆殺しにしてただろうね。コンポンチャムっていう町にある2つの寺は、カンボジア人の死体で地面が見えないほどだったし、国民の多くは飲み水だって満足に確保できなかったんだぜ。同じ民族を自分の思想の邪魔になるってことであまで殺せるっていうのは、クレイジーとしか言いようがないね。

…ベトナムとカンボジアは以前は助け合っていたんだ。そして、ポル・ポトの大虐殺があって、カンボジア人の中にもポル・ポトをやっつけたいと思う奴はたくさんいたんだ。隣人の家が火事になったら助けるのは当たり前なんだよ。俺達は自分の国も守ったし、カンボジア国民の奴隷化も救ったんだ』

歩兵の小隊長だったフーンさん。夏男だ

ちなみに、彼は前線基地で晩メシを食べている最中にポル・ポト派の銃弾を頭に食らい、瀕死《ひんし》の重傷を負ったらしい。

　さて、次に話を聞いたのもグエン・バン・コンという名のシクロの運転手で、年はオレよりも1つ上だったが妙に落ち着きのない男だった。

『狙撃兵《そげき》として5年間カンボジアに行ってた。1回、ポル・ポト派の基地の中に入ってったことがあるんだ。で、1人が置いてあったラジカセを持ち上げたらドカーン！さ。10人のうち、3人はそれで御陀仏《おだぶつ》だよ。そんな危ない目に毎日のように遭ってて、国から出た恩賞は米85キロと65万ドンだけ。ま、その金をシクロを買う頭金にしたよ。

…俺のオヤジは南ベトナム軍の少佐だったんだ。けど、74年に戦闘中に撃たれて死んじまってよぉ。だから、カンボジアに出兵した時の上官は北の人間だったから嫌だったね。でも、仕方がねえよな。今さらブッ殺すわけにもいかねえしさ。今度、アメリカがベトナムに攻めてきたら俺はアメリカ軍につくぜ。アメリカはGOODで、ホー・チ・ミンはFUCK　YOUだ！』

　自分の肉親が殺されたことによる怒り、それをストレートに口にしたのは彼が初めてだった。〝ホー・チ・ミンはFUCK　YOUだ！〟——肉親の死というのは民族主義とか、どちらが正しいとかいう事を軽く凌駕《りょうが》してしまうほどのインパクトを持っている。そして、いまだにそれが体の中で燃えたぎっている者もいるのだ。

　最後に話を聞かせてくれたのも、またまたシクロの運転手で名前はグエン・バン・ホン。69年、中部のダナン生まれで、獲《と》れたてのマグロのように目がギロギロした男だった。

フン・セン軍に属してたホンさん。…怖い、見つめるな

『カンボジアには81年からベトナム軍が撤退した3年後の92年までいたよ。俺はカンボジア入りした2年目からフン・センの軍に属してたんだ』

「え？　フン・センって最初はポル・ポト派だったんだけど、その後反目に回ったカンボジアの現在の首相でしょ。ベトナム軍じゃなくて、そのフン・センの軍に属してたの？」

『ベトナム軍もフン・セン軍も要はポル・ポト派を倒すことが目的だったから、俺みたいなベトナム人は他にもいたよ。とにかく、ポル・ポトは残忍な奴さ。自分に敵対するカンボジア人やベトナム人の耳を切り落として、乾燥させて並べてたよ。まるで勲章のようにね。周囲の国からはカンボジアに対する侵略戦争だって言われてたけど、それは違う。俺達は自分の国をポル・ポト派から守り、しかも、カンボジア人を奴らの凶行から助けようとしただけなんだ』

「同じ年ぐらいで戦争に行かなかった人のことはどう思う？」

『戦争に行かなくて経済的に成功してる奴らには不公平を感じる。そういう現実を目の当たりにすると悲しいね……』

元ベトコン兵士、そして、カンボジア紛争に出向いた兵士達。彼らのインタビューを終えたオレの単純な脳味噌《のうみそ》は、ミーン、ミーン！という嫌な警告音を鳴らし破裂寸前だった。そして、それがだいぶ収まってきた就寝時、ベッドの上の暗闇を見つめながら放心していると、次のような映像が浮かび上がってきた。

公園の砂場で、それぞれ砂の城を作っている2人の小学生。1人の小学生は有名ブランドの洋服を身に着け、ポケットにはお小遣いやオモチャがいっぱい入っているが、もう1人は粗末な服を着ているだけ。そこに身体の大きな中学生が現れ、2人に城を作るのを止めろと言う。すると、ブランドものの洋服を着た小学生はすっかりビビリながらも、自分は○×中学の番長の子分だということを告げる。そして、なんとか城を壊されずに済んだ。一方、ボロを着ている小学生は毅然《きぜん》と城作りを止めるつもりがないことを告げ、その中学生にボコボコにブン殴られる。が、お岩さんのような顔になりながらも、依然として自分の城の前で仁王立ちしている小学生。そんな小学生のことが中学生はだんだん不気味になり、ついには捨てゼリフを吐きながら立ち去っていく。そして、ボロを着た小学生は何事もなかったかのように、再び黙々と自分の城を作り続ける。

――確かに手強そうだわ、ベトナム人って…。

▼ホーチミン

鈴木イグレシアスと逆満タンの下半身

乾期にあたるホーチミンは、気温が30度の半ばまで上がったかと思えば20度チョットの日があったり、湿度が高かったり低かったり、晴天が続いたかと思えば雨が降り続いたりと、まるで精神が不安定な年増女《としま》のような気候だった。

そして、今日は朝からポカポカした三波春夫のような陽気で、それとは全く関係ないがオレ達はホテルの近くの喫茶店で朝食のナポリタンを食べていた。で、ソレを食べながらカモちゃんが、

「板谷君もキツイ事するなよなぁ」

と言った時から、このマヌケずくめの1日がスタートしたのだった。

「はぁ？　オレって何かしたの…」

カモちゃんによると昨夜、彼がベッドの中でこっそりオナニーをしていて、まさにイク瞬間にオレが大きなオナラをしたという。そんで、カモちゃんはソレが〝こんな近くでコ

イてんじゃねえよっ!!〟という警告だと思ったらしく、男汁が思わず尿道の中に戻りそうになったらしい。

「そんな器用なことをオレがするわけねえだろっ。寝てたよ、オレは!」

「ホントにィ…。じゃあ、寝屁《ねべ》かぁ。しかし、あんな絶妙なタイミングで…」

「そこまでヒマ人じゃねえっつーの。ついでだから言っといてやるけど、男汁のキャッチに使ったトイレットペーパーを股間《こかん》に挟んだまま寝るのは止めとけ。汚いとかいう前に、エクトプラズムを尻《しり》から出してるみたいでビックリするだろうが!」

「…い、いいじゃねえかよっ。じゃあ、板谷君はドコでしてんだよ⁉」

「してねえんだよっ。だから、さっきスパゲティをココに運んできた60ぐらいのババアでさえマブく見えるんだっつーの。イイ加減、別々の部屋に泊まろうぜっ、な」

「なにデリケートなことを言ってんだよっ。いいか、普通のバックパッカーはもっと粗末な6ドル、7ドルって部屋に泊まってんだぞ。寝泊まりするのにこれ以上経費を使ってどうすんだよ!」

「なぁ、オレ達が泊まってるホテルのシングルルームって確か20ドルだろ。つまり、シングルを2つ取っても今と10ドルしか変わんねえんだよな。で、今アンタの前に並んでるビールの空き缶っていくつある?」

「…5缶だよ」

「鈴木君、この店でビールを1缶飲むといくらとられんの?」

「メニューによると、え〜とぉ……2万5000ドンです」

「2万5000ドンっていうと約250円だろ。…なるほど。つまり、アンタが朝ビールをやめるだけで別々の部屋に泊まれんだろうがあああ!!」

「コレは俺のガソリンなんだよっ!」

「じゃあ、オレのガソリンは誰にも邪魔されない環境下でのオナニーなんだよっ!」

「出してどうすんだよっ、ガソリンを!」

ふと気が付くと、約20人のギャラリーに囲まれているオレ達。つくづく良かった、日本人が1人も混じってなくて…。

ようやく静かになる朝食のテーブル。すると、鈴木君が……。

「そういえばボクは大切な事を言うのをすっかり忘れてました」

「…なんだよ、大切な事って?」

「何かの本で読んだんですけど、メコンデルタにいる鳥って、ベトナムの中部や北部にいる鳥に比べて水をよく飲むらしいんです」

「………で?」

「………それで話は終わりです」

「まず捨てろっ、その本を。くだらねえ!」

たった1つだけ年上のカモちゃんに一喝された途端、例のごとく哀愁を噴出するスカンク状態になる鈴木君。

画廊内で熱心に絵を描く男。SEX の前に必ず何かサッパリしたモノを食べる男のような気がした…

が、よくよく考えてみると、オレが言うのもおこがましいが、鈴木君はこの2年間でかなりの成長を見せていた。2年前に一緒にこの国を旅した時は、とにかく生まれたての仔馬《こうま》のようにビクビクしているだけで、頼まれた事をこなすのが精一杯の様子だった。ところが、今回はさっきのような例外もあるが、状況に応じて絶妙のタイミングでネタ振りをしてくるのだ。そして、取材対象のベトナム人と冗談のようなモノも交わしていることから、彼のベトナム語は飛躍的に上達しているようだった。

また、2年前は間違い電話しか掛かってこなかった彼の携帯。それが1日に2、3回は鳴るようになり、どうやら鈴木君のために下調べに動いている者が2、3人いるようなのだ。そう、鈴木君は自分から仕掛けることも人を使うこともできるようになっていたのである。そういった事が全て集約されて、今回は哀愁の裏にもちょっとだけ安定感というか、自信のようなものが顔を出している。

これは昨夜、カモちゃんに教えてもらったことだが、鈴木君はあまりビクビクしなくなったと同時にカッコをつける余裕も少し出てきたらしく、それが見ていて猛烈にオカしいという。それがどんなケースに表れるかというと、カモちゃんがカメラを構えた際、以前の鈴木君なら慌ててフレームから外れようとしたが、今回はそのままらしい。それどころか素早く髪型を整え、必ずカメラに向かって右顔になるよう微調整しているというのだ。鈴木君の前髪の一部は少しだけ薄くなっている。つまり、フリオ・イグレシアスが左頬の傷を極力テレビカメラに映らないようにするため、必ず右側から撮らせるのと同じく、彼も鈴木イグレシアスになっているらしい。

ま、そんな事はどうだっていい。肝心なのはこの日の夕刻、日本人の2人組のネーちゃんが『ジャイアント・ドラゴン・ホテル』にチェックインしたことだった。現在は日本の旅行シーズンじゃないため、街中でも日本人の姿は滅多に見かけることがなかった。そんなところへ突然26、27歳といった感じの、作ってから40時間ぐらいたった熟成トン汁のようなネーちゃんの登場である。そして、例の喫茶室、その窓ガラス越しにフロントにいる2人の姿が目に飛び込んできた時、心の中でジョージ川口が口をパクパクさせながらドラムソロを開始。と同時に、オレは素敵ないくつかの事に気付いたのである。

仮に、彼女らと殺し合いをしているような激しいセックスに発展したところで、それは女性を買ったのではなく、あくまでもナンパなのだ。つーことは、うるさ型カモちゃんの得体の知れない理念に反することにはならない。また、同じホテルに泊まってるということは、イザとなれば2組の男女が最低でも1部屋ずつ使えることになる。そう、こんな都合が良い事はないのだ。

「あの…実はボク、今夜の7時に女のコと待ち合わせしてるんですけど……6時には自分のアパートに帰っていいでしょうか」

突然、モジモジしながらそんな事を言い出す鈴木君。

「女のコと待ち合わせ⁉ …鈴木君が？ なんだよっ、彼女いたんかよ」

「いえ、全然彼女とかじゃないんですけど、3週間前に図書館でちょっと知り合いまして、今夜が…」

「初デートってわけか！ この野郎、そんな無縁仏みてーな顔してスミに置けないねぇ～」

「いや、デ…デートってわけじゃ…」

「まぁ、板谷君、それ以上、野暮なこと聞いちゃダメだよ。…今からアパートに帰った方がいいよ、鈴木君は。シャワー浴びたり、服を着替えたり、チン毛にコロン振ったり、恋する男っていうのはいろいろ忙しいもんだよな。大丈夫だから、俺達は」

よぉ、カモちゃん。アンタ、オレと同じ事考えてんだろ。ミエミエなんだよっ。それからアンタってチン毛にコロンかけたりすんのか!?　今時、バカなパリジャンだってしてねえぞ、そんな事……。

鈴木君が去ってから約20分後、再びフロントに現れた2人のオネーちゃんはタバコでも買いに行ったらしく、スグにホテルに戻ってきた。

「あの～、ひょっとして…今夜の予定とか空いてますかぁ？」

2人がエレベーターの前に立ったところを見計らって、その背後からレモン汁の噴水の中から篠田《しのだ》三郎《さぶろう》が出てきたような声を掛けてみた。

「えっ…あ…ご、ごめんなさい。ちょっと今夜は予定が入ってるんですけどぉ」

一方のネーちゃんがそこまで答えるとエレベーターのドアが開き、オレが二の句を発さないうちにエレベーターの中に消える2人……。

「なんでそんなに簡単に行かせちゃうんだよっ、あの2人を」

喫茶室のテーブルにいるカモちゃんから、すかさずそんな声が掛かる。

「だって、エレベーターが来ちゃったんだからしょうがねえだろっ。…ククク、大丈夫だよ。カモちゃん」

「何が大丈夫なんだよっ。催眠術でも使えるのか、おメーは！」

「下らねえこと言ってんじゃねえよ。いいかい、ああいう場合、女っていうのはビックリしちまって一旦《いったん》は断ってみるもんなんだよ。小鳥がエサを足元に投げられて一瞬ひるむのと同じなの。焼きイモ屋のオヤジが激マブにオマケしてって言われて、驚いて釜《かま》のフタを閉めちゃうのと同じなの…ね。だけど、あの2人は部屋に戻ったら相談するんだよ。あの太った方は前戯から頑張りそうだとか、もう1人兵隊みたいな顔してる男がいたけど、奴はイク時に情けない声を上げそうだ…とかさ。大丈夫！　あの顔は15分後にまた下りてくる顔だわ。必ずココに来るから、あの2人」

そして15分後、その通りに再びフロントに現れる2人組。

「な！　オレの言った通りだろっ、な！　……ほら、行ってきなよっ。あの2人、声掛けられんの待ってんだから」

「い、板谷君が行って来いよ。俺、まだ顔だって知られてねえし」

「何コイてんだよっ。今度はソッチの番だろーが！　ダメだよ、いつも人のことをそうやってモルモットにしてちゃ！　ひと仕事終えた大工の棟梁《とうりょう》じゃあるめえし、ビールなんかノンビリ飲んでる場合じゃねえだろっ。アンタ、このままだとナンパに関しちゃイチゴ2パックと抱き合わせで売られている小さいエバミルクだぜっ。ほらっ、オレもスグに…」

「板谷君、ホテルの前からタクシーに乗っちゃったよ、あの2人…」

「そうだよ、乗るっきゃねえん……ええっ!!」

2時間後、近くの食堂でメシを食い、力を合わせて生きてきたがソロソロそれにも疲れてきた捨て子のコンビのような足取りでホテルに向かうオレ達。——それにしても、オレはホントに飢えきっていた。2週間以上も自分でチンポコをいじくってない上、バンコクのゴーゴーバーの女のコにさんざん顔の前でTバックの尻《しり》を振られたり、ベトナムに来たら乳を揉《も》まれたり、理髪店の女のコに柔らかな指で顔を撫《な》でられたり、全身をマッサージされたり、抱きビアの女のコに胸板に顔を埋《うず》められたり、オカマとネッポリとした握手をしたり、ホモにチンコを食べたいと言われたりした。が、それらが全て峰打ちなのだ。性欲をイタズラにあおり立てられるだけで、とにかく肝心の放出は1回もできていない。ガソリンが逆満タンなのだ。

この気持ちを少しでもわかってもらうため、ココで恥ずかしい告白を1つしよう。オレは34になった現在でも、通常1日2回はオナニーしている。もちろん、女とHした日も必ず2回やる。そうしないとなんだか損したようで気が収まらないのだ。笑いたければ笑え。異常だと思うなら思え。が、この時の下半身で凄《すご》いことになっている性欲、それがオレの視覚をコンドル並みにし、たまたま途中にある喫茶店のスミの方にいた例の2人組を発見することができたのだ。

「カモちゃん！　あの2人、スグ右のサ店にいるよっ。カフェ・ダーを仲良く飲んでるっ」

「………よぉ～し!!」

気合いと共に彼女らのところに乗り込むカモち…と思ったら、彼は喫茶店とは逆の沿道へ向かい、シャッターの閉まった店の前であぐらをかきながらビールを飲んでいる3人組の労働者風のオッさん。彼らにハロー！と英語であいさつし、その横にドッカリと腰を…。

どうやら、そのオッさん達は中国から出稼ぎに来ているらしく、英語も割と話せるらしい。そして、カモちゃんは彼らに手渡された瓶ビールをラッパ飲みし、現在のベトナムの経済状態や中国とベトナムの政治的な関係について次々と英語で尋ねまくり、路上プリティーサミットをおっ始めやがったのである。

この錯乱したかのようなカモちゃんの行動。が、オレにはわかっていた。それは彼特有の〝勢いづけ〟なのだ。以前にもオレは、居酒屋の主人と北朝鮮問題で激論を交わした後、落合信彦《おちあいのぶひこ》のような顔をしてカミさん（サイバラ）に彼女の財布から2万円を抜いたこと電話で告白しているカモちゃんを見ている。彼はそうやって自分のテンションを上げ、困難なことにタックルしていく男なのだ。

「おっしゃあ！　行くぞっ、板谷君」

そう言って立ち上がったかと思うと、向かいの喫茶店にビシビシ歩を進めるカモちゃん。ところが、5メートルも歩かないうちにクルリとオレの方に振り向き、

「とりあえず、板谷君が最初に声を掛けてくれ。オレも後方で援護《えんご》射撃するから」

そう言って、オレの身体を自分の前に突き出す。……つくづく始末の悪い生き物だ。

要するにこの男は、自分が今まで戦争の最前線でカメラを回したり、テレ朝の『ニュース・ステーション』にジャーナリストとして時折出演したり…っていうプライド。それが孫悟空の頭にハマっているあの輪っかのような作用をし、ど〰〰してもـ「ねぇ、一緒に食事しに行かない？」といった第一声が掛けられないのだ。

が、そんなモノに付き合っている余裕は今のオレにはなかった。正面の喫茶店にいる2人組の所に直進していくと、5メートルほど手前でオレの存在に気付く彼女達。次の瞬間、2人の顔に浮かぶ恐れ&拒絶の表情。オレはそれで全てを思い知ったが、ココまで来た以上、そのままダンプカーのようにバックしたら彼女達に一生語られる〝伝説の男〟になってしまう。

「あ、あれっ…ま、また会っちゃったね」

数分後、『ジャイアント・ドラゴン・ホテル』の2軒隣にあるバー、その隅っこのテーブルで背中を丸めているオレ達。

「……忘れてたよ、自分達が真鯉だってこと」

「…いいよ、あんなの。よく見たら両方ブスだったよ。…プッ……ププッ!」

「何がオカしいんだよ…」

「いや、だってさぁ。板谷君ってあのクソ女達に断られた直後、その手前のテーブルに座ってたフランス人の頭を反射的にハンドボールの球みたくつかんじゃってんだもの。ブッハッハッハッハッハッハッハ!」

「いいだろうよっ、アンタだってあのクソ女達に〝どんなテーマなの、今回の旅は?〟とか質問して無視されてたろっ。ナンパを断られたからって、強引にインタビューに切り替えようとすんなよっ。恥の上塗りじゃねえか!」

と、どこからワープしてきたのか、いきなりオレ達が座っているテーブルの前に現れる鈴木君……。

「やっぱりココでしたか」

「えっ……なんだよ、まだ8時半じゃねえかよ。もう終わっちゃったの、デート?」

「…いえ、すっぽかされました」

「ブッハッハッハッハッ!! どーして鈴木君はいつもそうなんだよっ、ブハッハッハッハッハッハ!! みっともねえなぁ、おい!」

なぁ、カモちゃん。カッコの悪さじゃオレ達の方が1枚上だと思うんですけど…。

『ジャイアント・ドラゴン・ホテル』から200メートルほど離れた白亜の高級ホテル。その2階に『DION』というバーがあり、落ち武者3人はソコで自分の心を癒《いや》すことにした。

入口に立って客を出迎えるカラフルなアオザイを着た美人ちゃん達。店内にもアオザイやミニスカートの激マブ従業員が高額な熱帯魚が遊泳しているように行き来し、前方中央にあるステージからは生バンドの演奏がシットリと流れている。オレとカモちゃんはこのバーをとても気に入っていたが、ベトナムにしてカクテルが1杯500円という料金なので、まだ2回しか訪れてなかった。

が、今夜は特別だ。さらなる峰打ちになるのはわかっていたが、高級熱帯魚ちゃん達をボーッと鑑賞し、とにかく気持ち良く酔って余計な事は早く忘れてしまいたかった。

「……ウマいんだよなぁ、フィリピン人のバンドは」

J&Bのロックを飲みながら、ボンヤリとつぶやくカモちゃん。

「え、フィリピン人？」

「東南アジアの高級なバーで演奏してる奴らって、フィリピン人が多いんだわ。フィリピンも貧乏な国だろ。音楽で貧困から脱出しようと必死なんだよ。で、そんな懸命さと悲しさがなんとなく伝わってくるんだよなぁ、奴らの演奏を聴いてると。…ほら、あのボーカルのオヤジも試合に負け続けてるボクサーみたいでイイ顔してんだろ。……俺、前にバンコクで『アナック』っていうフィリピンのジ〜ンとくる曲をリクエストしたら、そのバンドのボーカルが歌ってる途中で泣き出しちゃってよぉ。たぶん、その歌で国に残してきた母親とかカミさんのことを思い出しちゃったんだろうなぁ。…鈴木君。あのオッさんに『アナック』をリクエストしてきてくれよ、とにかくイイ曲だから」

少しして戻ってくる鈴木君。

「そんな曲は知らないって言ってます。それに、あの人達はベトナム人でした」

…カモちゃん。酔おう、とにかく。

▼コンダオ島

石斑魚とトラとカラオケ

ヘリコプターに乗っていた。

なんでそんな白々しいモノに乗っているかというと、南シナ海に浮かぶコンダオ島。そのガイドブックにも載ってない未知なる島に行くためだった。そう、探検である。

2年前、オレ達はタイ湾のカンボジア国境のギリギリのところに浮かぶフーコックという島を訪れている。同島はベトナムの母ともいえる調味料ヌクマムの特産地で、非常に美しいビーチが存在していた。が、その島のことすらほとんどのベトナム人は認知しておらず、今から行くコンダオ島はもっと知られていないのである。

そのことが端的に表れているのが、2つの島にアクセスする交通手段。フーコック島へは、メコンデルタの西端に位置するラックザーという港町から船の定期便が出ており、ホーチミンからは飛行機の直行便も出ている。

ところが、コンダオ島に行くには、往復160ドルもかけてヘリコプターで行くしか手段がないのだ。当然、ベトナム人はそんなモノに乗ってまでコンダオ島に遊びに行くはずもなく、外国からの観光客も噂にも上らない同島に行くモノ好きはほとんどいないらしい。ちなみに、鈴木君が入手したコンダオ島に関する情報、それは〃トラの檻《おり》〃と呼ばれるモノがあり、今オレ達が搭乗している24人乗りのヘリコプターが1年前に落ちているということだけだった…。

さて、オレはヘリコプターに乗るのは生まれて初めてである。しかも、機内にはモノ凄《すご》いプロペラ音と震動が響き渡っていて、約1時間15分のフライトはそんなモノに圧倒されながら、新沼謙治《にいぬまけんじ》のハトをどうやって全滅させようかとか考えて過ごすしかないと思っていた。ところが不思議なもので、この中では会話もできないという無力感と一定の震動。それがどういう訳か、なんともいえない睡魔を誘い、気が付くとヘリはコンダオ島の上空まで来ていた。そして、真横にある円い窓から下を見下ろした途端、とにかく

(ヤバい…)と思った。

真下に広がっている島。そこには、ただ木や草がジャングルのように茂っているだけで、リゾート的な要素はもちろんのこと、人が住んでいる気配すらないのである。

笑顔が素敵なガイドさん。が、趣味は出産

るカモちゃん。

「大ハズレかもしれねえな、ココに来たの……」

短い滑走路のようなものが1本だけある空港に降り立った途端、そんなことを言ってくるカモちゃん。

「鈴木君。ホントにホテルとかあんのかよ、この島に…」

「あの…パンフレットには国営ホテルが1軒あると書いてありますけど」

と、白い半袖《はんそで》シャツに濃紺のスラックスをはいた女性がニコニコ笑いながら近付いてきて、空港のスグ外に止まっているジープに乗るよう指示してくる。

「どうやら彼女は、国営の旅行会社サイゴン・ツーリストの職員らしいですね」

鈴木君がそう言い終えたと同時に、計8名がギュウギュウに詰まったロシア製のボロジープがスタート。そして、2分もしないうちに松山千春《まつやまちはる》の頭のような石がゴロゴロしている山道にさしかかり、片足がもげて狂ったバッタのようにジープが跳ね始める。

「か……かかかか河原をを走ってててるのとと同じじゃねええええか…へばっ！　痛てて っ!!　…ててて天井にあああ頭ぶつけけけたああああ〜〜〜」

「カカカカモちゃんんんん…ど、どこかににに、しっかりりりりつかまってた方ががが イイぞぞぞぞ」

「あああああああああのののの…」

「なななんだよよよよっ、ははは早くくく、しゃべれよよよ、鈴木くんんんん」

「ああああああああああああののののの…ぐんむっ!!」

どうやら舌を強く噛《か》んだ鈴木君は、目の前の助手席の背もたれに顔を埋《うず》めながら激痛と必死に闘っている。

ふと道路脇に視線を移してみると、舗装工事をしている日焼けして肌が黒檀《こくたん》のようになっている人夫達が手を休め、コチラの方を一斉に凝視していた。外国人に対する単純な興味と同時に、（なんでわざわざ外国からこんな所に……）という呆《あき》れのようなモノも宿っている彼らの目。……マジで大ハズレかもしれねえな、この島に来たのって。

ジープに乗り込んでから約45分後、ようやく超ガタガタの山道が終わり、ポチポチと左右に現れる石造りの古びた建物。さらに数百メートルほど進むと左手に小さな港がある海が出現し、ようやく平屋建ての白い建物の前でジープがストップする。ハードなスポーツのダブルヘッダーを消化したような疲労感。そんなものに包まれながら車から降りてみると、近くで堤防工事をしていた50人余りの人夫達が、例の目つきでオレ達のことを見続けている。が、なんだか知らないけど、その視線は主に鈴木君に向けられているような…。

「どうやら目の前のコレみたいですね…この島にある唯一のホテルというのは」

なぁ、鈴木君。それはオレでも予想がつくけど、おメーの首筋に早速とまってんだよっ。今度はライザ・ミネリーのようなド派手な蛾が！

オレ達が案内されたのは1泊40ドルの3人部屋で、その中はガラ〜ンとした物置に粗末なベッドを3つ並べただけ…という有様だった。前にも書いたが、周囲にライバルのない1人勝ちの国営ホテルというのは大体がこんなもんである。しかし、一応はリゾートだろ、ココって…。

「よし、釣りに行くぞ！」

　自分のバッグを入口から一番近いベッドの上に放り出し、嫌なモノは極力見ないようにするといった感じでさっさと部屋から出ていくカモちゃん。その後、ホテルの裏手に開けている200メートル四方ほどの冗談みたいな町。その中にかろうじてあった釣具屋を訪れてみたが、2年前に行ったフーコック島同様、ココでも竿《さお》などという上等なモノは存在しておらず、糸と釣り針が巻き付いたプラスチック製の丸い糸巻き、それが竿の代わりだった。

　港で、モーターボートに毛が生えたような小舟をチャーターし、沖に向かって突き進むオレ達。

「板谷君。タイのラオヤ島では負けたけど、今回の釣りは絶対勝つからな、俺」

　そう言いながら、オリジナルの仕掛けを夢中で作っているカモちゃん。彼はさっき訪れた釣具屋で糸巻き、糸、オモリなどを別々に買い求め、1本の糸に針が5本も付いているという欲張り大名のような兵器を誕生させようとしていた。そして、その様を舵《かじ》を取りながら愉快そうに眺めている2人の船員。

　しかし、毎回のことだが、釣りをする時になると、なんでカモちゃんはこうまでオレにライバル心をむき出しにしてくるのか。パチンコを打っていると、隣に座っているオヤジがたまにオレのことを勝手にライバル視して、コッチの台に当たりがくると露骨に焦った顔をしたり、逆に自分の台に当たりが連チャンすると、どうだとばかりにコチラをチラチラ見てきたりすることがある。今のカモちゃんもそれと同じで、オレは単純に釣りを楽しみたいだけなのに、勝手にファイティングポーズをとってくるのである。

ただ、今回に限っては、オレとカモちゃんは同じ魚をターゲットにしていた。その魚とは石斑魚《うぐい》。つまり、ハタである。鈴木君がホテルの従業員から聞いたところによると、このコンダオ島の近海ではハタがよく釣れ、運が良ければ80センチ以上の大物が上がることもあるという。この魚を上手に煮てもらうと、プリプリッとした歯応《はごた》えの白身。そして、皮と身の間にあるトロけるようなゼラチン質が口の中で絶妙に混ざり合い、脳味噌《のうみそ》がシビれるようなひと時を味わえる。そう、オレ達はそのハタを今晩のメインディッシュにしようとしていたのである。

港から3キロほど離れたポイントでようやく停まる船。普段は漁師をしている船員のオッちゃん達が用意してくれたイカの切り身を針につけ、早速それを船辺りから海の中に放り投げてみた。

（…ん。それにしてもなんか静か過ぎねえか？）

そう思って後ろを振り返ってみると、カモちゃんは釣り糸を綿アメのようにこんがらかせて般若のような表情でそれをほどこうとしており、鈴木君は真っ青な顔をしてベンチに仰向《あおむ》けになっている。

「どうしたんだよ、鈴木君？」

「……いや、ちょっと気分が……」

「ああああんんんっ!! このクソ糸、どうしてこんなんなっちゃうんだよおおおおおおおおっ!!」

オレの仕掛けに次々とヒットする小鯛《こだい》をトロピカル系にしたような魚。それを目の当たりにして、ついに綿アメのようになった部分をナイフで切り離し、それを忌々しそうに投げ捨てるカモちゃん。と、それが途中で風に乗り、物の見事に鈴木君の頭にカツラのようにかぶさる。自分の頭が一瞬にして白髪のアフロヘアになったのにもかかわらず、苦しそうにジッとしている鈴木君。

…プッ……プハッハッハッハッハッハ!! すまん、鈴木君。でも、今のおメーを見て笑うなっていうのは、マッシュルームカットの高倉健とニラめっこして勝つより難しいっつーの、ブハッハッハッハッハッハッハッハッハッハッハ!! あ〜〜〜〜〜苦しいっ。

その後、船員の1人が鈴木君の仕掛けを使い、計3ヵ所から次々と魚を釣り上げるオレ達。そして、それをアシストするかのように、鈴木君が寄せ餌《え》のようなゲロを海に向かってバンバン吐き始める。

——2時間が経過した頃だった。暗いピンク色の地に黒い水玉のような斑点《はんてん》が入った、直径40センチクラスのハタをついに釣り上げるカモちゃん。そして、彼は船員の1人にそろそろ港に戻ろう、といったことをジェスチャーで伝える。

「ねぇ、板谷君。オレが釣り上げたハタ食べたい?」

仕掛けを片付けながら、ニコニコ顔で話し掛けてくるカモちゃん。

「そりゃ食べたいよ…」

「じゃあ〝食べちゃちぇてくだピ〜〜〜〜〟って言った後に、身体を小刻みにプルプルって2回震わせてみ。そしたら食べさせてやるよ」

…なぁ、キチ○イ。勝利を満喫してんのはいいけど、少しは鈴木君を心配しろっつーの！ こんなに暑いのにもかかわらずブルブル震えてんじゃねえかよっ！

夕刻になり、ホテルのオープンレストランのテーブルに着くオレ達。

「大丈夫かよ、船酔いはもう収まったの？」

「ええ。さっきまでベッドで寝てましたから、もうすっかり治りました。…それにしても、この島に観光に来ているのはボク達だけみたいですね」

確かに鈴木君の言う通り、この島の唯一のホテルで夕飯の時間を過ぎても食堂に3人しかいないということは、たぶんそういうことなのだろう。

釣り対決に勝って上機嫌のカモ。死ねばいい

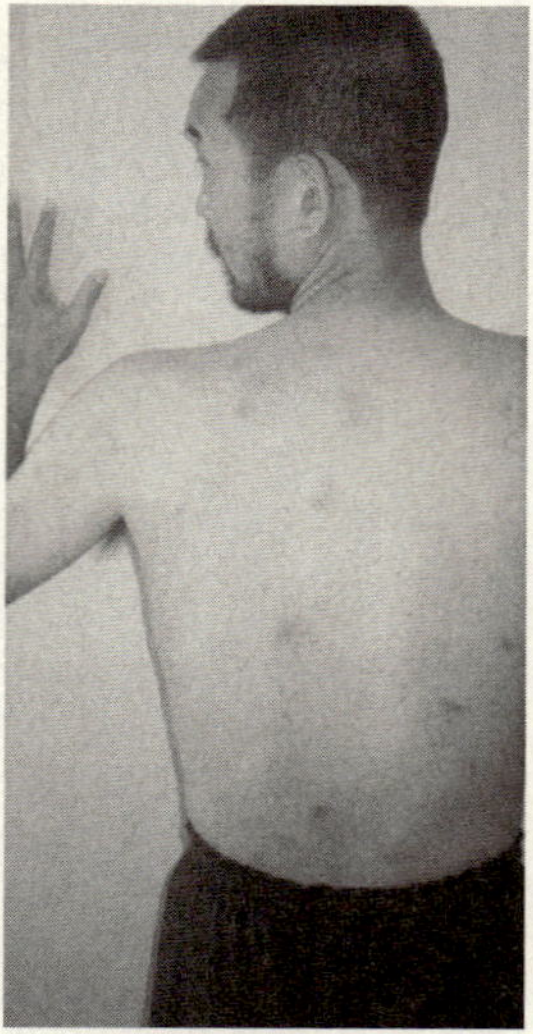

これが南京虫に刺された跡。とにかく薄汚い

「つまり、この島は俺達の貸し切りってことだな。…鈴木君、ホテルのコックにちゃんと俺の釣ったハタを料理してくれって頼んでくれた？」

「ええ。寝る前にあの魚を調理場まで持っていって直接頼みましたから」

「よし。みんな良かったな、俺が釣り上げた美味《おい》しいハタがこれから食べられるんだぜ、グへへへ」

10分後、皿の上に載って登場したハタを一目見た途端、自分の両親がシックスナインをしているのを目撃したような顔になるカモちゃん。

「揚がってんじゃねえかよ……それもケンタッキー・フライドチキンみたいに…」

翌朝、洗面所から聞こえてくるカモちゃんの叫び声。

「どうしたのっ⁉」

「背中が一晩中カユいと思ったら南京虫だよ、ホラ！」

「な…なんだよ、それ……」

カモちゃんの背中に星座のように広がっている虫刺されの跡。それはどれも直径が3センチ以上もあり、しかも、見事なドーム型に膨らんでいる。その膨らみ方がいかに凄《すご》いかというと、カモちゃんが白いTシャツを着ても、背中に20個近くのボコボコがあることがハッキリとわかるのだ。…よかったぁ、一番左のベッドに寝なくて。

朝食後、サイゴン・ツーリストの女性ガイドの案内で島内を見て回ることになった。とはいっても95%がただのジャングルのようなこの島に観光スポットのようなモノが点在しているわけもなく、ホテルの近くにある2つの施設を見学するだけらしい。

最初に連れていかれたのは資料館のようなところで、薄暗い館内に入ってみるとなんだかおどろおどろしいイラストや写真、そして、拷問道具のようなモノが並んでいた。

「ココには〝フランスの植民地になっていた時代にこの島の住人がどういう扱いを受けたか〟という資料や証拠品が主に展示されてるらしいです」

ガイドの説明を通訳して伝えてくれる鈴木君。確かに壁に貼られている各イラストに目を通すと、探検服を着た異常に鼻のデカいフランス人が描かれていて、そいつがガリガリにやせこけた大勢のベトナム人をムチで打ったり強制的に働かせてたりしていた。また、パネルに貼られた写真にはそれを裏付けるように、アバラ骨が痛々しいほど浮いた男や自分の家族の遺体の前で泣き崩れる女が写っており、所々に設置されているショーケースの中には当時使用されていた足カセやムチなどが収められていた。

正直、オレは驚いていた。それは、自分がいかに無知であるかを改めて思い知ったから

収容施設の大部屋。戦争当時、人々はこのように監禁され、この部屋は「死の部屋」と呼ばれていた

である。〝植民地〞という言葉。オレはそれを〝江戸時代、重い年貢に苦しめられる農民達〞とほぼ同じような意味で捉《とら》えていた。ところが、この資料館が物語っていること、それは植民地にされるイコール、奴隷になること…なのである。

自分や自分の祖先が〝住んでいるところを植民地にされる〞という目に遭っていないオレにとって、つい50年前までこんな奴隷化がまかり通っていたなんて事は、こういう証拠を実際に目の当たりにするまでは理解することができなかっただろう。戦争の悲惨さは伝えてもらう機会はあったが、奴隷の悲惨さを教えてもらう機会はなかったのだ。そして、ようやくオレはある事についても合点がいくようになったのである。

そのある事とは、自分の国を完全なる

独立国家にする…という北ベトナム軍&ベトコンの〝激しい執念〟についてである。難しく考える必要はない。単純な事なのだ。

——自分の両親がムチで打たれたり、目を覆いたくなるような拷問を受けたり、ボロボロになるまで働かされている姿を見続けてきた者。ソイツはどういう思いを抱くようになるかというと当然、そういう仕打ちをする奴らをやっつけ、家族共々自由に生活できる暮らしを手に入れたいと熱望するはずだ。そして、そういう者の中には、たとえ死に直面することになっても、敢然と目的に向かって突き進む奴が大勢いるのだ。なぜなら、突き進まなかったら両親は相変わらず苦しみ、自分にもそれと同じ仕打ちが待っているのだから。そういう歴史や切迫した事情があったからこそ、ベトナム人はフランス軍に続きアメリカ軍も追い出すことができたのだろう。

次の施設に向かっている途中、鈴木君がこんなことを教えてくれた。

「ホテル周辺やその裏にある町の中には、石造りの古びた建物が点在してますよね。あれらは植民地時代に、フランス人によって建てられた役所とか宿舎の跡だそうです。ガイドさんの話では、当時は東インド会社の支社もあったりして、フランスにとってこの島は割と重要な拠点だったらしいんですよ。それから、あの、今から行くトラの檻《おり》と呼ばれる収容施設も元々は1952年にフランスが作ったもので、それをそのままアメリカ軍が北側の政治犯や兵士を収容するのに使ってたそうです」

「トラの檻っていうのは牢獄《ろうごく》のことだったのか…。でも、なんで檻の前にトラっていう文字が付くの？」

「そこまでは聞いてないのでわかりません…」

数分後、高さ3メートルはある塀に囲まれたコンクリート造りの味気ない建物の前に立つオレ達。

「アメリカ軍は、ココに送り込んだ北側の政治犯達の監視を自分らでは直接タッチせず、南ベトナム軍にやらせていたそうです」

ガイドからの説明を再び通訳して伝えてくれる鈴木君。

「うわっ、カビ臭！」

建物の1階にズラリと並んだ頑丈そうなドア。その1つを開けてのぞき込んだカモちゃんの口から、そんな言葉が弾《はじ》ける。オレもカモちゃんの背後から首を突っ込んでみると、中は3畳強の縦長の部屋になっており、部屋が半分段差になっている。段の高い方にはパイプが1本通っていて、それに5、6個の足カセが固定されていた。

「ひでえ事するよな…。このクソ狭い部屋の中に5、6人を詰め込んで、その両足をパイプに固定して1日中閉じ込めとくんだぜ。完全に人間に対する扱いじゃねえぜ、コレって」

島の所々に残るフランス人が建てた施設。とにかく不愉快

が、当時の状況はそのカモちゃんの想像をはるかに凌《しの》ぐものだった。

建物の2階に上がってみるとガラーンとしていて何もなかったが、下を見ると真ん中にコンクリートの細い通路が走っており、その左右は太い鉄格子の床になっていた。そう、中央の通路の左右に30ずつある1階の小部屋、その中の様子を2階から常時監視できるようになっていたのである。そして、オレはようやくココが何でトラの檻と呼ばれていたのかがわかった。要するに、天井が鉄格子になっている1階の部屋は、ここから眺めると猛獣の檻に見えるのである……。

「投獄された人達はここから24時間監視され、水や小便やツバなどをかけられたらしいです。そして、かなりの人が亡くなったらしいのですが、死因のほとんどが極度の栄養失調だったそうです…」

「人間っていうのは、24時間監視されたままでいると1週間で気が変になるっていうけど、食事も満足に与えられなかったのかよ…」

しかし、どうして自分と同じ民族に対して、こういう事ができるのだろうか。しかも、自分達を少し前まで苦しめていたフランス軍の造った施設を使い、アメリカ人という外国人からの命令で……。

ちなみに、当時このトラの檻の存在を知っていたアメリカ人は一部の軍人だけだったらしく、運良くココから出られたベトナム人の学生が、たまたまサイゴンを訪れていたアメリカの上院議員にこの収容所の惨状を直訴し、アメリカ政府が調査してみたところ、あま

海水浴。鈴木君の顔がスグに死ぬ宇宙人に

りにもヒドかったので1970年からは使われなくなったという。つまり、敵側でさえも呆《あき》れるほどの有様だったのだ。

その後、気分を変えるため、ホテルから200メートルほど離れた所から扇状に広がっている海水浴場に行くことにした。ところが、急に天気が悪くなってきたばかりか、ビーチの前の海は砂が舞って透明度がほとんどなく、いるのはオレ達3人だけ…。たちまち島流しにされたような気分になったオレ達は、それでもだだっ広いビーチで各自好きなことをして遊ぶことにした。

海の中に胸までつかりながら短い釣り糸を投網《とあみ》のように投げるという、釣りの起源のようなことをしているカモちゃん。浜辺に女座りをしながら黙々とアサリを掘り続けている鈴木君。ビキニパンツ一丁で浜辺に大の字になり、鳥肌を立てながら日光浴をするオレ。

——今から8年前、オレは王様ゲームの元祖ともいえる残酷スゴロクというものを作り、それを地元の友達とやることにした。各マス目に書かれている罰ゲームの中で最もキツかったのが、〝36時間以内に兄弟と海水浴に行き、ナンパした女とビーチでフレンチキス。

もちろん、兄弟にその証拠写真を撮らせる〟という項目で、オレはサイコロを3回振っただけでそのコマに止まってしまった。そして翌朝、弟を無理矢理叩《たた》き起こして伊豆の海に行き、三原じゅん子の顔に20トンの水圧をかけたような超安牌《あんパイ》の女にキスを迫ったところ、近くの派出所に駆け込まれたので慌てて逃げ帰ってきた。が、この島での海水浴はそれよりつまんなかった…。

さて、そうこうしているうちに夜になり、ホテルの裏手の町中にある1軒のカラオケ屋を訪れるオレ達。実は昨夜、何をして時間を潰《つぶ》そうか困りながら町をフラフラしていると、怪しい顔つきをした兄ちゃんが声を掛けてきて、ピチピチしたコンパニオンが隣に座ってくれるカラオケ屋に案内してやるという。で、そのカラオケ屋の個室に入っていくとジュゴンのようなガタイの3人のオバちゃんが登場し、缶ビールをわんこソバのようなペースでガバガバとグラスに注いできたのである。

が、この何もない島での夜の娯楽。それはジュゴン付きのカラオケ屋で飲んで歌う以上のものは存在しておらず、オレ達は再びその店を訪れるしかなかったのだ。ところが、今夜に限って店内の個室は島民達で全て埋まっており、しばらくそのカラオケ屋の前でどうしようか考えていると、昨夜オレに付いたオバちゃんが慌てて出てきて、

「15分ぐらいで空き部屋が出るから！」

と言って、プラスチック製のイスを3つ入口脇に並べてくれた。

「板谷君はどうやら、あのオバちゃんに気に入られちゃったみたいだね。クックックッ」

「何言ってんだよっ。アンタだって昨夜、カマキリのような顔をしたオバちゃんと1本のフライドポテトを両端から食い合ってたじゃねえかよ。…ところで鈴木君。漠然とした質問だけど、日本人っていうのはベトナム人に割と印象がいいの？」

「…そうですね。韓国や台湾の人よりかは好かれてますよ」

「なんで？」

「2、3年前ぐらいですかねぇ。ホーチミンにある韓国や台湾資本の工場で働いているベトナム人。彼らがミスをすると駐在員に暴力をふるわれている…という記事が新聞に載ったんですよ。それから韓国人や台湾人に対する印象が一気に悪くなったみたいです。また、彼らは売春婦を買っても、行為を済ませた後で決まっていた料金を値切るらしいんです。それに比べれば日本の企業はかなり前からタイなどに工場を作ってましたから、現地の労働者の扱い方も勉強していて上手にコントロールできるようになってますし、旅行者だってあまり悪さをしなくて、おまけに金払いもいいですしね」

「ふう〜ん。つまり、日本人は…」

と、そこまで言いかけたところで突然座っていたイスがフニャンとゆがみ、次の瞬間、バキバキッ！という音と共に地面に尻《しり》モチをつくオレ。

「あっ…グッハッハッハ!! 板谷君、座り壊してやんのっ、自分が腰掛けてるイスを！　グハッハッハッハッハッハッハ!!」

カモちゃんの笑いを聞きつけ、モノ凄《すご》い勢いで集まってくる島民達。そして、30秒もし

カラオケ屋の店員と。政治問題を語らせたら「徐々にやれ」の一言で済ませる女のような気がした

ないうちに約50人に指を差されて爆笑されるオレ。ちなみに、ベトナム人の笑いの発火点は異常に低く、バナナの皮で滑って転ぶ…といったベタな事でも爆発的にウケる。が、おメーらの中の一体何人がイスが木っ端微塵《みじん》になった瞬間を見たんだっつーの！　バカっ！

ようやく昨夜と同じ個室に通され、早速オバちゃん達にビールをドボドボ注がれるオレ達。どうやら彼女達は通常は雑務をこなしているだけらしいのだが、オレ達のような外国人が訪れた時にだけコンパニオンに早変わりし、とにかくビールをたくさん飲ませて料金を一銭でも多くふんだくろうとしているのだ。で、昨夜は見事その術中にハマってしまったが、今回は彼女らがオレ達の恐ろしさを思い知る番だった。

オバちゃんに圧倒される鈴木君(草食動物)

しこたまビールを食らった後、カモちゃんが性懲りもなく歌う『セイビング・オブ・マイ・ラブ』。それが進軍ラッパとなり、鈴木君がそのメロディーにあわせるかのようにシットリと隣のオバちゃんに巻きつき始める。

メス猫が前を横切ってもチンコが立つようになったオレは、もたれかかってきたオバちゃんにシェリー酒を飲んだプレスリーが繰り出すようなディープキスを敢行。続いて、カマキリ顔のオバちゃんに背中の南京虫に刺された跡を嬉しそうに見せ、ソファにうつ伏せになりながら、細かくカットされたパイナップルをその跡の上に1つずつ置かせるカモちゃん。そんな強烈な性癖を目の当たりにしながらも、オレのディープキスは依然として続いていた。が、左目の端っこにオバちゃんとタンゴのようなものを踊っている鈴木君の姿。それが映り込んできて思わず吹き出すと、キスしているオバちゃんの頰が殿様ガエルのように膨らむ。

その後、10分ぐらい笑いが止まらなくなっていると突然、個室を出たスグの所にあるトイレから響いてくるカマキリの叫び声。フラつきながら様子を見に行くと、トイレの中で素っ裸のカモちゃんが壁に向かって逆立ちをしていた…。

翌昼、二日酔いのままヘリコプターに乗り込み、あわただしくコンダオ島を後にすることになった。——ガタガタの山道や港の近くにいた大勢の人夫が物語るように、現在、同島はベトナム政府によってリゾート開発が急ピッチで進行中である。が、外国からの観光客…いや、少なくともアジアからの観光客を呼び込むためには、手近でキレイなビーチが多数存在するサイパン、グアム、タイのプーケット島…などに勝たねばならない。だけど、残念ながらこの島には、その要素が全く見つからないのだ。

また、どういうわけかベトナムを旅することを異常に好むフランス人に期待しても、島でのリゾート感覚を味わいたければフーコック島の方に行ってしまうだろう。つまり、いくら頑張ったところでコンダオ島のリゾート地としての未来は暗いと思うのだが…。

そんなことを考えながら機内でウトウトしていると、鈴木君がオレの肩を叩き、

「今、ベンチェの上空ですよ」

と声を掛けてくる。横の窓から下を見ると、ヤシの木の緑に覆われた大地に何本ものメコンの支流がヘビのようにウネウネと走っていた。また、前方に視線をパーンさせると、遠くにホーチミンのビル群が林立しており、そのコントラストが、窓の外の景色全体に気が遠くなるような奥行きを与えていた。

オレがこんなダイナミックにナマで地球を眺めたのは初めてであり、このパノラマをもう一度見れるなら再びコンダオ島を訪れてもいいかぁ〜という気分になった。——以上です、キャップ。

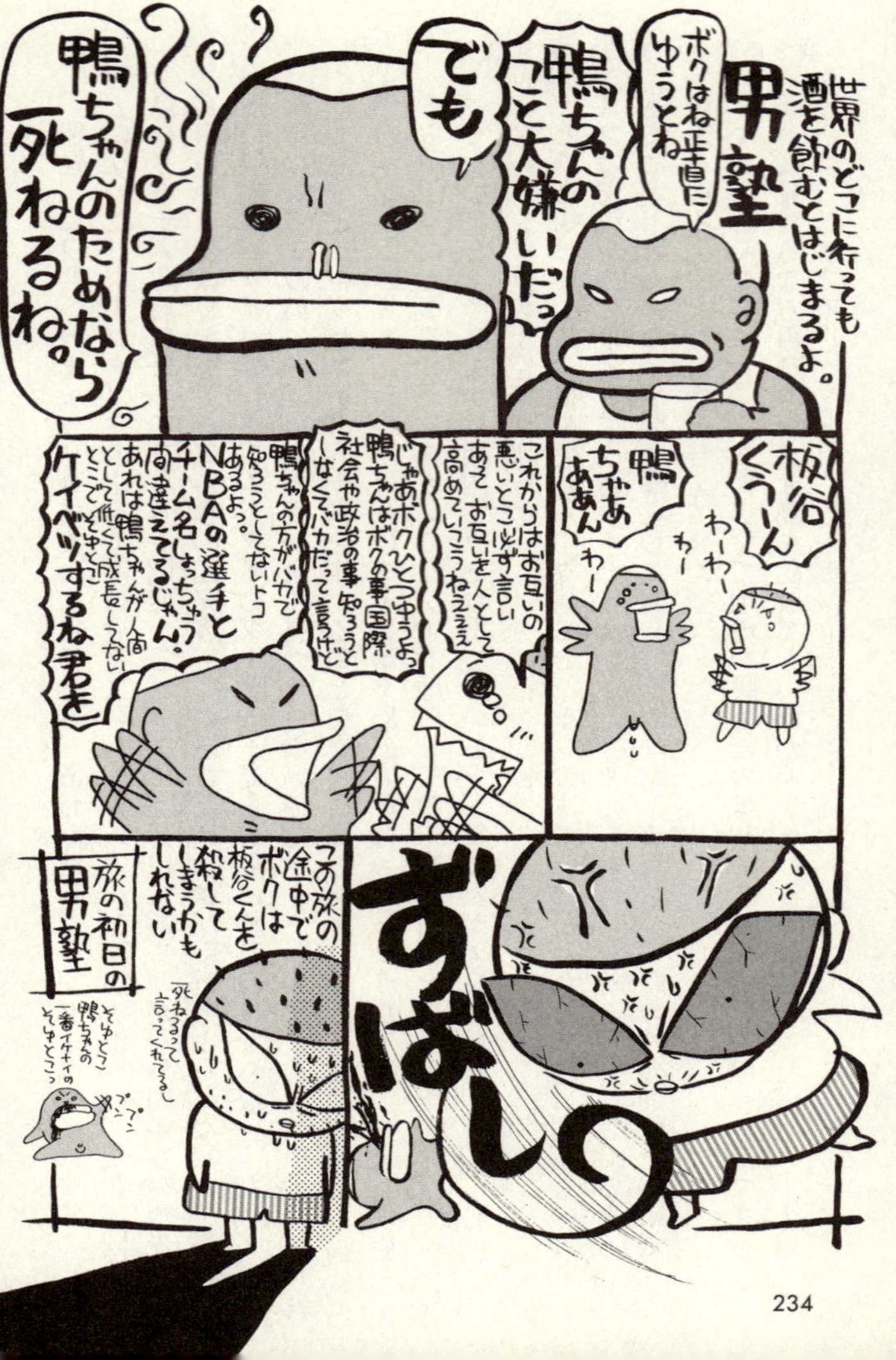
世界のどこに行っても
酒を飲むとはじまるよ。
男塾
ボクはね正直にゆうとね
鴨ちゃんのこと大嫌いだっ
でも
鴨ちゃんのためなら死ねるね。
板谷くぅーん
鴨ちゃぁあぁん
わーわー
わー
これからはお互いの悪いとこ必ず言いあって お互いを人として高めていこうねえええ
じゃあボクひとつゆうよっ 鴨ちゃんはボクの事国際社会や政治の事知ろうとしなくてバカだって言うけど
鴨ちゃんの方がバカで知ろうとしてないトコあるよっ。
NBAの選手とチーム名しょっちゅう間違えてるじゃん。
あれは鴨ちゃんが人間として低くて成長してないとこで そゆとこ
ケイベツするね君を
ずばしっ
この旅の途中でボクは板谷くんを殺してしまうかもしれない
死ねるって言ってくれてるし
旅の初日の男塾
そゆとこ 鴨ちゃんの一番イケナイのそゆとこっ
プンプン

朝からもうはじまってるよ
男塾
この男旅では一ケ月以上も二人は同じ部屋。鴨男塾としてはシャワートイレなど恥ずかしがってすみで服を脱ぐなどもってのほか。毎日毎朝
ばしっ
ずぼっ
ちんこもろだし男塾
でも本当はいつも板谷くんにみせる前にちょっとダケ大きくして見栄をはってる
いぢり
同じことをしてて
あ
ボキも
にょーん
ああああ
いたらほんごとになっておさまらなくなったよ
にょん
にょん
鴨ちゃあああああん
このままだとぶん晒られておこらえてこっちが負けになるからせんせいこうげき
ほうれ剣道剣道
ああああああああああ
ウラ声
しゃかしゃか
ずんずんずん
しゃかかか
本日の男塾ボキの勝ち
by 花さきみだれるホーチミンにて
むーん マンダーム

第 4 章

ベトナム中部

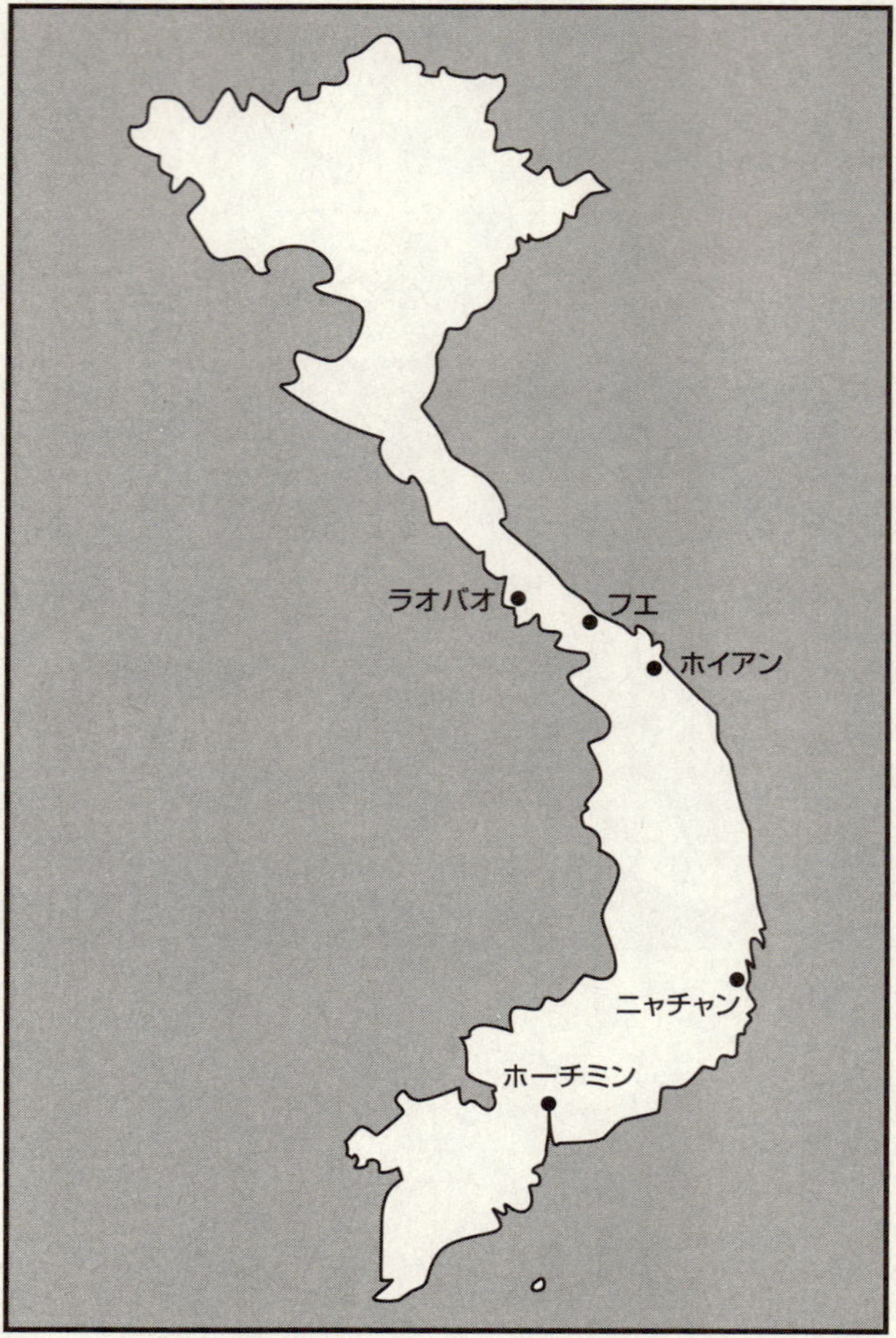
ラオバオ
フエ
ホイアン
ニャチャン
ホーチミン

▼ホーチミン▼ニャチャン

バスツアーと中野ちゃん

コンダオ島からホーチミンに戻ってきたオレ達は、『ジャイアント・ドラゴン・ホテル』で1泊。そして翌朝、ホテルから200メートルほど離れたシンカフェへ向かった。

このシンカフェというのは、最初は単なる喫茶店だったらしいが、その後、ゲストハウス（外国人旅行者向けの安宿）の経営にも乗り出した。また、93年にベトナム政府の開放政策の一環として旅行者に移動許可が要らなくなったのを機に、翌94年からは格安の料金でメコンデルタの各観光名所にツアーバスを出すようになる。そして、現在ではそのツアーコースは北のハノイにまで拡張し、ホーチミン〜ハノイ間に定期バスを往復させ、チケットを買った人はその間にあるどの街から乗っても降りてもOK——というオープンツアーを定着させるまでになっている。

オレ達はその驚くほどこぢんまりとしたツアーオフィスで、中部にあるフエという街にまで行けるオープンチケットを買った。

ベトナムの国土は九州を除いた日本のような形をしており、面積もほぼ同じくらい。で、南にあるホーチミンを広島とするならば、フエはちょうど仙台の位置に相当する。その間の街で自由に乗り降りできて、料金は1人27ドル。なるほど、確かに安いわ。

ちなみに、国営列車の棺桶《かんおけ》のようなベッド。それに横になって同じ距離を移動すると1万円近くの料金をふんだくられ、また、ローカルバスを乗り継いで行こうものなら、2人掛けのスペースに3人が押し込まれて、フエに着く頃には心身共にボロボロになる。それに比べてシンカフェのバスは、日本の観光バスと同じくシートもゆったり取られていて、しかも、この料金である。バックパッカー達のニーズに的確に応《こた》えてきたシンカフェが、瞬く間にサ店から民営の旅行会社に成長していったのは当然のことだと言えよう。

シンカフェのオフィスの前には欧米人に混じって、日本の若い旅行者の姿もチラホラ見受けられた。そして、その中に日本では間違ってもモテはやされそうもない、ストレートにいえば2人組のブスがいた。1人はスナメリにカツラをかぶせたような感じで、もう1人は頭を金髪にしているものの、それが平安美人のような顔と核兵器級のミスマッチ感を発生させていた。その上、彼女達はシンカフェの小柄な従業員、その男の尻《しり》やチンコ部分にふざけながらタッチしてキャハキャハ笑っていた。

まだ昼にもなっていないというのに、同じ日本人のいる前でそういう香《かん》ばしいことをしている彼女達。が、そんな2人組を間近で眺めていても、オレは不思議と嫌悪を感じなかった。2人の実にイキイキとした表情。それは〝自分達がホントに楽しめる場所を見つけた〃ということを物語っており、オレの目にはとてもいじらしい光景として映っていたのだ。

前回のタイ。そして、今回のベトナムを旅してわかったことだが、日本のバックパッカーには2種類のタイプが存在する。せっかく日本の喧噪から抜け出してきたんだから…ということで同じ日本人を意識して避ける者。そして、情報収集とか安心感を得るために、逆に積極的に声を掛けてくる者に大別できる。そういうことで考えるなら、目の前のブス2人組はその開き直り方からして前者の方に属するのだろう。

ま、どちらのタイプでも別にオレはいいのだが、日本のバックパッカー達の間ですでに確立されている感もある1つの風潮。それに対してだけはイイ加減嫌気がさしてきた。

その風潮とは〃過剰なまでの節約自慢主義〃である。こんなオレ達でも時々、日本の若い奴らにオッかなビックリ声を掛けられることがあり、友好的に対応していると徐々に彼らはリラックスしてくる。で、必ず最後に自分らは1日の食費を何円で過ごしているとか、売春婦をわずか4ドルで買った…といったことを、敵の総大将の首でも取ったかのように自慢してくるのである。

いかに少ない金で外国にできるだけ長く滞在する。その事にこだわるのもいいが、たった20円をケチったばかりにその国でしか味わえない美味《おい》しい料理を食い逃したり、わずかな交通費を節約して炎天下の中を長時間歩いた結果、その消耗から物事に取り込む感覚を何日間にも渡って鈍らせてしまうこともあるのだ。おまけに、日本に帰ったらそんな節約生活はケロリと忘れ、携帯で無駄話ばかりしているとしたら、そんな自慢を聞かされる方はタマったもんじゃない。要するに、青臭いオナニーを見せられるようなもんなのである。

話を戻そう。

その後、ようやくバスに乗り込んで車内を見渡してみると、オレ達以外はすべて欧米からのバックパッカー……だと思ったら、おいっ、オレの真後ろの席に割とマブい日本の女のコが座ってんじゃねえかよっ。しかも、たった1人で……。

オレの中でたちまち激しく響き始める竜童組の和太鼓の音。が、もしかしたら彼女は同国人をうっとおしがるタイプかもしれないし、情けない話だが先日のナンパの失敗でオレの心は赤ちゃんの肌のようにナイーブになっていた。

ところが、その一方で、オレの脳味噌《のうみそ》は彼女を勝手に「アケミ」と命名。そして、頭の中のミニシアターに（ヘビに嚙《か》まれた直後のオレの足首から、直接口で毒を吸い出してくれるアケミ…メコン川の上に次々と打ち上げられる花火をバックに、気でも狂ったかのように舌を絡ませるアケミとオレ…蚊帳《かや》の中でドラムソロのようなSEXを演じるオレとアケミ…火照り返ったオレの裸体に、口に含んだテキーラを吹きつけてくるアケミ…）といった油っこい映像を破竹の勢いで作り出していた。

それを実現するとなると、急激に邪魔になるのははだしのゲンと鈴木イグレシアスだが、そうかといってこの2人をどこかの街でまくわけにもいかねえし……。何考えてんだろ、オレ。

そうこうしているうちに、約30名を乗せたシンカフェのバスは市街地を完全に抜け、閑散とした田舎道を進んでいく。つまり、オレ達はようやくホーチミンに別れを告げることになったのだが、この国での滞在日数は後１週間ちょいになっており、コンダオ島へのヘリコプター料金が響いて経費の残りも風前の灯火《ともしび》になっていた。

途中、バスは１軒の安食堂の前で止まり、そこで昼食タイムとなった。オレ達が店内の隅っこにあるテーブルを陣取っていると、例の女のコがその前にフラフラ近付いてくる。

「あ…あの～、もしよろしかったら御一緒しませんか、ランチを…」

気が付くと、大泉アキラが演じるインチキ公爵のような言葉を掛けていた。

「あ…はい。じゃあ、いいですか、ココに座っても？」

そう言って、鈴木君の隣の空いている席にゆっくりと腰を下ろす彼女。

「ひ…１人で旅行してるの？」

誘いを断られなかったことに喜びを感じながら、わざとらしくそんな質問をするオレ。

「はい。…まだ海外は２度目なんですけど」

「学生さん…でしょ？」

「アハハ、そう見えますぅ？　私、大阪でＯＬをやってたんですけど、先月その会社を辞めて…それでイイ機会だから何ヵ月かかけてアジアを回ろうと思ってるんですよ」

「男に捨てられたから？」

精神的な救世主となった中野ちゃん。が、鶏肉が食べれない

(だからカモちゃん、そういう美川憲一《みかわけんいち》みてーな事をいきなり言うなっつーの！)

「えっ、そんなんじゃないですよ、アハハ。…仕事に疲れちゃったからかなぁ」

「仕事に疲れたからって…君は社会人になってからまだ2、3年だろ。一体いくつなんだ、君は？」

(しょっぱなから年を尋ねるなよっ。ハカイダーかっ、お前は！)

「私、よく幼く見られるんですけど……実は31なんです、エヘヘ」

「いいじゃねえかよ、31だって。オレは34だよっ」

(だから、なんでそんなに攻撃的なんだよっ、おメーはあああ！ TPOを考えろよっ！)

「はい、名前は？」

「…中野ですけど」

「君にとって旅とは？」

(イイ加減にしとけや、キチ○イ！ だからオレ達はいつも女に相手にされないんだよっ!!)

ベトナム中部の風景。関係ないけど、オレ的にはなんか似てんだよな〜。
松嶋奈々子と白い碁石って

…それから鈴木の旦那《だんな》。おメーもさっきから暗記の天才少年みてーな顔して地味に気取っててんじゃねえよっ。何か言葉をはさむとかして、アル中の尋問を止めさせろっつーんだよ！

再びオレ達を乗せて走り出したバスはスグに山間部へとさしかかり、それから延々と乾いた大地が続く。バサバサの白茶けた土は肥えてないことが一目でわかり、川もなく、左右にはボコボコした背の低い岩山が連なるだけ。時たま放牧されている牛の群が車窓の外を流れるが、柔らかそうな草がその周辺に密集しているわけでもなく、その代わりに高さ60センチぐらいのサボテンが点在していた。

全国土の4分の3が山岳地帯に占められているベトナム。現在、オレの目に映っている荒涼とした景色はメコンデルタのそれとはあまりにも異なっていた。ホーチミンから下のメコンデルタ、そして太い紅河《ホン》が平野部の中心を走る首都ハノイ。その間にある縦長の中部には、貧しい村や町が集中しているらしい。…ま、それもしょうがねえよな。これじゃあ開発しようもねえもの。

ホーチミンを出発してから約9時間後、ようやく本日の終点地であるニャチャン。その中心街にある1軒の大きなホテルの駐車場にバスがすべり込む。このニャチャンという所は、ベトナムを代表する海沿いのリゾート地で、白い砂浜とコバルトブルーの海に惹《ひ》かれて、最近では外国からの旅行者も大勢訪れるようになったらしい。

「2人部屋で8ドル、1人部屋だと6ドルだって。ココに泊まろう」

目の前に立っていたホテルの従業員に料金を英語で尋ね、即決するカモちゃん。しかし、ホテルが集中する大きな街と田舎町ではこうも値段が違うとは……。

「オ、オレ達はこのホテルに泊まるけど……どうするの？」

昼食後からは一言も口をきいていない中野ちゃんに、思い切って声を掛けてみた。

「そうですね……私もこのホテルにしようかなぁ」

「じゃあ、オレ達と一緒に晩メシ食いに行かない？」

「うん、いいですよ」

1時間後、時間ピッタリに待ち合わせ場所となっている1階の小汚いロビーに現れる中野ちゃん。ジーパンをスカートに履き替え、うっすらと化粧を施した彼女の顔を間近で目にした途端、身体がケイレンするような喜びがわき上がってきた。

欧米人から真鯉として敬遠され、抱きビアではボッタクられ、日本の２人組の女のナンパに惨敗し、いまだにオナニーの１本すらできないオレは、

(このベトナムに、オレをまともに相手してくれる女は１人もいないのだ)

というパラノイアに陥っていた。それがドレスアップ&化粧付きで約束を守ってくれた中野ちゃんのお陰で一気に吹き飛んだ感じだった。

ところが、そんな喜びに身体を貫かれているのにもかかわらず、不思議と食事の後で何かしてやろう…というヨコシマな考えは一切浮かんでこない。物心ついた頃から、目に入ってくる女の６割以上と無条件でＳＥＸがしたくなるオレ。が、この時のオレは、心の喜びが性欲に完全に麻酔をかけたのを生まれて初めて体験したのである。

その後、ホテルから少し歩いた所にあるシーフードレストランのテラスにあるテーブル、そこで食事もソコソコに酒盛りを始めるオレ達。

「中野ちゃんはさぁ〜、このベトナムの次はドコを回んの？」

「一度バンコクに戻って、それからフィリピンとかブルネイに行こうと思ってるんです」

「まだ早い、君には！」

「カモ〜〜〜〜〜っ！　だからそんな事ばっかりコイてんじゃねえっつーの。シラケるんらよ、とにかく！」

「うるせえ！　なにがシラケるんらよだ、俺は真剣に彼女のころを心配してるんらよっ」

その後、しばらく続くカモちゃんとの言い合い。が、そうしている一方で、オレの耳は中野ちゃんと鈴木君の会話をしっかりと捉《とら》えていた。

「皆さんは何をしている方なんですか？」

「あの……ボクは強いて言うならばベトナム在住のジャーナリストで、あの2人は何かハレンチな本を作っているみたいですよ」

「えっ、鈴木さんはベトナムに住んでるんですか」

「ええ…この国のイデオロギーを吟味できるだけの心の土壌、それを作っているうちに、いつの間にか住みつくようになってたんです」

「へえ〜、スゴ——い。鈴木さんて、小さな頃から知的だったんでしょ。ウフフ、なんかそんな顔してるもん」

「知的というより…真実の追求者…だったんでしょうね。ファーブルは虫を追いかけたけど、ボクは真実を追いかけるみたいな。ま、タチの悪い男ですよ…笑って下さい」

(なぁ、鈴木君。今回は聞こえなかったことにしとくが、そういうのはもう止めといた方がいいぞ。おメーが女にモテねえ108つの理由の中で、1番の目玉がソレなんだよ)

中野ちゃんという観客を得て、その後も中学生のようにハシャギ続けるオレ達。こんなに張り合いを持って言葉を吐き連ねたのは久々の事だった。

ところがである。オレは間もなくオオカミ男張りの大変調を来すことになる…。

▼ホイアン▼フエ

ダメ国営ホテルと絶不調状態

翌朝、目覚まし時計の音でベッドから起き上がると、なぜか顔面だけが妙に熱かった。

(あれっ、カゼでもひいちゃったかなぁ…)

40分後、ホテルの前に着けられたシンカフェのバスに乗り込むオレ達。本日のバスは昨日乗ったバスよりさらに大型で、座り心地は最高だった。が、終点地であるホイアンという町までは約12時間かかると聞いて、ゲッソリとした気分になる。

バスのエンジンがかかったと同時に、中野ちゃんの顔が頭に浮かんできた。彼女はこのニャチャンで2、3日ゆっくりするらしく、昨夜の2時にホテルの1階のロビーで、

「大丈夫ですかぁ…階段の途中で寝ないでくださいよ〜」

と笑いながら声を掛けられたのが実質的な別れとなった。

海岸線をひた走るバス。波もほとんどない湖のように穏やかな海だった。背の低いコンクリートの塀で四方を囲んだ魚の養殖池が水際に多く見られるようになり、道が少しだけ海岸から離れる所では水田も広がるようになってきた。その目が覚めるような緑の中にポチポチと点在する純白の点。目を凝らすとそれはサギのような鳥で、どいつも置物のようにあまり動かない。こういうノンビリした所では、鳥もああなってしまうのだろうか。

バスの中では昨日とは違った顔ぶれの欧米人達が、初対面同士でクラッカーやビスケットを分け合っていた。毛唐共というのは、どうしてそういうことができるのだろう。小学校の遠足の時からお菓子は1人300円までと決められ、沖縄出身の奴の、

「先生、豚足はおやつに入るんですか？」

という質問に笑いながらも、自分のお菓子はビタ一文クラスメイトにやらなかった。そして、今でもレストランなどに行き、自分の皿のハンバーグの脇に積まれているフライドポテト。それを友達に指差されて、

「1本ちょうだい？」

と言われても、それをシャットアウトするオレにとっては、欧米人達が今やっているのはバカの名刺交換にしか見えないのだ。

第一、オレの前に座っている体重140キロぐらいあるオヤジなどは、ビスケットを1枚もらっても象がイチゴを1個食うようなもの。それなのに極上の笑みを浮かべやがって。つまりは〝しばらく一緒に旅することになるので仲良くいきましょう。コチラは敵意はあ

絶不調中のオレとバスの車掌(谷村新司)。生まれてから最も嬉しくもなんともないツーショットだった

りませんから〟という保険をかけてやがるんだ。たった1枚のビスケットで。

少しすると、欧米人のクラッカーの箱を持った左腕がカモちゃんの鼻先に伸びてきた。次の瞬間、バスの中に響く〝ノー・サンキュー!〟という声。よしっ。さすがは兵隊ヤクザだ。おメーら、よく覚えとけ。おメーらは、たしかに東洋人と比べると派手で大きい。けどなぁ、それを屁とも思っちゃいねえ日本人だっているんだよっ。心の底では東洋人を見下しやがって。

途中の田舎道にポツンと建っていたレストランで早めの昼食となった。オレ達3人はバスに同乗した欧米人にもすでに〝真鯉〟と認定されており、どのグループもオレ達と離れたテーブルに座りやがった。オレの中に久々にある癖というか、習慣が蘇《よみがえ》ってきた。

10代の頃、街中やディスコ、はたまた電車の中でも目が合ったというだけで、オレはよく殴り合いを演じていた。そんなこともあってバカだと思われるかもしれんが、家族や友達以外の少なくとも自分に対しての友好関係が約束されていない奴ら。そんな10～40代までの男達とある空間で一緒になったりすると、真っ先に、

(コイツら全員がいきなり攻撃してきたら、それをどう打ち破るか)

ということを考えてしまうのである。そして、その自分の攻撃の仕方を頭の中でシミュレーションし、これなら勝てると思ったところでようやく落ち着くのだ。

実際、昔はそれをしとかないと間に合わないことも多かった。不意をつかれた先制攻撃。ケンカで一番注意しなきゃならないのがソレだった。

今回のケースでは約25名中、戦闘能力を持っている10～40代までの男が11名。…いや、欧米野郎は50代でも割とパワーがあるから13名としとこう。コイツらを3人…いや、オレとカモちゃんでやっつけるには1人か2人を集中的にメタメタにし、残りの10、11名の戦闘意欲に麻酔をかけてしまうか、そうじゃなかったら確実に武器が必要になる。となると武器は…今、座ってる鉄の折り畳み式のイスか？　いや、敵だってそのイスを持つこともあるし、イスで夢中で人を殴っているとネジの部分とかに自分の手を引っかけて裂傷を負う場合も多い。…となると、あそこで長いナタでヤシの実の皮を叩《たた》き切っている現地のオ

バちゃん。彼女のところに真っ先にダッシュして……あ〜〜〜どうでもいいけど、マジで身体がダルくなってきたぞ、おい…。

このレストランでの注文、ソレを決めたのもカモちゃんだった。ベトナムのこういう安メシ屋に入ると、オレと鈴木君がメニューを見ている間に、必ず奴は白いゴハンとオカズ3品を勝手に注文してしまう。そして、

カモちゃんがいつも懲りずに注文する魚の輪切り。とにかくマズい

「これでいいよね」

と言ってオレ達の手からメニューをひったくり、店の者に返してしまうのだ。

で、そのオカズ3品の中に必ず魚料理が入っているのだが、たいがい鯉の輪切りのような代物が出てくる。そして、ソレが決まって激マズで、その度にカモちゃんは失敗したと悔しがるのだ。やっぱり奴の頭の中には赤い虫が何匹か棲《す》んでいる。

出てきた料理は全てヒドかった。全品、化学調味料がバリバリに効いており、しかも、眠りながら作ったような味付けがなされていた。と、店主らしきオバちゃんを呼びつけ、英語で何か文句を言うカモちゃん。

が、オバちゃんは顔をキッとさせて黙って去っていく。

「ダメなんだよっ。マズい店にはハッキリとマズいと言ってやらなきゃ。タイに住んでる華人なんて当たり前にいうからな。あのババア、怒るエネルギーがあるならソレを料理に向けろってんだよ！」

確かにカモちゃんは正しいと思った。

このオープンツアーで寄った2軒の安レストラン。それはシンカフェに自動的に客を連れてきてもらえるせいで、明らかに料理が手抜きで、しかも、上等な料金を取りやがるのだ。

シーンと静まり返った店内で、欧米人達の視線が一斉にオレらに向いていた。ざまあみやがれ！　これが真鯉という生き方なんだよっ。白チン野郎！

すっかり日が暮れた頃、ようやくホイアンにある1軒のホテルの庭先で停まるバス。真っ先にそのホテルに入ったカモちゃんは、さっさとチェックインを済ませてしまう。ところが、活気というものが全く無いそのホテルに宿泊を決めたのはオレ達だけで、欧米人達はバッグパックを背負って街の中心に向かって歩いていく。嫌な予感に包まれながらも、1泊10ドルという3人部屋の中に入ってみた。…なんだよ、全然ＯＫじゃん。

このホイアンという町は、地理的にベトナムのちょうど中央に位置している中部の代表的な観光地だそうだ。で、何が観光の中心になってるかというと〝３００年前に日本人街が形成されていた当時の面影を感じさせる古い町並み〞だという。

つまり、はるか昔にも日本とベトナムは交易があって、その玄関口となったのがこのホイアンらしい。そして、

（この街。割とイイじゃん）

とか、

（ココで一旗上げたんべかぁ）

ホイアンには、こんな素敵なサ店もある、プリティー＆お洒落な街だ

と思った日本人が住みつくようになり、日本人街が出来上がっていったというのだ。

ところが、町の中心にあるその古い町並みを歩いてみたが、各民家やその間に挟まるようにして点在している寺。それらは明らかに中国風の造りになっているのである。

「結局は日本人が去った後で中国人がドバーッと来ちゃって、リトル中国に作り替えちゃったんだよ。…ということは当然、かなり多くの中国人が住んでるんだな、この町には」

「でも、カモちゃん。ほとんどの民家が土産物屋とかになってて、なんか軽井沢銀座に中国のレトロなエキ

スを注射したような感じじゃねえか。日本の女のコなんかきっと気に入るぜ、こういう小さくてかわいい町は。…なぁ、2人で〝真鯉まんじゅう〟とか作って一儲《ひともう》けしねえか。なんなら、鈴木君に女のコが泊まってるホテルまで宅配させちゃったりしてさぁ。それで、4つ以上注文してくれた人には、ポテトとか小さいコールスローとかを付けちゃってもいいし」

「どういう組み合わせなんだよっ。それに真鯉まんじゅうって、どういう形にするんだよ⁉」

「2匹の真鯉が絡み合ってんだよ、汗だらけで。そんで、その側面にワンポイントで鈴木君みたいな顔のドジョウとかを…」

「誰が食うんだよっ、そんな不気味なモノ！」

オレもそう思う…。

その後、町中にある1軒の食堂で、このホイアンでしか味わえないカオラウという名物料理を食べた。カオラウとは濃いツユをうどんにからめ、その上にチャーシュー、袋状になった揚げ玉、野菜を載せたもの。そのルーツは日本の伊勢うどんではないか、とも言われている。

が、『カオラウ42』という最も評判の高い店でそれを食べたのにもかかわらず、麵がボロボロしていてお世辞にもウマいとは思えなかった。そして、1杯約50円のそれを敗戦処

これがホイアン名物のカオラウ、オレの名誉にかけて言う。マズい

理をする気分で食べ終わったと同時に、オレの身体に第二陣の不調の波が訪れたのである。とにかく顔面が火照ったようにボーっと熱く、背中がスウェーデンの双子の赤ん坊をおんぶしているように重い。視線は微妙に揺れ、嫌な汗が首筋をゴマ油のように流れる。……一体何なんだよ。

夕飯の食い直しに入った中国風の古いたたずまいのレストラン。その2階のベランダ状になっている部分にある円卓につくと、なにやら下の通りが騒がしい。ひょいと首を出して見下ろしてみると、向かいにある雑貨屋の店先でベトナム人同士が激しい口ゲンカをしていた。そして、それはいつまでも続く。

ベトナムに来てからというもの、そういう光景を目にするのは珍しくなかった。老若男女を問わず、ベトナム人は町中でも平気で怒鳴り合う。しかも、それがとても長く続くのだ。

「鈴木君から見たベトナム人の大きな特徴って何？」

ビールを飲みながら、そんな質問をするカモちゃん。

「うーん……まず、ベトナム人は絶対謝らないですね。……ホーチミンをバイクで走っている時、脇から別のバイクが急に飛び出してきたんですよ。それで、ボクはそれを避《よ》けようとしたんですけど、バランスを失って道路にバイクごと倒れちゃったんですね。でも、相手のオジさんはただ倒れているボクをチラッと見ただけで、そのまま何も言わずに行ってしまうんです。

あと…以前、地方に行った時にホテルでレンタルバイクを借りたんですよ。それで、10分ぐらい走ってたら前のスポークが1本ボキッと折れちゃって、転倒しちゃったんです。で、そのままバイクを引いてホテルに文句を言いに行ったんですけど、そこのオヤジは〝貸した時には壊れてなかったんだからお前が壊したんだ〟って、逆に弁償しろと言うんです。そのまま2時間ぐらい言い合ってたんですけど、結局は500円ぐらい払わされました」

「ホントに負けず嫌いなんだなぁ、ベトナム人って…」

「あの、もう1つ特徴を挙げるとするならば、ベトナム人は今現在のことだけを考える超現実主義者が多いですね。だから〝もし50万円あったら何をしたい？〟っていう質問とかもできないんです。往々にして〝50万円なんて実際に手元に無いんだから、そんなこと考えても仕方ない〟って答えが返ってくるだけですからね」

「なるほどな。…ま、このアジアはインド文化圏と中国文化圏とに分かれててさぁ。インドとかタイっていうのは精神的なものを大切にするのに対して、中国文化圏の日本、韓国、ベトナムなんかは今、この世で得をしたいっていう考えだからなぁ。その中でも、ベトナムは今まさに発展途上中だから、空想したり夢を追いかけるっていう余裕がない奴が多いんだよ。ボヤ〜ッとしてると自分だけ取り残されちゃうから」

ボヤ〜ッとしているのはオレの頭だった。2人の会話はみるみる不快なBGMにしか聞こえなくなり、とにかくホテルのベッドで口を半開きにしながら横になりたかった。

ところが、少ししてそのホテルに戻ってみると、まだ9時になったばかりだというのに正面の鉄格子の門が鎖でガッチリと閉められている…。

「お〜〜〜〜〜〜いっ！　門を開けろっつ——の…お〜〜〜〜〜〜いっ！」

門から100メートルほど離れたホテルの食堂。そこの明かりがついており、中に従業員らしき数名の男女がいるのが見えた。が、何度叫ぼうが奴らは一向に気が付く様子がなく、おかしいと思って目を凝らしてみると、どうやらカラオケをやっているようだった。

突然、宿便が逆流するような怒りが込み上げてきた。そして、ありったけの力で門を靴の裏で蹴《け》っていると、カモちゃんも一緒になって蹴り始める。ようやくその音に気付き、こちらの方に歩いてくる1人の男。が、右の方を指差して何かを言っている。

「鈴木君、アイツはなんて言ってんの？」

「向こうの右手に裏門があるから、そちらから回って来い…と言ってます」

「ざけんなよっ。オレ達は宿泊客だろうがあああああああっ!!」

再びメチャクチャに門を蹴っていた。

憤慨した表情で、鎖についていた南京錠の鍵《かぎ》を面倒臭そうに開ける男。門が開いた途端、オレは男のシャツの襟首を握りしめていた。

インスタントの麺が浮いたままだぞ。バカッ！

「まだ9時だっていうのに正門を閉めるバカがどこにいんだよっ、こらっ！　オレ達は客なんだよっ、金を払ってんだよっ、オレ達に裏から回って来させてテメーらはカラオケかよっ。ナメんじゃねえぞっ、この野郎〜〜〜〜〜〜〜っ!!」

が、結局、その男は一言も謝らなかった。なぜなら自分は決して間違った事をしていないと思っているからだ。鈴木君が語った、脇道から飛び出してきて相手を転倒させたオヤジや、バイクの整備不良で危うく鈴木君に大ケガをさせてしまうところだったオッさんも、悪いのは相手だと思っている。だから謝らない。

ベトナムにはリピーターが少ないというが、それはこういうところがネックになっているんじゃないだろうか。

宿泊料金が1泊1万円以上もする一流ホテルはさておき、その他の安宿や安レストランで働いている者の多くは、サービスというものがまるでわかっちゃいない。資本主義を導入しつつも、根本はベッタリと社会主義のベトナム。食わせたり泊まらせたりしてやるけど、あとは勝手にやれや…そういうノリの奴がたくさんいるのだ。クソバカ野郎っ。

翌朝、8時出発のシンカフェのバスに乗り込んだ。体調はさらに悪くなっている…。が、カモちゃんと鈴木君には黙っておくことにした。オレはベトナムにも、この2人にも負けたくないからだ。

例のごとく途中で安レストランに寄って昼食タイムとなった。食欲がほとんど無くなっていたので、カモちゃんがオカズ3品を頼む前にラーメンをオーダーした。10分後、丼の中にインスタントの麵《めん》が四角いまま浮いている代物が出てきた。それを見て大笑いするカモちゃん。

その後、カモちゃんの前に鯉の輪切りのようなモノが置かれた。鈴木君が悲しそうな顔でソレに箸《はし》を伸ばしていた。

ホイアンを出発してから4時間後、フエに着いた。オレ達は2年前にもココを訪れており、街の中央を流れるフオン川の辺りには王宮跡や寺院などが点在し、落ち着いた雰囲気が漂っている所だった。

ちなみに、このフエの少し上を北緯17度線が横断しており、バカ野郎共がそれを軍事境界線として北ベトナムと南ベトナムに分けたらしい。

バスが横付けしたホテルのベッドに仰向《あおむ》けになると、ドワ〜ンンンという感じで天井が時計とは反対回りに回っていた。

「…なぁ、どうかした？」

隣のベッドで荷物を解いていたカモちゃんが声を掛けてきた。

「いや、別になんでもないよ」

どうしてオレとカモちゃんは、いつも一緒の部屋なのだろう……。

このホテルにはシンカフェの小さなオフィス、つまりフエ支社がジイさんのチンチンのようにチョコンと付いていた。その前のホテルの中庭にはテーブルがいくつか出ていて、露天のカフェになっていた。そのテーブルの1つに座り、オレ達は明日から決行される〝ある重大な作戦〟について少し打ち合わせをした。シンカフェのオープンツアーでフエまで来たのは、まさにそのためだったのである。

が、オレは適当に肯《うなず》いてはいたものの、水前寺《すいぜんじ》清子《きよこ》と赤木《あかぎ》春恵《はるえ》の頭髪を1日ぐらいスリ代えても誰も気が付かないんではないだろうか——ということばかり考えていた。

「それにしても、シンカフェっていうのは見事だよな。こうやって主要な街のホテルの中にオフィスを作っちゃってさぁ。実はかなりの組織になってるのに、大々的に自分のところでホテルを建てるような真似はせず、案内する各ホテルと提携を結ぶにとどめてんだものなぁ。それによって、客の宿泊料金の一部は入ってくるし、その内部にもこうやってオフィスも持てるんだぜ」

「目の前にあるあの小さなオフィス、あそこでも電車のチケットの手配や車のチャーターの代行をしたりっていうサイドビジネスが行われてると思いますよ」

「要するに、あまり大々的にやっちゃうと政府にニラまれるから、地味なんだけど確実な商売をしてるんだよ。完璧《かんぺき》な資本主義に徹してる一方で、時には観光客に国営のホテルなんかも利用させて社会主義と上手に渡り合ってるんだな。…ベトナム人でそのセンスを持ってるっていうのは凄《すご》いことだぜ」

オレは２人の会話に依然として肯くだけだった。そして、今度はイッセー尾形《おがた》、それと布施明《ふせあきら》と離婚したオリビア・ハッセーが再婚したら、オリビア・ハッセーは、イッセー・ハッセーという漫才コンビのような名前になってしまう。それを彼女はどう乗り越えていくのか？ということばかり考えていた。……完璧に壊れてきたな、オレ。

頭髪が伸び、オレとカモちゃんは頭にコケが生えた真鯉のようなツラになっていたので、理髪店に行くことにした。あの天国気分の洗顔もしてもらいたかった。

ところが、ホーチミンと違い、この街で理髪店はなかなか見つからなかった。方々で聞き回った結果、自分の欠点を丸１年間耳元でささやき続けられた万田久子《まんだひさこ》。そんな感じの美人だが、強い険に顔が支配されているオバちゃんが、

「センチュリー・リバー・サイド・ホテルの中にならあるだろう」

と教えてくれた。

そのホテルなら２年前、オレ達も訪れていた。フオン川沿いにあるこの街で一番立派な国営ホテルで、２階にあるカフェは非常に美味《おい》しいコーヒーを出すことで有名だった。あの時は、そのコーヒーを飲んだだけで帰ってきた。コーヒーは別にウマくもなんともなかった。

少々懐かしい気持ちでそのホテルのロビーに入っていくと、階段の脇の壁に『BF:HAIR CUT SALON』という表示が貼り付いていた。その階段で地階に下りていくと、確かに美容室のようなものがあったが、その入口の前では6、7人の女が甘えん坊のズベ公のようにタマっていた。どうやらそのうちの4人はマッサージ嬢らしく、下のブラジャーがワザと透けるように薄手の白いTシャツをおそろいで着ている。そして、オレたちに気が付くと和田アキ子を見つけた峰竜太《みねりゅうた》のように素早く近寄ってきて、マッサージを受けろとしつこく誘ってくる。おい、一流ホテルだろ、ココは。これじゃあピンサロ横丁じゃねえか…。

案の定、その女達をカモちゃんが怒鳴りつけ、彼とオレは美容室の中にある2つのイスに並んで座った。が、マッサージ嬢が退散した後、残ったのはゲンゴロウに慌ててカツラをかぶせたような顔のオバちゃん1人だけ。

——不思議だ。このオバちゃんは、なんで人の頭をちゃんとする前に自分の頭をちゃんとしておかないのだろう。ブティックに入ったら、『いなかっぺ大将』のプリントがドテッ腹に入った薄汚いピンク色のスウェットの上下。それを着た店員が近寄ってくるのと同じじゃねえか。

「板谷君が最初に刈ってもらいなよ。俺はココに座って待ってるから」

…またモルモットか。

ま、5分刈りに上手も下手もないということで、黙ってバリカンを入れられているとガッ！という短い音がして、バリカンが一瞬止まった。

「俺、やっぱりまだ短いからイイや。2階にあるカフェに行ってるよ」

そう言って隣のイスから立ち上がるカモちゃん。

それから15分後、5分刈りは完成したが、正面の鏡に映っている自分の頭に目を凝らしてみると、表面が月面のようにボコボコしており、左の側頭部に白いヘアピンが落ちているようなハゲができていた。そして、それと関係あるのかないのかわからんが、突然滝のように全身から流れ出す汗…。どうやら今は頭髪より身体の心配をした方がよさそうだ。

「あの…料金の他にチップを少しくれと言ってますけど」

オレの背後にある長イスに座っていた鈴木君が、オバちゃんの言葉を通訳して伝えてくる。

「バカ野郎っ、チップじゃねえんだよ！ ババアっ、逆に罰金をよこせっつーんだよ!!」

2階のカフェに行くと中は無人で、その外側をグルリと囲っているバルコニーにあるテーブル。その中の1つにカモちゃんが捨て子のようにポツンと座っていて、プリプリ怒りながらビールを飲んでいた。

「頭にきたよっ。前金制だっていうんで缶ビールを3本頼んで5万ドン札を2枚渡したんだけど、釣り銭を持ってこねえんだぜ。ダメだなぁ〜、このホテル。客も全然いねえし、たまに見かけても白人の百貫デブばっかりだし」

ちなみに、カモちゃんが飲んでいるビールはバー・バー・バー（バーとは数字の「3」

のこと）という銘柄。彼はビールを飲む時は大抵コレを注文する。そして、一緒に出てきたビールジョッキの中を指差し、必ず、

「ダァー、ダァー、ダァー」

というガチョウのような声を出す。

前にも書いたと思うが〝ダァー〟とはベトナム語で氷のことで、つまり〝グラスに氷を入れてくれ〟と言っているのだ。

バー・バー・バーのブランドマークが胸にでっかくプリントされているTシャツ。ホーチミンで100円で買ったソレを2日前からビールメーカーの営業マンのように着続け、ココでもバー・バー・バーを3本注文して、

「バー・バー・バーでダァー・ダァー・ダァー」

というポリスの歌のような言葉を連発しているカモちゃん。…なんだか知らないけどバカだよ、この男。

それにしても、フエでは一流ホテルでもこの有様である。それが将来的に自分達の首を絞める結果になるのがわからないのだろうか……。

夕食を食べるレストランを模索している最中、物乞《ものご》いをする子供達の手を片っ端から叩《たた》き払い、しつこく勧誘してきたシクロの運転手達を何人か張り倒しそうになった。体調は最悪になっており、オレの感情は理科室にある、あの人体人形のようにむき出しになっていた。

ようやくレストランが決まり、その中の小汚いテーブルに着いた途端、地球が滅んでしまうんではないかというぐらいの便意に襲われた。そして、トイレに行くと腹が竹を割ったように下っていた。

無性に悔しかった。オレは過去2回このベトナムを訪れ、1回目の時は3日目、2回目の時は14日目に腹を下していた。ところが、今回は氷入りのお茶やコーヒーをガブガブ飲んでも一向に腹は下らず、それはオレの中では〝ベトナムの菌に勝った〟という小さな勲章になっていた。が、それさえも便器の中に流れてしまったのである…。

テーブルに戻ると、料理がすでに何品が並んでいたがゴミにしか見えなかった。心底、ホテルのベッドで横になりたかった。

「ほら、これ板谷君の」

カモちゃんがそう言ってベトナム焼酎《しょうちゅう》のソーダ割り、それをなみなみとつがれたグラスを差し出してきた。おい、カンベンしてくれよ…。

10分後、オレの身体から絶不調の波はキレイに去っていた…。なんでだろう、不思議でしょうがない。毎晩カモちゃんと同じペースで酒を飲んでいるうちに、短期限定のアル中にでもなってしまったのだろうか。

が、事態はそんな甘いもんじゃなかった……。

▼フエ▼ラオバオ

20万円カブト虫捕獲大作戦

目を覚ましたら、隣のベッドの蚊帳《かや》の中でカモちゃんが朝立ちしていた。そして、祈るような気持ちで起き上がってみると、身体がダヨ〜ンと重い。——今日も嫌な1日になりそうだ。

午前9時30分。シンカフェを通してチャーターした車でラオバオに向かうことになった。ラオバオはフエの真西に位置し、ラオスとの国境に隣接する小さな町だ。

なんでそんな辺ぴな所へ行くかというと、珍しいカブト虫やクワガタを捕獲するためだった。

——今から約5ヵ月前、日本の某テレビ局のドキュメンタリー番組で、ラオスの山奥に住んでる人々。彼らから日本の密輸業者がカブト虫やクワガタを1匹約100ドルで買い上げ、それを日本に持ち帰って1匹20万円前後という値段で小売り業者に卸している…という話が流れた。

で、ラオスの貧しい人達にとっては、100ドルというのは自分達の年収のほぼ半分に相当するため、中には畑を耕すことがバカらしくなり、そこら中の木を切り倒してはその中にいるカブト虫を捕まえてる人もいるらしかった。

当たり前である。たった2匹捕まえれば1年分の稼ぎになるのだ。オレもラオスの山奥に住んでたら今頃は片っ端から木を切り倒し、二の腕を70号を放ったマグワイアのように太くしていることだろう。そして、日本のタピオカブームに踊らされたブラジルの農夫同様、需要が無くなったと同時に自殺しているかもしれない。

ま、それはいいにしても、とにかくその話をベトナムに来る前にカモちゃんにしたら〝限りなくラオスに近いラオバオという町に行けば、カブト虫がたくさんいるかもしれない。その上、オレ達がそこに行く頃は雨期の終わりにあたるので虫が最も出てくる時期だ。こりゃ行くっきゃない〟ってことになった。

また、ベトナムに来て同じ話を鈴木君にもしたところ、ラオスとの国境の町でカブト虫同士を闘わせてお金を賭《か》けているという話を以前耳にしたことがある……と言うので、こりゃ完璧《かんぺき》に行くっきゃない、ってことになったのだ。

が、オレ達は別にそれらを捕獲して、日本に持ち帰ろうという気はさらさらなかった。とにかくたくさんの珍しいカブト虫やクワガタを実際に目にし、驚いたり触ってみたり、1匹ぐらいはいじり壊してみたいだけだった。そう、つくづく幼稚な動機なのだ。

唐突だが、ベトナムではタクシーのほとんどが韓国製で、とにかく日本車に比べて値段が安いらしい。そして、オレ達が今乗っているセダンも韓国製で、ハンドルを握っている口ヒゲを貯えた男はいかにも運転がウマそうな顔をしていた。

ところが、2時間ぐらい走った所で前輪のタイヤが突然パンク。運良く目の前に小さな修理屋があったので、そこでパンクを直してもらうことになった。

ノドがカラカラに渇いていたので、100メートルほど離れた所にポツンと建っていた物置小屋のような雑貨店。そこを訪れてみたが飲み物はナシ。そんじゃあ、タバコを買ってついでにトイレでも借りようと思ったが、これまた両方ナシ…。

最近ではベトナムのトイレ事情もいくらか良くなってきたらしいが、貧しい中部の中でも、特に貧乏だとされているこの地域でトイレを期待するのは間違いだった。

「北と南の者が中部に住んでいる者をバカにする言葉に『木の魚を見ながらゴハンを食べる』というのがあるんです。一部の観光地を除くベトナム中部の貧しさというのは相当なものらしいですよ」

鈴木君の言葉が終わったと同時に、雑貨店の近くの茂みの中から出てくるカモちゃん。

「いゃあ〜、サッパリした。野グソしてきちゃったよ」

なんという早業……。ウチのついこの間死んだジイさんなら、ビワ1個の皮もまだむきされてないタイムだ。これも数々の戦場取材で彼が身につけた技の1つなのだろう。

修理屋に戻ると、松崎しげるから歌を奪ったような顔の上半身裸のオヤジが、パンクしたタイヤ、それを木の棒で叩いてホイルから外そうとしていた。タイやベトナムではよく目にする光景だが、コッチの人は物を修理する時はとにかく叩く。直すというよりさらに壊しているようにしか見えないのだが、それでもガンガン叩くのだ。

修理屋と屋根を同じくした納屋のような所に松崎の奥さんらしき人がいたので、手帳にカブト虫とクワガタの絵を描いてソレを見せた。

「こういう虫って、ここいらにはいない？」

興味深そうにジッと絵をのぞき込むも、首を傾げる奥さん。

「ブッ！　…プハッハッハッハッハッハ！　下手クソな絵だなぁ〜。板谷君って、美術の学校を出たんだろっ。どれ、ペンを貸してみ。俺の方が上手だから」

3分後、カモちゃんの描いたカブト虫とクワガタを見て、またまた首を傾げる奥さん。

●オレが描いたカブト虫・クワガタ

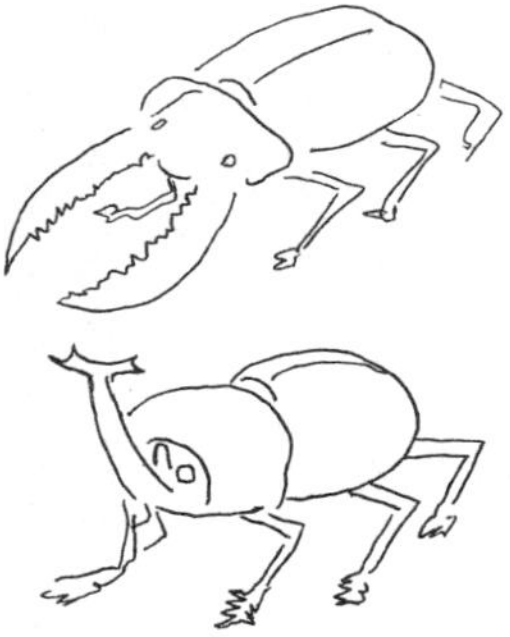

●カモちゃんが描いた
カブト虫・クワガタ

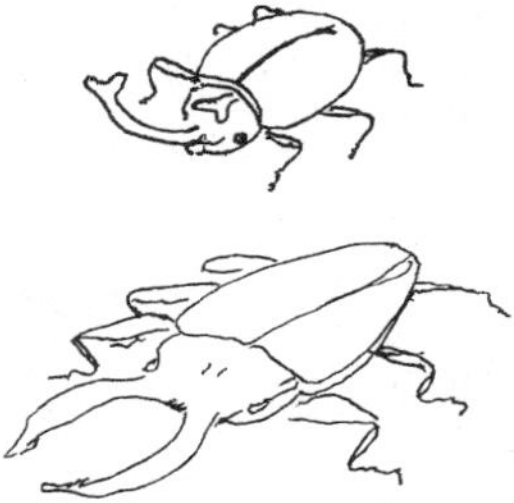

●鈴木君が描いたクワガタ

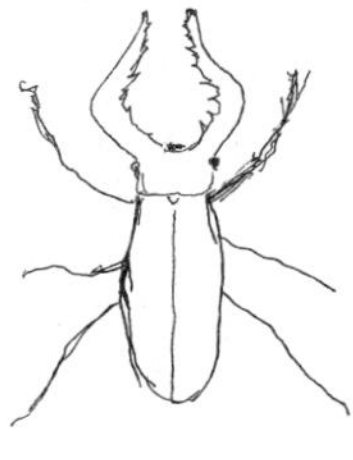

「あの…ボクにも描かせてもらえませんか」

さらに3分後、鈴木君が描いたクワガタを目にした途端、松崎しげると奥さんの表情がパッと明るくなり、

「ボゥ・キャップ（クワガタ）はあまり見ないが、ボゥ・ハング（カブト虫）の方はたまに木にたかってるよ」

と教えてくれた。

よかったわ、オレ。やっぱし絵の方に進まなくて…。それと、なぁ松崎。おメーはいつまでもオレが描いた絵を見て笑ってねえで、早くパンクを直せっつーんだよっ！

修理屋の前に停まってから2時間後、ようやくパンクが直って再びスタートする車。そして、少し走るとさらに周囲には何もなくなり、背の高い木が一切生えてない岩山ばかりが目立つようになる。

（確かに道はガタガタだけど、それにしても、なんでこの運転手は溝になっている所や転がってる大きな石を避《よ》けて走らねえんだろ…。ひょっとしたら、さっきもそれでパンクしたんじゃねえのかぁ…）

そんなことを考えてるうちに、今度は岩山の手前に高床式の住居がポチポチと現れ始める。

「おっ、アレはラオス系の山岳民族の家ですね」

「ラオス系の山岳民族？」

その後の鈴木君の説明では、ベトナムの全人口の約9割はキン族という民族に占められているが、残りの1割に約53種もの少数民族が入り交じっているという。そして、このラオスとの国境近くの地域には、先祖がタイやラオスから移ってきたターイ族、モン族といった民族が多く住んでいるらしい。

フエを出てから6時間後、車窓の向こうに久々に閑散とした町が出てきたなぁ〜と思ったら、それがラオバオだった。ところが、ようやく目的地に着いたというのに、再び急激に悪くなっていくオレの体調。視界の揺れは昨日よりヒドくなっており、身体全体がスポットライトを当てられたように熱っぽく、得体の知れない虚脱感に包まれ、おまけに胃袋が何だか引きつっているような感じもしてきた。

町に入ってから1キロほど進んだところに、隔離されたようにポツンと建っている4階建てのビル。この町にあるにしては背の高いその建物の前で車が停まったかと思うと、運転手と鈴木君が少し言葉を交わす。そして、小さな門からビルが建っている敷地に車が入っていこうとすると…、

ズギャ！　グギャギャギャギャギャギャギャ!!

という音がして車体がストップ。ビックリしながら車から降り、その下をのぞき込んでみると、マフラーが少し出っ張った石にガッチリと食い込んでいた…。

完全に見た目にダマされた。四角い落ち着いた顔に、ドッシリとした口ヒゲを貯えた運転手。この男は実はハンパじゃなく運転が下手クソだったのだ。つまり、藤岡弘《ふじおかひろし》を草野球

に誘い、キャッチボールをしたら女投げだったのである…。

と、目から下の顔面をスカーフのようなもので覆い隠している1人の女が、ハマっている車と門の隙間をすり抜けて、中庭にいるオレ達の方にズイズイ近寄ってくる。…何なんだ、このプリティーゲリラは。

謎の女と鈴木君の会話が思ったより長引いているので、暇つぶしがてらに目の前の建物を観察するオレとカモちゃん。このビルは離れた所から見るとちょっとだけ立派な外観をしていたが、間近で見るとただの廃墟《はいきょ》だった。

一面全部がガラス張りになっている1階の正面にある壁。それを通して中をのぞき込んでみると、ガラーンとした薄暗いフロアにガラスの破片やフンコロガシのカサカサになった死骸《しがい》が散乱していた。もちろん、今も人が住んでいる様子はまるでナシ。刑事ドラマでヘロインの取引現場となる荒れたビル。まさにソレを小型化したような感じだった。

「この町では、我々外国人が泊まれるホテルはココしかないそうです…」

背後から鈴木君のそんな言葉が響いてきた。

「な…ココって、この廃墟のことかぁ!? ふざけるんじゃねえっ! これのドコがホテルなんだよっ!! その覆面女がそう言ったのか!! 何者なんだよっ、ソイツはあああああっ!?」

口から怒りの銃弾を撃ちまくるカモちゃん。

「な、何者かはわかりませんけど…あの、ホテルのスタッフではないようです…」

「じゃあ、そんな女の言うことは聞くなっ！　別のホテルを運転手と一緒に探して…」

ギャギャギャギャギャギャギャ……バギョ――ンンンンン!!

カモちゃんの怒鳴り声とかぶるようにして大音響が近くで炸裂《さくれつ》。慌てて音のする方に視線を向けると、例の運転手が強引に車をバックさせ、左のフロント部分を門柱に激突させていた。…なあ、マンガの中の町なのか、ココは。

その後、覆面女とバトンタッチするかのように現れるホテルの管理人らしき太ったオバちゃん。そして、オレとカモちゃんは3階の1室に案内される。

「………なぁ、何なんだよ、コレ…」

部屋の中にある1対のベッド。が、各窓はガラスが1枚も入っておらず、タイル地の床は粉々に砕けており、ベッドに付いている蚊帳《かや》の支柱の何本かがヘシ折れていた。

「冗談じゃねえよっ、別の部屋にしろよ！」

オバちゃんを人質のように引き連れ、3階と2階の全ての部屋をのぞくオレとカモちゃん。……オレ達の部屋が一番マシだった。

オバちゃんを解放した後、隣に割り当てられた鈴木君の部屋を訪れてみた。

「……このホテル、電気も通ってないし、タオルも1枚も置いてありませんね…」

「ホテルって言うな！　…で、いくらだったんだよ、料金は？」

「そっちの2人部屋が25ドルで、ココは13ドルだそうです…」

「まったくふざけやがって…」

バイタクの束の間の爽快感を味わうオレ。が、必ずジャンケンで負けた運転手がオレを乗せていた…

そう言ったかと思うと、噛《か》んでいるガムを吐き捨てるために部屋の奥にある小さなドアを荒々しく開けるカモちゃん。

「があああああああ〜〜〜〜〜っ!!」

雄叫《おたけ》びを上げながら、カモちゃんは両腕を背後に向かってグルグル回している。

「ど、どうした!?」

そう言ってドアの向こうを見ると、そこには空気しかなかった…。だからマンガの世界なのかよっ、ココはあああ!!


とりあえず国境ゲートに行ってみることにした。半年前にタイを回った時もメーサイ、アランヤプラテートといった町の国境ゲート付近では市場が開けていて、その売っているモノを見て回るだけでもメチャメチャ面白かった。オレはそんな市場に心を踊らせることによって、一時的でも自分の絶不調状態をどこかに飛ばしたかったのだ。

ホテルの前の道路に出ると、運良くバイクタクシーが3台通りかかった。そう、今までの経験からいっても、悪い事というのはそうは続かないものなのだ。空元気を出し、バイクの後部シートに威勢よくまたがるオレ。

国境ゲートはホテルから200メートルと離れていなかった…。しかも、ゲート付近にはかやぶき屋根の小さな茶屋が2軒あるだけで、あとはバイタクの運転手約10名と覆面女が7、8人タマっているだけ…という有様。

「なるほどね…さっきのスカーフで顔を隠してたのは闇両替の女だったんだぁ」

バイクの後部シートから降りながら、感心したように肯《うなず》くカモちゃん。

ちなみに、闇両替とは国境近くで片方の国…ここではベトナムのドンをラオスのキップに替えてくれる商売のことだが、あくまでも政府未公認でやっているのでレートはあまり良くないらしい。そして、さっきホテルの中庭に現れた女は、実は営業に来ていたわけだ。しかし、いくら闇だといっても、あの顔の隠し方はかえって取り締まる方にもいい目印になると思うのだが……。

早速、ゲートに向かってカメラを構えるカモちゃん。と、その前に立っているライフルを持った国境警備兵が声を出してそれをとがめる。

「いいだろうよっ、別に写真撮るぐらい」

そう言って、構わずシャッターを切るカモちゃん。それを見てさらに激しく注意を促し

国境近くにいるラオス系の山岳民族。その笑顔を忘れないで

てくる警備兵。

「はい、はい、はい。あと2、3枚だけだからね」

依然として写真を撮るのを止めないカモちゃんに、ライフルの銃口を向ける警備兵。一瞬にして辺りに緊張が走った…。

ゲート近くの茶屋の低いテーブルに着きながら、カメラのレンズを布で優しく擦《こす》っているカモちゃん。

「カモシダさん…あの……あまり無茶はしない方がいいと思います」

「大丈夫だよ。俺には確信があったんだから」

「でも……」

「あの兵隊は〝撃てない男〟の顔をしてたんだよ。たぶん、あとフィルム1本分あそこで撮ってても何もできなかったろうな、あの男は」

カモちゃんの直感は、緊急時になればなるほど当たる。が、いつかそれが外れた時、オレ達は全滅するような気がした…。

その後、ビザを申請してなかったオレ達はラオス側に行くこともできず、しょうがないので茶屋の女主人に国境貿易のことについて尋ねてみた。それによると、ベトナムからラ

スゲ笠のオバちゃん達でにぎわう市場。バナナを選んでいる時の、そのドキドキ感を忘れないで…

オスには中国製の電化製品。それと梨、タンロンなどの果物がベトナムより2割ぐらい高く売れるので、それらを持っていく者が多いという。で、逆にラオスからベトナムにはヌクマム、ミネラルウォーター、薬、ビール。それとタイ製の電気釜、毛布、タバコなどを持ってくる者が多いそうだ。ベトナムの母なる調味料のヌクマムがラオスから逆に輸入されているとは信じ難かったが、人件費や物価の違いでそういうことも生じるのだろうか。

続いて肝心の昆虫のことを女主人、そして、暇つぶしに次々と茶屋の軒先に集まってきたバイタクの運転手達に尋ねてみた。すると、この辺で昆虫同士を闘わせるギャンブルは存在しないが、カブト虫なら夜間に灯《あか》りがある所に集まってくるという。なるほど、待ち伏せ作戦が最も有効だということか。

再びバイタクに乗り、カブト虫のエサの原料を仕入れるために町のほぼ中心にある市場へと向かった。

市場は笑っちゃうほど小さかったが、地元のオバちゃん達を中心に活気に満ちあふれていた。まるで町中のエネルギーと明るさがココに吸い集められてるみたいだった。バナナや青いマンゴをうず高く軒先に積み上げている店があったり、缶詰を中心とした食料品を扱ってる店があったり、中国製の電化製品を売ってる店も――ちくしょう、頭が割れるほど痛くなってきた…。


ホテルの部屋に戻ると、用心深そうに奥にある小さなドアを開けるカモちゃん。

「…よかった、俺達の部屋にはベランダが付いてたぜ」

その畳半畳もないベランダの上にバナナの葉を広げ、カモちゃんはその上で市場で買ってきたバナナ、砂糖、焼酎、サトウキビなどを手で混ぜ合わせて5種類のエサを作り始める。その姿を後ろから眺めると、なんだかインチキまじない師にしか見えなかった。

オレは他の全ての不調をかき消すほどの頭痛と闘いながら、エバミルクの缶を持ってホテルの中庭に向かった。そして、そこに点在しているジャックフルーツの木の幹にそれを塗り付けていると、背後に人の気配を感じた。振り返ってみると、鈴木君がヒネモグラのような顔をして立っていた。

「…板谷さんはそういう作戦に出たんですね」

面倒臭いので何も答えなかった。

「エバミルクかぁ。そういえばボク、ベトナムに住むようになってからエバミルクなんてほとんど口にしてませんよ。懐かしいなぁ……あの…ちょっと舐《な》めさせてくれませんか？」

「おメーが真っ先にエサに食いついてどうすんだよっ!!」

10代の頃のように感情がコントロールできなくなっていた。

ところがである。その後、ホテルから少し離れた安食堂に行き、食欲が全く失《う》せていたのでルア・モイのソーダ割りを3、4杯飲んでいると、魔法のようにオレの身体から去っていく絶不調。期限を過ぎた借金、それを返済するためにさらに利子の高いサラ金に手を出してるような気もしたが、とにかくテンションがみるみる上がってくる。

「小学生の頃よぉ。近くに嫌な上級生が住んでてよぉ。夏になるとメンコを賭《か》けて、自分が捕った昆虫同士を闘わすんだけどさ。その野郎ったら、いつもオレにはカナブンしか出場させねえんだよ。で、ソイツは決まってクワガタでよぉ。そのまま闘わしたって、佐藤《さとう》蛾次郎《がじろう》とヒクソン・グレーシーがケンカするぐらいのハンディがあるじゃんか。だって、カナブンには基本的に攻撃技が1つもねえんだから」

「ガッハッハッハッ、確かにそうだっ」

「ところが、その野郎はその上、あらかじめテメーのクワガタにオレのカナブンをはさま

カモちゃんが作ったエサ。とにかく小汚い。そして、クサい

してから闘わすんだよ。んなもんゼッテエ勝てるわけねえじゃんよ。闘う前から最強の技をかけられてんだから」

「ガハッハッハッハッハッハッ！」

「あの野郎〜っ……ま、中学に入ったら、毎朝クロワッサン代わりに1発ずつブン殴ってたからいいけどな」

「あの…昔、変なノコギリクワガタっていませんでしたか？　ほら、ノコギリクワガタってツノ…正確にいえばアゴなんですけど、あの曲がり方がなんともカッコいいじゃないですか。それが、たまにその2本のツノがまっすぐな奴がいたんですよ」

「ホントかよ〜ぉ、それ」

「本当ですよっ。見たことありませんか？　…それでですねぇ、ある日、ボクが実家の近くの公園でノコギリクワガタを捕まえたんですよ。そしたら、板谷さんと同じで近所に住んでる上級生が来て、自分の持ってるノコギリクワガタとソレを交換しようって言うんです。それで、相手の持ってるクワガタを見たらツノがまっすぐのヤツなんですよっ。…だから交換するのは断りました」

「…へっ、それでおしまいなの、鈴木君の話は？」

「ええ…」

「ブハッハッハッ！　なんでいつもオチがねえんだよっ、おメーの話には。ブハッハッハッハッハ！　…オレは板谷君や鈴木君みてーにクワガタとかにはガキの頃からあまり縁がなかったけど、7～8歳の時によく自分の身体を使ってハチの実験をしてたなぁ」

「ハチの実験…？」

「うん。わざと自分の手をミツバチ、スズメバチ、クマバチに刺させて、どれが一番痛いかとか毒がどう回るのかを調べてた」

「ボハッハッハッハッハ!!　やっぱりキチ○イだよっ、カモちゃんは。ボハッハッハッハッハッ!!　下手すりゃ死んじまうぜっ、そんなことしてたら…ボハッハッハッハッハッハ!!」

つくづく不思議だが、男というのはこの年になっても、昆虫の話になると、どうしてこんなに盛り上がれるのだろう。

「そういえば板谷さんの書いた『タイ怪人紀行』を読ませてもらったんですけど、小学校の水泳大会の時、飛び込む寸前に背中を足長バチに刺されて全校生徒の前で号泣したって、アレ、本当の話ですか？」

「ホントだよっ。オレ、リレーのアンカーでさぁ。オレ達の2組が隣のレーンの1組に1メートルぐらいリードされてたんだわ。ところが、1組のアンカーの河村って奴はよぉ。オレより少し泳ぐのが遅かったんだよな。つまり、オレにとってはハンパじゃない見せ場なんだよっ。自分の力を全校生徒に思い知らせるには、な。でよぉ、飛び込もうとして背中を丸めた瞬間に、その背中に水中銃を撃ち込まれたような痛みが走るんだよ。そしたら、オレの真後ろにいた同じクラスの雨沢って女が〝あ～～～～～～っ、イタヤ君の背中がみるみる膨らんでいく～～～～～～～～～っ！〟なんて大げさに騒ぎ出しやがって。〝先生～～～～～っ、イタヤ君がハチに刺されました！ハチに刺されました！ハチに刺されました！〟って、もう凄《すご》いんだよ。で、それで10倍ぐらい痛く感じちゃって、気が付いたら飛び込み台の上でどうしていいかわからないから、泣きながらグルグル回ってたんだよ、スプリンクラーのノズルのように。で、その途中で実はパニクってションベン出しちゃって、それをカモフラージュするために夢中でプールの中に飛び込んじゃってさぁ。で、泣きながら反射的にクロールしてたら、左隣のレーンの4年生の首を腕で引っかけちゃってよぉ。ソイツがオレの腹の下に入っちゃって、シシャモの親子みたくなってんだ。もうメチャクチャだよ」

「ペヒャヒャヒャヒャヒャヒャヒャヒャヒャ～!!く、苦し…ペヒャヒャヒャヒャヒャヒャヒャヒャヒャヒャヒャヒャヒャヒャ…べ、ベトナムに来て…ペヒャヒャヒャヒャヒャヒャヒャ!!こんなに笑ったの初め…ペヒャヒャヒャヒャヒャヒャヒャヒャヒャヒャヒャヒャヒャヒャ!!」

…なぁ、鈴木君。店のおネエちゃんが気持ち悪がって誰かを呼びに行ってんだよっ。止めろ、その笑い！

ホテルに戻ると、1階の正面入口の前で全長10センチ近くの何かがシトシトッと動いた。

「板谷君っ。今、懐中電灯持ってる⁉」

「…うん、持ってるよ」

「ちょっと貸して！」

オレからミニ懐中電灯をひったくると、その光で生物を浮き上がらせるカモちゃん。……タランチュラだった。なぁ、こんなとこに泊まっててホントに大丈夫なのかよっ、オレ達⁉


ベッドに入って2時間以上が経過したが、依然として眠れそうもなかった。ガラスの入ってない窓からは冷たい風が情け容赦なく吹き込んできて、おまけにカモちゃんの寝言がこんな夜に限ってハンパじゃなかった。さらに、1時間ぐらい前から、このクソホテルの1階からたくさんの落ち武者が笑ったり叫んだりしているような声が響いてきている。…誰なんだよ。


ベッドから起き上がり、奥にあるドアを少し開けて懐中電灯の光に照らし出されているバナナの葉の上を見た。…エサにはまだ何も来てない。

そうこうしているうちに、再びオレの身体に舞い降りてくる絶不調の波。そして、みるみる機嫌が悪くなっていくのが自分でもハッキリわかった。あ〜〜〜〜〜〜〜〜〜〜っ、んもうっ堪えられんんんん!!

ベッドの脇に転がっていた70センチぐらいの角材。それを握りしめて階段を下りていた。

「うるせえんだよっ、貴様らあああああっ!!」

薄暗くてよく見えなかったが、7、8人の男が1階の床に円座になっていた。そして、一斉にオレの方に振り向き、1人…2人と立ち上がってコチラに向かってくる。…まいった。このシリーズ始まって以来のピンチだった。勢いで怒鳴り込んではみたものの、この人数に一斉に襲いかかられたらタマったもんじゃない。一瞬、『ベトナム怪人紀行』を1行も書けないような気がした。そして、ノドの奥が不器用にゴクリと鳴った…。

これがそのタランチュラ。驚き太郎という名を付けた

数分後、オレはソイツらと酒を飲んでいた。奴らはラオバオの不良で、夜になるとこのホテルが奴らのタマリ場になるらしかった。言葉が全然通じなかったが、小汚いお椀《わん》のようなモノに身体に悪そうな酒をガンガン注がれ、オレは笑いながらそれを次々と飲み干していた。絶不調の波が再び消えた代わりに、ロレツが全く回らないほど酔っていた。どうなるんだろう、明日から……。

翌朝、ベッドで目が覚めた。どうやらオレは、かろうじてココまで這《は》い上がってきたらしい。

「ん…起きたな。まいったよっ。1匹もいやしねえの、カブト虫。中庭の木の幹も見に行ったけどアリしかたかってなかったぜ」

そんな事は、もうどうでもよかった。そのくらい頭が痛かった。

バイタクの運転手の背中に必死でしがみつき、途中からミニバスのようなものに乗ってその座席で揺られていると、突然カモちゃんが、

「あ、なんだよっ、あのモノ凄いデブの集団は⁉」

と叫んだ。山の中をハンパじゃないデブ達が、大行列を作って歩いているのが窓から見えたというのだ。一瞬吹き出しそうになったが、スグにどうでもいい事としてオレのボヤ〜ッとしている脳が処理した。まいった……。ひょっとするとデング熱のようなタチの悪い病気にかかってるんじゃないだろうか、オレは…。なんだか恐くなってきた。そして、アスピリンを2錠、水ナシでコッソリ飲み込んだ。

フエに戻るまで、あと50〜60キロという地点にある小さな町。そこにある小汚い安メシ屋のイスにしなだれ掛かっていた。注文したフランスパンとサニーサイドアップには、全く手がつけられない。

「昨夜、寝冷えしたんだろ?」

「いや……ゴメンな、ダラ〜ンとしちゃって…」

「いいよ、そんなこと。今、鈴木君がココからフエに行く車を探しに行ってんから」

と、寒がりのスキーヤーのように着膨れた5人組が店に入ってきて、オレ達の隣のテーブルに腰を下ろす。

「コイツらだよっ。オレがさっき見た大デブっていうのは！」

急に興奮し始めるカモちゃん。

ゆっくりとソイツらの中の1人に目を向けると、着ているジャンパーやズボンの表面が四角くボコボコしていた。ロボコップか、コイツ…と思ったが、顔を見たら頬がコケていた。そして、そのすすけた顔の男は目が合うと、オレの前に置いてある手つかずのフランスパンを指差し〝それ、俺にくれないか？〟というジェスチャーをした。

オレが肯《うなず》くと男はその体型とはかけ離れた素早さで手を伸ばしてきて、パンを大雑把に5つにちぎり分け、1つずつ仲間に配る。……オレは今までこんなに夢中でモノを食べる奴らを見たことがなかった。何なんだ、コイツらは…。

その中に片言の英語が話せるオバちゃんがいたので、カモちゃんがインタビューした。それによると、彼らは『ジェット』という銘柄のタバコをラオスから服の下に詰め込めるだけ詰めて、ココまで歩いて運んでいるという。ちなみに、そのタバコはベトナム国内でも生産されているが、ラオスにある工場で生産された〝ラオス物〟の方が安いらしい。で、彼らはベトナムに戻って来る時にゲートで税金を取られるのを免れるため、どこか秘密の出入口を利用しているらしかった。

しかし、ラオスからこの町までずーっと歩いてきたとは…。そりゃ腹も減るわけだ。べトナムの各雑貨屋の店頭に並んでいる『ジェット』の中には、こういう奴らが明らさまに怪しい格好をしながらもコソコソ運んできた『ジェット』がかなり混じっているのかぁ〜。それにしても、闇両替の女やコイツらのカモフラージュって、強引過ぎてかえって目立つだけなんだよなぁ。本人達は真剣なんだけど。

そんなことを考えてるうちに、急にこの5人組が愛らしく見えてきた。〝強引で不器用で意地っ張りで、しかもなんだかマヌケ。でも前進する〟――ベトナムの貧しさにもがいている奴らの典型的な生き方、それをこの5人組が代表して物語っていたからかもしれない。

店の前がやたら騒がしくなっているので目を凝らしてみると、各20名ずつぐらいの2つのグループが一触即発の言い合いをしており、その中心で鈴木君が困った顔をしていた。どうやらどっちのグループの車をチャーターするか鈴木君が迷っているうちに、そのグループ同士が衝突を始めたらしい。が、それはさっきカモちゃんから鈴木君が車をチャーターしに行ってる…と聞いていたから理解できたわけで、それを知らずに眺めたら鈴木君に恋する大勢の男達が、彼を巡ってケンカをおっ始めようとしている風にしか見えなかった。

メチャクチャおかしかったが、笑い声も出ないほどオレは衰弱していた…。

板谷くんにはセージくんとゆう弟がいる。板谷くんに似ずなかなか男前である。でも30歳にもなってバクチクを魔法ビンの中に入れて鳴らして遊ぶけっこうするどいものを持っている子である。
ぱぱぱ
む〜
む〜
むう〜
どしたの板っち
板っちの連載でしょっちゅう板谷家にサツエイにきてる
あそこのはなれで
む〜
セージがまた女連れ込んでる
むううう
ええええまたあああああ
セージくんは女にもてる。しかも家庭的でかわいいタイプ
しかもまたまたおニューだ
むううううう
ええええええええ
しかもそのタイプをとっかえひっかえ
今、雨戸をしめてる
しめてる
むうううううう
やってる
やってるう

しかも一ケ月雨戸しめっぱなしの合宿だっ
むううううううううう
免許だっせっくす免許をとるつもりだあぁ
お兄たんとしてこれはもう
もう
ちっ
ばばば ばばば ぱぱぱ
ぽーーん
わあお兄ちゃんバクチクだあ!
ぴょーん
セージくんはダメだ セージくんは本当のキチ●イだあ
しくしくしく
お兄ちゃんバクチクちょうだい ボクにもちょうだいっ
ダメだもんあげないダメだもん
35歳と30歳
彼女も年ごろなんだろうから、お互いの両親とちゃんとアイサツしてから合宿しなさい
はいお兄ちゃん
だからバクチクちょうだいちょうだいっ
ダメだもんダメだもん
それと雨戸はイケナイ。せめてカーテン。今の子とながく続ける気だったらお外デートもしてあげなさい。
はいお兄ちゃん。
バクチクバクチク
あげないもんあげないもん
それでもしケッコンするつもりだったらせっかく高校出たんだし先に就職したほうがいいかも。
はいお兄ちゃん。
バクチクバクチク
あげないもん
うふふ
板谷君の弟30すぎて無職
あの
高校卒業してからずっとって?
どうして今まで誰もしからない
たたたたたた

第5章

ハノイ

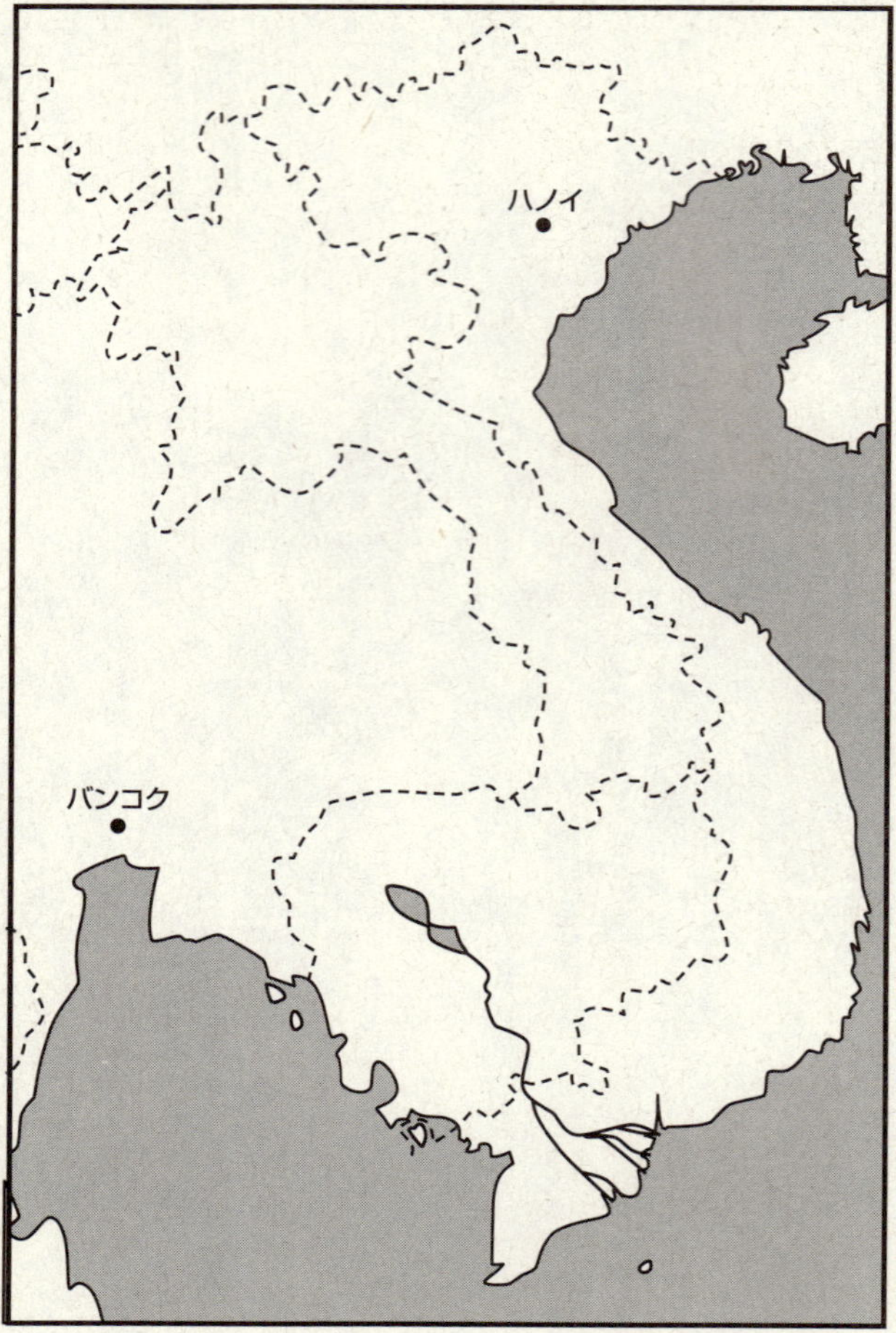
ハノイ
バンコク

▼ハノイ

日本犬と犬料理屋

フエのホテルで20時間眠り続け、その上、カモちゃんと鈴木君の配慮でハノイまでの移動が列車ではなく飛行機になった。そして、ハノイの空港に着陸した頃には、オレの体調は完璧《かんぺき》に回復していた。…結局は極度の疲労だったんだなぁ。

空港内に計りが置いてあったのでその上に乗ってみると、3週間前と比べて体重が8キロ落ちていた。思わず鈴木君の眉毛《まゆげ》を力ずくでズラしたくなるほど嬉《うれ》しかったが、少し悔しかった。連日のハードな動きに加えてプライベートもほとんど無く、浴びるように酒を飲んで一晩中寝言や歯ぎしりをしているカモちゃん。彼はなぜ具合が悪くならないのだろう……。

空港の外に出ると気温が一気に15～16度にまで下がっていた。1年中ひっきりなしに暑いホーチミンと違い、ハノイには四季のようなものがある。5～9月は不快指数が楽勝で200を超えるほど蒸し暑く、1月下旬～4月にかけては日本の晩秋ぐらい涼しくなると

軍事色が強いハノイの人々。良くない！

いう。が、その間にあたる今の時期がココまで気温が低いとは思わなかった。

　空港の周りにタマっている者達を眺めてみると、今まで見てきたベトナム人とは明らかに異なっていた。みんな大きくて、顔になんというか、こう…自信が混じり込んだような落ち着きがあるのだ。

　ま、大きく見えるというのは、単に彼らが過剰なほどの厚着をしているせいなのだが、あの落ち着きの正体というのは一体何なんだろう…。一般的に、南部にあるホーチミンは国際交易に有利な地にあるため、活発な経済力がある。それに対して、北部にあるハノイは戦乱に鍛えられた人々のまとまりと勤勉さがある、といわれている。

　が、この時、オレが空港の外にタムロしている者の表情から感じ取ったのは〝プライド〟のようなものだった。ホーチミンでは、とにかく何かを人に売ってやろう——といった商人の顔をしている者が多かったが、少なくとも今、近くに並んでいる顔にはそれがほとんど見受けられず、ココは俺の国で俺はそこに住んでいる。何か文句あっか？——少し大げさかもしれんが、確かにそんな感じがにじみ出ているのである。

その後、オレ達はタクシーに乗ってハノイの中心街に向かったが、車窓から見える街並みが、特に天気が悪いわけでもないのになぜか暗く見える。2年前に来た時はこんな風には映らなかったが、ホーチミンにさんざん滞在した後で来てみると、まるでチョコレートを食べた後の甘夏が異様に酸っぱく感じるように、とにかく暗さが目立っていた。

ホーチミンを少し濁ったオレンジ色にたとえるなら、この街はグレーだった。空、道路、壁、人、バイク…全てがどぼくれて見えた。

ハノイの中心街のド真ん中にある、周囲が3キロ近くあるホアンキエム湖。この街はその湖を中心に放射状に栄えていて、オレ達はその湖の近くの36区にある安宿にチェックインした。20畳近くある3人部屋で、料金は20ドルと割に安かったが、その部屋がある4階までは階段で登らなくてはならなかった。

「そうなんだよなぁ。ここら辺はオモチャ屋、サングラス屋、服屋、アクセサリー屋…って感じで通りがジャンルごとに並んでるんだよなぁ」

街中を歩きながらそんなことを言うカモちゃん。ホーチミンに比べるとハノイの中心街は狭い。しかも、通りが迷路状になっていて人も集中しているので、店頭に並ん

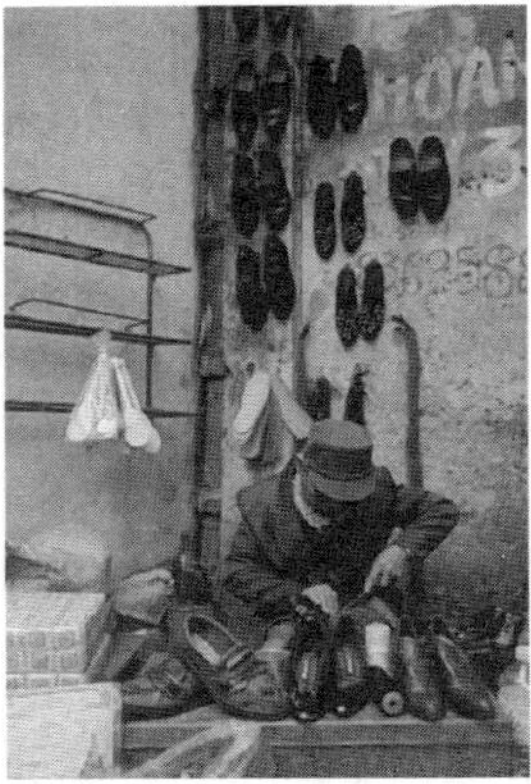

街頭で営業していた靴屋。とにかく暗い…

ムークンをかぶる兄ちゃん。が、近い将来、マヌケな交通事故に巻き込まれて死ぬような気がした…

でいるモノに少し目を奪われていると、すぐにカモちゃんと鈴木君の姿が見えなくなってしまう。中野ちゃんとはこの街で出会いたかった、と一瞬思った。

ハン・ハイン通りという、日本なら確実に一方通行になるような路地沿いのカフェに入った。窓からしばらく外を眺めていてわかったことだが、この通りを行き交っている若者はオシャレだった。サングラス、バンダナ、ニット帽、ロングコート、身体に貼り付くようなワンピース、ジャージ、ブーツ、ヒールの高い靴…それらを自分流に上手に組み合わせていて、髪型も巻き貝のようにアップにしている娘もいればクルクルッとしたパーマをあてている娘もいた。

「この通りはハノイのミニ青山だな。しかし…クックックッ、それでもあの軍帽を当たり前のようにかぶってる奴もいるんだよなぁ」

カモちゃんの言う軍帽とは、ムークンと呼ばれるチンコの先…というか、キノコのような形をしたカーキ色のヘルメット帽のことで、確かにジーパンに革ジャンで決めているのに、平気でそれをかぶっている兄ちゃんも歩いている。

ハノイの30代後半から50代にかけての男の中には、このムークンをかぶっている者が結構多い。確かに、ムークンはバイクに乗る時はヘルメット代わりにならないこともないが、オレは彼らが〝軍事的な愛国心〟を強く引きずっているように見えてならなかった。

ま、ベトナム人というのは日本人に比べると愛国心が強い、とオレは思う。いや、それは間違いなくそうだろう。で、ムークンはその象徴に見えるのだ。で、そのムークンが目立つハノイというのは、やっぱり政治の中心地なんだなぁ〜と思えるのである。

その後、オレ達はハノイ駅の近くにあるドンスアン市場、その中にあるペットショップを訪れることになった。外国にまで来てなんでそんなところに用があるかというと、それはベトナムに来る前にカモちゃんから次のような話を聞かされたからだ。

今から10年前、このハノイを中心として〝日本犬〟というモノが出回り始め、それを飼うことがベトナム人にとっては金持ちのステータスになっているというのだ。日本犬……。文字通りに考えると甲斐《かい》犬、土佐犬、紀州犬、秋田犬、四国犬…などがそれにあたり、オレ的には日本犬とはイコール、柴《しば》犬だった。

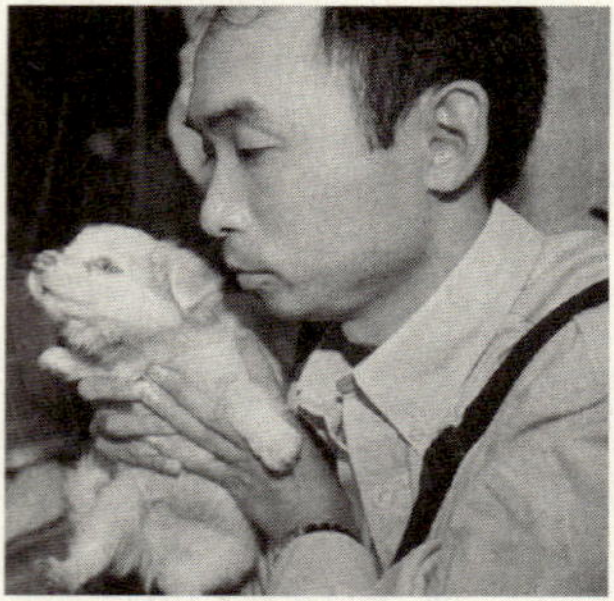

日本犬を抱く鈴木君。兄弟に見えるのはオレだけか

ところが、今までベトナム各地をさんざん回ってきたが、そんなモノを目にした記憶は全くなかった。じゃあ、一体どんな犬なんだ、その日本犬っていうのは？——ということを確かめたかったのである。

犬猫を扱っているペットショップがかろうじて1軒あったので、早速その店頭にいたオシャレなベーゴマのような風体のオバちゃん。彼女に日本犬は売ってないのかと尋ねてみると、オレの足元にあった5、6匹の小さな犬が入っている檻《おり》を指差し、

「それが日本犬だよ」

とアッサリと答える。

「えっ、だってコレは…」

檻の中の犬を改めてのぞき込んだが、それらはペキニーズでもマルチーズでもホワイト・テリアでもなく、とにかくなんだか中途半端な犬だった。

「…はるか昔、中国の新羅《しらぎ》から送られた犬を改良したチンという犬が日本にいますけど、それとも違うみたいですね。インチキ臭いなぁ〜」

吹き出しそうになった。檻の中の犬と同じ周波数の哀愁を漂わせているのに、その犬達を冷静に分析している鈴木君。考えてみれば、彼だって見た目ではインチキ臭い日本人な

のだ。

ま、それはそれとして、確かに檻の中にいるような犬はホーチミンでも何度か見たことがあった。『ジャイアント・ドラゴン・ホテル』の周辺では、小金を貯めてそうなオバちゃんがヒモをつけてよく散歩させていたし、手乗り鹿を食べた例の抱きビアの1階のソファでも同じような犬が横になっていた。

「あの…4～5年前までは華人（中国人）がよく買ってったそうです。その頃は1匹500万ドン前後で売れたらしいんですけど、今は15万ドンだそうです。それから、この檻の中にいるのは全部が日本犬ではなくて、半分は北京犬だそうです」

「えっ…でも、オレにはみんな同じに見えるけどなぁ」

「日本犬は毛にツヤがあって、北京犬は毛が少しだけモップ状になってるそうですよ。…それから、今は北京犬の方が20万ドンで売れるので、日本犬より高いらしいです」

「なんだかなぁ～。結局、今となっては日本犬もバブルの申し子みたいな、どうでもいい犬になっちゃってんだな。4～5年前まではベトナムに住んでる華僑《かきょう》（海外に住む中国人）も景気が良かったんだよ。で、金持ちのお遊びとして、このなんだかわからない犬を日本犬って命名しちゃってさ。それでブルジョア感覚を味わってたんだよ。…バカらしいっ！　時間のムダだよっ。ホテルでゆっくりしときゃあよかったぜ、こんなことなら」

なぁ、カモちゃん。怒るのは勝手だけど、このネタの発信源はアンタなんですけど…。

夕刻、タクシーに乗ったと同時に、鈴木君に犬料理の店に行ってくれるよう告げさせるカモちゃん。

「おい、やめようよ…。オレ達、犬を見てきたばっかりじゃねえかよ」

「何言ってんだよっ。犬料理はハノイの名物だろ。それを食わないでどうするんだよっ」

「名物だろうがなんだろうが、犬はやめようや…。それに、オレんちは犬を飼ってんだぜ」

「ダメだよっ、認めないよ！　犬を飼ってるから犬を食えないなんて」

…よぉ、カモちゃん。アンタはよく〝認めないよ〟って言葉を使うけど、それは何が基盤になってんだよ。アンタ独自の『カモちゃん憲法』ってモノがあって、それに反すると〝認めないよ〟が出てくるのか？　ま、それならそれでいいんだけど、そのカモちゃん憲法を承認してんのはアンタだけなんだよっ!!　アンタだけ!!

市街地から3、4キロ離れたイェンフー通り沿いの土手。その不気味な静けさに包まれた土手の上に、7、8軒の犬料理屋が点在していた。店はどれも海の家に毛が生えたような感じで、オレ達は最も客が入ってそうな真ん中に位置する1軒を選んだ。

板敷きのフロアには一面にゴザが敷かれていて、いくつかのグループが車座になっている。みんな夜桜でも見ているかのように楽しそうで、ビールやドブロクのような白い酒を飲みながら皿の上に箸《はし》を伸ばしている。――犬料理屋に来ている、という自覚がどうしてもわいてこなかった。

店の端っこにあるテーブル席に着いたオレ達は、犬肉のハムと犬肉を焼いたものをオーダーしてみた。

「…なんだい、この薄紫色のヤツは？」

真っ先にお椀《わん》のような容器がテーブル上に3つ並べられ、その中に入っているドロドロとした不気味な液体について尋ねてみた。

「魚を発酵させて作ったタレです。コレをつけて食べるみたいですよ」

なんの気なしに容器に鼻を近付けると、生きているのが急に嫌になるほどの悪臭が飛び込んでくる。それから5分ほどして、ハムと4センチ角ぐらいに切られた焼いた肉が出てきた。ハムはレバーとロースの2種類がいっしょくたに1つの皿に盛られていて、焼いた肉の表面には釣り糸をみじん切りにしたような短い毛がビッシリ生えている。

「………………よしっ、食おう！」

自分のオフクロが激マブだというウソをつき、クラスメイト達の視線を背後から一斉に浴びながら、開き直ったかのように自分ちのドアを勢いよく開ける小学生。そんな感じで箸でハムを1枚つかみ、それにタレ

犬料理屋の店内。どう見ても花見の会場だろ、これって……

をつけて口の中に放り込むカモちゃん。

「…………………」

カモちゃんの口の動きは最初の一嚙《ひとか》みで止まり、目はみるみる涙目になっていた。ほら見ろ、やっぱり犬なんかウマいわけねえんだよ！

5分後、ようやくそれを消化したカモちゃんの口から次々とムチのような言葉が吐き出される。

「ほらっ、早く食えよ、板谷君！　俺だって食ったんだからっ！　主人公なんだからっ！　なあ！　…なあ！　…なあ！」

「だってウマくなかったんだろ…。いいよ、オレ」

「何言ってんだよっ、認めないよ！　早く食べろよ！　弱虫っ！　なんのために太ってんだよ！　ママが恋しいのかっ！」

「海軍士官学校かっ、ココは!!　わかったよっ、食えばいいんだろっ、食えばっ!!」

見た目が最もノーマルなロースハムに箸を伸ばし、タレをつけて思い切ってガブリついてみた。

「………んぐっ………ごんぎゅううううううっ」

頭の中でゲロ大名とジェントル板谷がモノ凄《すご》い勢いで闘っていた。——ハム自体の味は決してヒドいものではなかった。が、それが犬の肉なんだという観念と薄紫色のタレが口の中でミックスされた途端、それが化学変化を引き起こして狂暴な味になっていた。

ゲロをガマン中のオレ。7人の美女とサウナでツイスターゲーム……
そのことだけを必死で想像してた

15分後、一瞬たりとも気を抜いたらゲロが垂直に飛び出してしまいそうな緊張と闘いながら、ようやく口の中のハムを胃袋の中に送り込んだ。

「信じられねえよなぁ。あんな若い女のコ達も美味《おい》しそうにパクパクやってるし…」

背後のグループに目をやりながら、そんなことを言うカモちゃん。

「でも、犬を食べる食文化があるのはベトナムに限ったことではなく、中国（香港を含む）、台湾、韓国などにもあるんですよね」

「まぁな。けど、韓国ではソウルオリンピックの時、ソウル市内から犬料理屋がだいぶ姿を消したらしいぜ」

「それは…あの、国際的な体面を韓国政府が考えての事だったんでしょうか…」

「ハッキリとはわかんないけど、たぶんそういう事だと思うよ。…でもよぉ、板谷君」

急に話をふってくるカモちゃん。

「7年前…ぐらいかなぁ。カンボジアの田舎の村に行ったら、そこの人が犬の丸焼きを食ってたんだわ。なんで犬なんか食べるんだって聞いたら、食べるモンがないからだって当たり前に答えるんだよな。だから、しょせん人間なんて飢えればなんだって食うんだよ」

「あの…ホーチミン市内にも店頭で犬を次々と焼いている料理屋があるんですけど、その店のペットとして飼われている犬が近くで平然と遊んでるんですよね。…ボクはその時に思いましたよ。ああ、やっぱり犬は犬なんだって」

「そんなの犬だけじゃねえよ。昔、俺の友達の家が豚を飼ってたんだけど、トンカツの残りをやったらペロリと食っちゃったもんな。それに、日本兵だってフィリピン人を…」

「もう止めとけや、そういう話っ!! オレの食道を水銀のように上昇してんだよっ、さっき食ったハムがあああああ!!」

そう怒鳴った直後、店のすぐ外から犬の鳴き声が聞こえた。なんでかわからんが、とっさにイスから立ち上がったオレは、自然とその声がした方に向かっていた……。

店の前に自転車が1台停まっていて、その荷台にくくりつけられた針金のカゴの中にUFOキャッチャーのケースの中に入れられているヌイグルミのように、15匹ぐらいの犬が詰まっていた。犬はどれも体長50〜60センチぐらいの雑種で、体毛の色は白、茶、黒、ブチ…とさまざま。ちなみに、以前聞いた話では生後6〜7ヵ月の犬の肉が最もイイとされているらしく、カゴの中でジッとしている犬達は全てそのぐらいに見えた。

背中の薄皮がピリピリッとするような罪悪感に包まれながらも、さらにカゴの近くに寄って犬達の顔を見た。その表情は自分がこれから食べられることを本能で察知しているかのように、明らかに脅《おび》えている。また、そんな運命を受け入れる決心をしたような絶望感。それもその表情の中に少し混じり込んでいた。

残酷な事態を黙って待つ、さらに残酷な時間。——なんともいえない光景だった。ペットとしてかわいがられる犬もいれば、このように捕えられたら最後、有無をいわさず人間の食材にされてしまう犬もいるのだ。

仔犬《こいぬ》の中でも最も肉がウマいとされている黒犬。カゴの中にいたソレが恐怖に耐えきれなくなったのか、突然オレに向かって牙《きば》をむいて唸《うな》り出す。そして、その犬は次の瞬間、真横にあった他の犬の顔をガブッと噛《か》んだ…。

キャ〰〰ン、キャ〰〰〰ン、キャイ〰〰〰ン！

顔を噛まれた犬が暴れ出し、カゴの中がパニック状態になった。

ヒステリックに吠《ほ》え始める犬、牙をむく犬、カゴをかきむしる犬、恐怖のあまり嘔吐《おうと》する犬、それでも哀しい目をしてジッとしている犬……。

それ以上カゴの中に視線を止めておくことができず、逃げ出すようにそこから遠ざかっていた。土手の上にしゃがんでいた客引きの少年が、そんなオレのことを小馬鹿にしたような笑いを浮かべながら見ていた。ちきしょう、なんだか知らないけどまた負けた…。

▼ハノイ

元兵士の証言　その③

ハノイのミニ青山、ハン・ハイン通りで久々にホントにウマい食べ物と出会った。ホーチミンを離れてからというもの、適当な安メシ屋ばかりに入っていたので、美味しいモノにはとんと巡り合ってなかった。そして、このハノイに来て名物のチャーカーと呼ばれる雷魚の香草焼きを食べてみたが、もう1度食べたいという気にはなれなかった。もちろん、犬料理は問題外である。

当たり前な話だが、食に対しても人間は好き嫌いというものを持っている。が、ハン・ハイン通りの太ったオバちゃんが仕切っている店の鶏おこわ。コレだけはそれを木っ端微《み》塵《じん》にするくらいウマかった。

店名もない半屋台の小汚いテーブルに着いた時、オレ達は何の期待も持っていなかった。さらに、まだ何も注文していないのに、小さな茶碗《ちゃわん》に蒸し鶏がチョコンと載ったおこわを3つ出された時には怒りさえ感じた。ところが、それを1口…2口…と食べているうちに、オナニーが佳境に入った時のように箸《はし》を持つ手が止まらなくなり、わずか30秒ほどで平らげてしまったのだ。

鶏のダシ汁で蒸《ふ》かし上げたおこわはもちろん、その上に載ったコクのある鶏のモモ肉。そして、サッとかけられたサッパリとしたタレ。単体として食べてもウマい、それらがさらに口の中で一緒になると、思わず大声で誰かに謝りたくなるほどのウマさが展開されたのである。

また、この店ではチェー・ダーもすこぶる美味しかった。チェー・ダーとはベトナム版冷緑茶のことで、南部や中部ではチャー・ダーと発音されるが、北部に来るとチャーがチェーに変わる。

今回の旅では、オレはこのチェー・ダーを改めて気に入り、各地のカフェや食堂でクジラのようにそれを飲んできた。だが、この店のチェー・ダーは、より緑がかった濃い色をしており、味の方もコクがあって上等な日本茶のような感じなのだ。元々、お茶というのは霧が深い地方でとれたものがウマいとされているので、寒い季節が存在する北部の方が上質な茶葉が収穫されるのだろう。そして、この店のチェー・ダーはその茶葉をケチらずに煮出しているので、このようにちゃんと美味しいのだ。

ちなみに（↑オレってよく使うよな、この言葉。好きじゃねえのに）、鈴木君によるとチャー・ダーがウマくない食堂やレストランは、ほとんどがダメな店だという。ま、寿司《すし》屋の卵のようなもんだな。

鶏おこわとチェー・ダーを満喫しているオレ達。鈴木君の顔を見てたら、鶏ガラのスープも飲みたくなった…

さて、食べ物の話はこのぐらいにして、オレ達は今、ハノイ市内にある軍事博物館に向かっていた。この施設には対フランス抗争やベトナム戦争当時に使われていた武器や戦車などが展示されているらしい。が、オレ達はべつにそれらを見たいわけではなかった。

南ベトナム軍とベトコンの元兵士に話を聞いたオレらには、北ベトナム軍の元兵士にも話を聞いてみる…という仕事が残っていた。そして、泊まっているホテルのフロントにいる妙な色気のあるオネーちゃんに〝ドコに行ってインタビューするのが最も適当か?〟と尋ねたところ、それなら軍事博物館を見学している人に声を掛けてみるのが一番いいだろう、と教えてくれたのである。

ハノイには北軍の元兵士がごまんと住んでんだから、その辺の街角で40代以上のオヤジに声を掛けてみればいいだろうと思うかもしれんが、元ベトコンのインタビューに苦戦したオレ達は、割と慎重になっていたのである。が、1人1万ドンの入場料を払い、その博物館内で次々とオジさんに声を掛けてみたのだがベンチェの時と同様、あまりイイ返事は返ってこなかった。かろうじて1人のオジさんが〝同じ民族同士が殺し合うことについてどう思ったか?〟という質問に、

「南ベトナムはアメリカと組んで国を売り渡そうとした敵だから、同じ民族だからといって闘うことに切なさは感じなかった」

と答えてくれたが、どうやらその人はこの施設を見学している小学生を引率している先生らしく、それだけ答えるとスクールバスに乗り込んでしまった。

(やっぱりそう簡単には話せねぇのかなぁ、ベトナム戦争の事って…)

「板谷君っ、あの人!」

オレの背中を叩《たた》き、中庭の中央で立ち話をしている人物を指差すカモちゃん。

(…なるほど、あの人なら軍服を着てるし答えてくれるかもしれんぞ)

その軍服姿の男に小走りで近付いていくオレと鈴木君。そして、あと数メートルとなった地点で背後からカモちゃんの小さくて厳しい声が飛んだ。

「違うよっ、ソイツじゃない。その隣の革ジャンを着た男に声を掛けるんだよっ」

「…えっ?」

革ジャンを着た男はこの軍事博物館の館長で、軍服の男はその部下だった。

その後、博物館に併設されている宿舎のような建物、その中にある貴賓室に案内されたオレ達が館長から最初に掛けられた言葉は、

「質問は10分間だけにしてもらおう」

だった。

ヘラブナを釣ろうとしたら、いきなり松方弘樹《まつかたひろき》が狙っているカジキを釣り上げてしまったような気持ちになっていた。長方形の上等なテーブルの片側にはオレ達3人。その正面には館長、さらにその両脇には軍服の男が背中に竹のモノサシを入れられたようにシャキンとして座り、その近くには給仕係らしい厳しい顔をした男が立った。〝ファーストキスの時、舌を入れましたか?〟といった質問をしたら一斉射撃されそうな雰囲気だった。

館長の名はレ・マー・ルーン。50年生まれで、中部にあるタインホア省の出身。首にカマで斬りつけられたような目立つ傷跡があり、眼鏡の奥にある一見ニヤけたような目。それには何かゾクッとするような冷たい鋭利なモノが宿っている。

「あ…あの、北ベトナム軍にはいつ入隊したんですか?」

『67年だから…入隊したのは17歳の時だった。そして、71年に英雄の称号を得た』

「何が評価されてその称号をもらったんですか?」

『……………………』

「あ、え〜とぉ…同じ民族同士が闘ったベトナム戦争は、ツラい戦争だったでしょうね」

『どんな戦争でも人を苦しめるものだ。…南ベトナム軍とアメリカ軍。闘う上では、アメリカ軍を的にする方が当然力が入ったな。一番の敵はアメリカ侵略軍なのだから』

「戦争が始まった当初は、南の方が兵士の数から武器に至るまで有利だったわけですよね。

なのにそれをハネ返した。北と南の兵士では精神面での強さの違いを感じたんですけど…」

『北の方が精神的に強いというのは当然のことだ。南側は傀儡《かいらい》（操り人形）軍であって、自分の国の完全な独立を目指している北側に、明らかな正義があったのだからな』

「アメリカに勝てた一番の要因はなんだと思いますか？」

『何千年にも渡って各国の侵略と闘ってきたベトナム民族の意志の強さ。それが一番に挙げられると思う。…抗米戦争は北ベトナムにとって正義の戦争であり、それはすなわち、人民の戦争だったんだ』

「今もどこかの国が侵略してきたら当然闘いますよね？」

『外からの侵略には、断固としてこの国の人民は闘うだろう。それは特別なことではなく、今までもそうしてきたんだ。が、基本的にはどこの国とも平和な関係であり続けたい』

その後、カモちゃんがこの宿舎の外にホンダのドリーム号が停まっているが、あれはアナタのものですか…と尋ねると、館長はニッコリとした顔になって肯《うなず》き、日本製のバイクは最高だというようなことを上機嫌になって少し話した。そして、最後には給仕係に缶ビールを運んでこさせ、皆で乾杯してインタビューは終了。館長が言った10分間を15分もオーバーしていた。

博物館の門から出た直後、気になっていた事をカモちゃんに尋ねてみた。

軍事博物館の館長さん。オレも昔グレてたからわかるけど、この人の眼はマジで普通じゃなかった

「ねぇ、あの館長はチャンカラな革ジャンを着てて、一見すると普通のオッさんだったじゃん。なのに、どうして軍服の男よりあの人に声を掛けた方がいいって判断できたの？」

「顔を見た瞬間にわかったんだよ。あの顔はたくさんの人間を殺したり、もしくは自分の命令で大勢の人間を殺させたり死なせてしまった者の顔なんだよ。…何かを悟りきったような恐いほどの落ち着き、それがあの人の目にあったろ。普通の人間はあんな目は持てないんだよ」

「ふう〜ん……」

「あの館長は近い将来、もっと偉くなるよ。頭もキレそうだし、政府の執行部か何かに入るんじゃないかな…」

もし、オレと鈴木君が中庭で最初に軍服の方に声を掛けていたら、さっきのインタビューは実現しなかっただろう。館長は自分に真っ先に声を掛けてきたという事に対し、オレ達を認めてくれたというか…面白い奴らだなぁと思ってくれ、それであぁいった特別扱いをしてくれたんじゃないかと思う。しかし、それを瞬時に判断できるカモちゃんというのは、やはりただの飲んだくれじゃなかった。

鈴木君がしてくれたベトナム戦争の説明。そして、一連の元兵士達へのインタビューを通してオレが何をつかんだかというと正直、何もつかんではいなかった。言い訳じゃないが、今回得た情報や証言はあくまでもベトナムサイドの意見ばかりなので、それをそのまま鵜呑《うの》みにしてベトナム戦争観を自分の頭の中に作ってしまうのは少々危険なことだと思う。

が、『プラトーン』『フルメタルジャケット』『ハンバーガー・ヒル』『グッドモーニング！ ベトナム』――などのオレが今まで娯楽作品として見てきたベトナム戦争映画。それは全てアメリカ側が作った作品であり、間違っても自分達は正しかったとは語っていないが、ほとんどの作品がアメリカ兵士の苦悩や悲惨さを主軸にして撮られていた。そして、そこに出てくるベトナム人の顔は、オレの目にはショッカー軍団のようなノッペラボウにしか映らなかったのである。

だが、中途半端なモノだったが今回の一連のインタビューによって、そのベトナム兵士のノッペラボウの顔に、ようやく各パーツが浮かび上がってきたような気がした。

また、最初はホントに憂うつで仕方なかったが、ベトナム戦争のことを即席で教えてもらったことによって、各風景の見え方が以前とは違ってきたのも事実だった。シクロの運転手、障害児学校、エビ穴、トラの檻《おり》、ムークンをかぶった男達……等々。それらが立体的に、背景を伴って少しだけ深く見えてきたのだ。

…きっとカモちゃんはオレがそういう眼鏡をかけることができるように、こうまで『ベトナム戦争』というキーワードを突きつけてきたんだと思う。

カモちゃん…。少し恥ずかしいけど、これだけは言わせてくれ。オレのメチャお気に入りのTシャツが3日前から行方不明になってんだけど、それがなんであんたのカメラバッグの中にレンズ拭《ふ》きとして入ってんだよっ!! 大バカ野郎っ!

▼ハノイ

眠れぬ夜とナンパ成功！

この旅も残すところ、あとわずかになってきた…。

朝起きて久々にテレビを見た。

5、6人の若者がボーリングをしている。その中の女のコがボーリングの玉を手にしようとすると突然、指の穴の1つからリップクリームのスティックが飛び出してくる。次の瞬間、満面の笑みを浮かべてソレを唇に塗りつける女のコ。

OLがオフィスの机で、黒インクを大切な書類の上にこぼしてしまう。チャック・ウィルソンに口紅を塗りつけたような金髪女が唐突に出現し、生理用のナプキンでそのインクを拭く。書類は元通りになり、OLは喜んでピョンピョン飛び跳ねる。

全身を紫色に塗られたパンツ一丁の男が森から出てくる。三つ編みの小さな女の子がタテ笛を吹くと急にその男が頭を抱えて苦しみだし、森の中から巨大な白髪の老人が出現。

『ソフィテル・メトロポール・ハノイ』内のサ店。そこで次々とデザートをたいらげるオレ。名場面

そして、その後の展開が一切ないまま、画面に洗剤の箱がアップで8秒間ぐらい映し出される。
3人のデブが陽気に踊っている。突然、そのうちの1人が泣き出すと、空からキャンディーが降ってくる。手をたたいて喜ぶ3人のデブ。が、いきなり角刈りの厳しい顔をした男が登場し、3人の中の1人にゲンコツを食らわせる。そして、ゲバゲバしい化粧をした女を角刈りが抱き寄せ、少し震えながら見たこともないようなステップを踏み始める。――そんなCMが立て続けに流れ、頭がオカしくなりそうになったので、すぐに電源をオフにした。

午後。オレ達が滞在している安宿から歩いて10分ちょいの所にある『ソフィテル・メトロポール・ハノイ』、その中にあるカフェにお茶を飲みに行った。このホテルはハノイ一の高級ホテルであると同時に、世界公認の5ツ星ホテルでもあるらしい。なるほど、そのヨーロッパ調の立派な外観を見ただけでオレの頭の中にはクラシック音楽が流れ出し、カフェのゆったりとした大きなイスに腰を下ろした途端、急に自分のことが薄汚いドブネズミのように思えてきた。

　そして、片田舎から都会に出てきたオヤジのように、わざとバンカラな態度でカプチーノをオーダーし、タバコに火をつけながらも禁煙じゃないかどうかを心の底でビクビク気にしていた。…こんなものなのか、オレって。

「アコーディオンを膨らましたような体型のフランスのジジババしかいねえじゃねえか、このホテル。…しかも、なんだよ、あの1人で泳いでる気持ち悪りぃババアは。プールサイドに、直《じか》にシャンパングラスなんか置きやがって。死んじまえよっ、心臓麻痺《まひ》か何か起こして！」

　案の定、1人で怒り始めるカモちゃん。

　ちなみに、このホテルはスタンダード・ルームでも1泊2万円以上するので、仮にオレ達がココに滞在したら6日もしないうちに日本に帰

偉くなりたい…。時々は、こんなホテルに泊まれるぐらいに

ることになるだろう…。

『ソフィテル・メトロポール・ハノイ』から安宿に戻る途中、帰りの飛行機代すら残っていなかったので、オレは鈴木君に銀行まで付き合ってもらい、そこで自分のトラベラーズチェックを現金に替えた。

ほんのちょっと懐が温かくなったオレは、ホアンキエム湖の湖畔にある路上カフェで鈴木君とホットコーヒーを飲んでいた。が、とにかく寒い。遠くのビルの外壁に設置されている寒暖計は12度を表示していたが、湖面からひっきりなしに突風が吹き付けてくるので、体感温度はそれより5度は低かった。

「ハノイに来てから犬の話ばっかしてるけど、ベトナムってシェパードを短足にしたような犬が多くねえかぁ？」

「あの…昔、人に聞いたことがあるんですけど、ベトナム戦争の時に米軍は、軍用犬もたくさん連れてきたみたいなんですよ。それで、侵略に失敗して引き揚げる時に、5000頭ぐらいいた軍用犬のうち、200頭ぐらいしか連れて帰らなかったそうです」

「じゃあ、置き去りにされた残りの4800頭のシェパードが地元の犬と交配して、ああいう犬がたくさんできちゃったのかぁ」

「いや…あの…ハッキリそうとは言い切れませんけどね」

「しかし、アメ公もかわいそうなことをするよなぁ。犬だって勝手に軍用犬にされて外国でコキ使われて、その挙げ句に置いてかれちゃタマったもんじゃねえよな。人間でいえば、いきなり忍者にされたと思ったらアンゴラの地雷の撤去を連日やらされて、その途中でバイバ〜イだぜ。そりゃあ現地の女とでもSEXしなきゃやってられねえっつーの、実際の話」

「ええ…………」

「………………寒いね」

「ええ…………」

近くの柱にくくりつけられたスピーカーから突然、効果音のように流れ出すドナドナのメロディ。……なぁ、街ぐるみで早く帰国させようとしてんのか、オレのこと。

その晩、ホテルのベッドでウトウトしていると廊下から大声が響いてきた。どうやら欧米のバックパッカーが、女を自分の部屋に引っ張り込もうとしているらしい。と、視界の隅にムササビのようなものが飛び上がるのが見え、数秒後……、

「うるせえんだっ、バカ野郎おおおおおおおおおっ!!　こんなボロ宿で騒ぐんじゃねえええええええええええっ!!」

というカモちゃんの絶叫が炸裂《さくれつ》。

それからしばらくして、ようやく本格的にまぶたが重くなってきた時に、今度は部屋の右外からサンダルのジャリジャリした足音が聞こえてきた。そこには、ホテルの従業員達が洗濯場に向かうための細い通路が通っている。

ゴシゴシゴシゴシゴシゴシゴシゴシ…。

足音が落ち着いたと思ったら、それと入れ代わるように響いてくる歯磨きの音。しかも、それは一向に止まる気配がない。

（ったく、何分歯を磨けば気が済むんだよっ！　5メートルぐらいあんのかっ、歯グキが!?）

…と、ピタリと止む歯ブラシの音。そして…。

「うがあああああああ〜〜〜〜〜〜〜っ、ペッ!!　…うごっ……がっ…ぐわあああああああ〜〜〜〜〜〜〜っ、ペッ!!」

オバちゃんのタンと歯磨き粉を吐く声を聞きながら、オレは長年忘れていたあることを想った。

（偉くなりたい……）

数分後、ようやく部屋の中に再び静寂が訪れた。

「寂しいよなぁ…。俺達…有名になれば……こんな…」

中央のベッドから聞こえてくるカモちゃんのつぶやくような声。

「まぁね…。でも、有名になりたいなんて願望がホントにあんの、カモちゃんには？」

「……もっちゃんラーメンは…構造的に無理なんだよっ、そんぐらしゅましゃ……もんぐり返ってみなよ…」

奴の寝言にまた引っかかった…。

ベトナム最後の晩は市内の劇場でサーカスをやっているというので、それを見に行くことになった。——野郎3人でサーカス。きっと1秒でも早く記憶から消し去りたい思い出になるだろう。

「あの…まだ開演まで1時間以上ありますから……甘いモンでも食べてから劇場に向かいましょうか」

「お前はベトナム小町かっ！　サーカスだって十分情けないのに、その上、3人そろって甘味処か⁉　もう飲みに行こっ。どっかでベロベロになろうっ」

「オレは鈴木君の意見に賛成だな。甘いモン食べると疲れが取れるっていうし」

「認めないよっ、そんな豆知識！　…だから血圧が180もあるんだよっ、板谷君は」

「うるせえっ、人のこと言えるか、アル中！　最後ぐらい正気で過ごせや‼」

ホテルから歩いて5〜6分のところにあったチェーの屋台。その店が沿道に出している低いイスに腰掛けながら、背中を丸めて小さなカップの中をスプーンでほじくっているオレ達。

チェーとは、アズキやタピオカの上にココナッツミルクがかかっているベトナム版のぜんざいのことで、オレは2年前の旅ではこれが気に入って、トータルで20杯ぐらい食べていた。

と、すぐ近くにバイクが停まり、2人組の女のコが横にあったイスに腰を下ろしてくる。

オレの正面に座りながら、女のコ達をチラチラ盗み見ている鈴木君の顔。それから推測するに、彼女達は割とマブいらしい。鈴木君は美形を間近にすると、顔を少し伸ばしながら鼻をすする癖があるのだ。

「ヘェロ〜！　アー・ユー・スティュデン？　ア…ハン？」

いきなり女のコ達に向けて発射されるカモちゃんの英語。

（止めとけやっ、オレはまだ鈴木フェイススコープで彼女らを観察してる段階なのに。ストレートにいったら逃げられるだけなんだよっ、ベトナム人にとってもオレらは真鯉なんだから！）

ところが、2人のうちの1人がどうやら英語が話せるらしく、カモちゃんとその娘のやり取りがちゃんとした会話になってきた。

（おい…ひょっとしたらイケるかもしれねえぞ、これ）

ベトナム人にしては着ている服もあか抜けていて、顔には上品さも漂っている2人組。キュートな丸顔にパッチリとした目が印象的なのはダオ・タイン・トゥイちゃん。彼女は英語と北京語が話せるハノイ総合大学に通う女学生。もう1人のヴー・クイン・アインちゃんは、江角《えすみ》マキコを中華味の素で味付けし直したような顔で、身長も170センチ近くあってファッションモデルのようなスタイルをしていた。そして、アインちゃんは旅行会社に勤めている関係で、ちょっとだけ日本語が話せるようだった。

2人共、22歳のお嬢ちゃん。しかも、そのうちの1人とは日本語でコミュニケーションがとれる。……なぁ、ベトナムに来て最初で最後のチャンスが回ってきたような気がするんですけど。

「ねぇ、アインちゃん。パッと見でオレ達はどこの国の人に見える？」

「カレはニホン人に見えるね」

そう言って鈴木君のことを指差すアインちゃん。

「じゃあ、オレは？」

「アメリカ人」

「アメリカ人!?……じゃあ、あのカメラを持ってるオジさんは？」

「カレはベトナム人に見えるよ」

「ベトナム人が、同じベトナム人を英語でナンパするわけねえだろうがよっ。バカだなぁ〜、この娘はっ」

「ダメっ。カモちゃん、そういうこと言っちゃダメ。ね、壊すのは簡単だけど、ほら、築き上げようとしてんだからっ、ね」

「ナンパってナニ？」

「青い宝石のこと」

その後のやり取りでわかったことは、２人とも日本に興味があるらしく、その理由は日本人は頭がイイからだと言う。そして、これから何をするつもりなのか尋ねてきたので、正直にサーカスに行く予定だと答えると、サーカスはつまらないと言う。それはオレにもわかっていた。

「じゃあ、何が面白いの？」

「ディスコいいよ」

「ディスコかぁ……ねぇ…じゃあ、オレ達と一緒に行こうよ、ね」

もう1人のトゥイちゃんにベトナム語で何かを話し掛けた後、少し困ったような顔をして自分の腕時計に目をやるアインちゃん。

「まだジカンはやいね。できません、ディスコ」

（できません、って…。ヤべえな、なんとかしなくちゃ）

が、その後も会話を続けているうちに彼女らは心の観音扉をバカバカ開き始め、それじゃあカフェでお茶を飲んでからディスコには8時半ぐらいに入ろう、ということになった。

「ウッホッホ〜〜〜〜イ！　俺、あの丸顔の娘とりいいいっ！」

彼女らが2人乗りしているバイク、その後ろをひっついて行くタクシーの中で、奇声を上げるカモちゃん。

「なぁ、昭和の中期の喜び方だぞ、それって。…ま、そんなことはどうでもいいけど、ディスコの後はどういう方向性でいく？」

「待てよ……あの2人って、ひょっとしたら公安かな…。即座にディスコって言葉が……となると、どんなアクションがあるんだ、ディスコで？　…ま、それはないかぁ〜。よっしゃあ！　ハノイ娘をナンパ…しかし、話ができ過ぎてるような……ダメだっ、気が抜けない」

まったく、短い時間にいろいろな事を考える男である…。

ハン・ハイン通りに入って停まる彼女らのバイク。そして、後部シートから降りたトゥイちゃんが、コチラを向きながら真横の派手な電飾がチカチカしているカフェを指差す。

なるほど、やっぱりこの通りはハノイっ子のミニ青山なのだ。

彼女らとカフェのテーブルに着くと、周囲の若者達の視線が一斉にコッチに向く。

「井上君、何か用ですかっ⁉　それから、そこのオカッパ！　なんで明らさまに俺達のこと見てるわけ⁉　なあ⁉　…なあ⁉　…なあ⁉」

ジロジロ見られたことに対して頭に来たのか、近くに座っている若者達を軍鶏《シャモ》のように威喝し始めるカモちゃん。誰なんだよ、井上君って。とにかく、頼むからこの〝ハノイの休日～合コンバージョン〟をブチ壊すなっつーの！

「滅多にないケースというか……本当にこんな事ってあるのかなぁ…」

オレの隣でブツブツ独り言をつぶやいている鈴木君。

「何よ、こんな事って？」

「あの…ベトナムでは若い娘が暗くなってからも外国人と一緒にいると、売春婦にしか見られないっていう傾向、それがいまだに強く残っているんです。だから、てっきりチェーの屋台で別れることになると思ったんですけど…あの、ベトナムの普通の女のコが初対面で外国人とディスコまで行くっていうのは非常に珍しいケースなんですよ」

ニコニコ笑いながら日本語、英語、ベトナム語でオレ達に話し掛けてくる彼女達。それに答えながらも改めて彼女達をジックリ眺めてみる。──ホントにかわいかった。ちょっと前までは野郎3人でサーカスだったのに、こういう香《かん》ばしい展開になっているのが嬉《うれ》しくもあり、ちょっと信じられないような気もした。真鯉の日本人。その真鯉という岩のように重い前置詞を吹き飛ばすほど、彼女達にとって〝日本人〟という銘柄は興味を惹《ひ》かれるものなのか。…なんか歓喜の副作用ですっかり卑屈になってんな、オレ。

再び彼女らが乗ったバイクをタクシーで追い、太いクア・ナム通り沿いにある『メタル・クラブ』というディスコに入った。が、螺旋《らせん》階段を上がってダンスフロアに出てみると客は誰もおらず、薄手のブラウスを着て全盛期のオーヤン・フィーフィー張りの化粧をした約20名の売春婦。彼女らがフロアの一番奥にあるソファに陣取っていて、こちらの方に手負いのジャッカルのような視線を送りつけている。

ちなみに、ベトナムのディスコにはこういった売春目的の女のコがスタンバイしていることが多く、街角で立ちんぼをしているオバちゃんは相場が15〜20ドルなのに対し、彼女らは一晩で100ドルも要求してくるという。

不況にあえぐ現在のアジア各国を尻目《しりめ》に、観光客こそ多少減ったもののGNPは前年比の5%アップ──となっているベトナム(政府の発表だから鵜呑《うの》みにはできないが)。そのベトナムでも物価は確実に上昇しているのだ。

ま、そんなことはどうでもいい。問題は目の前にあるこの危機をどう乗り越えるか、だった。客はゼロ。流れるのは演歌とポップスを無理矢理交尾させたような曲ばかり。しかも、その音量が凄《すさ》まじく、会話もできない有様だった。ヤバい、このままではどんどんピザが冷えていく。

少しして、向かいにカラオケができる店があるからソコに行こう…と耳打ちしてくるアインちゃん。なるほど、そういう変化球があったのか。

ディスコと同じビルにあるカラオケ屋。その中の20畳近くあるぜいたくな個室で歌本をパラパラやっていると、日本の歌の曲名がズラリと並んでいる2〜3ページがあった。

(なんか無性に嬉しいもんだなぁ…久々に日本の歌を歌えるって。よしっ、一発熱唱して日本びいきの彼女達の心をグラグラ揺さぶってやるか)

が、その各タイトルに目を通してみると…。

『おまけに／フリヴク氷井』…『ヤメバの女／エト邦枝』…『ふなごしの庭／メゴネス・フン』…『スクンポー／フンク・ロディー』…『マ年目の棒気／チロシ&キ8ボー』…『いい田ヌ立ち／田口百伝』……。

ダメだ、曲名からしてこれじゃあ、どんな恐ろしいテロップが流れるかわからない…。と、性懲りもなく響き始める『セイビング・オブ・マイ・ラブ』のイントロ。今回の旅行中、カモちゃんが歌うコレを何度聴かされたことだろう。しかも、始末の悪いことに奴は〝セクシーに歌う〟ことを回数を重ねるごとに強く心に掛けるようになっており、嫌な

例の曲を歌唱中のカモ。頼むから己を知れ！

首の振り方をしながら土建屋の親分のような声でビブラートまでかけるようになっていた。

　ようやくその忌まわしい歌が終わると、今度は丸顔のトゥイちゃんが英語の歌を歌い始める。小鳥が鳴いているような透き通った声。そして、完璧《かんぺき》な発音。冗談抜きで鳥肌が立った。この娘が毎晩、オレの部屋の窓際にとまって子守歌を歌ってくれるなら、板谷家の全財産をあゆみの箱に寄付してもいいと思った。

　続いてベトナムの歌をネコに食われる2秒前の哀しいカナリヤのような声で歌う鈴木君。オレはベトナム語はいまだにまったくわからんが、英語の曲を歌っている時とは違い、鈴木君の歌声はちょっとだけ素敵だった。ベトナムの歌をシッカリ歌いこなしているという感じなのだ。そして、それを聴いているうちに、不覚にも涙がこぼれそうになった。

　4年前、観光でホーチミンを訪れた時、オレは初めて鈴木君と会った。その時の彼はベトナムに住むようになって間もなかったため、ベトナム語はロクにしゃべれず、全ての物事に対して異常にビクビクしている様子だった。しかも、オレ達と一緒に食べた揚げ春巻きで1人だけ腹を下したらしく、翌日からの案内を断ってきたので結局それきりになってしまった。

そして2年前、今度は仕事としてベトナムの案内を鈴木君に依頼した。彼のベトナム語はそれなりに上達していたようだが、依然としてクリトリスのようにビクビクした感じは残っていて、カモちゃんに怒鳴られる度に仔犬《こいぬ》のようにプルプル震えているだけだった。で、今回――。鈴木君のベトナム語は完全に板についた感じになっていて、オレ達に怒鳴られようが淡々と自分が面白いと思うネタを提示してくるまでになっていた。

オレには経験がないが、外国で生活していくというのはかなりシンドイことだと思う。ましてや鈴木君の場合は知り合いが誰もいなかったらしく、この頑固な国で暮らしていくのは相当キツかったはずだ。――最初の半年は常に腹が下っていて、風邪を引いては10日間ぐらい自分の部屋で1人でジッとしていたという鈴木君。が、それでも彼は日本に逃げ帰らず、黙々とこのベトナムと格闘していたのだ。

鈴木君の歌声を耳にしているうちに、彼が成長していく過程のようなものが頭にザーッと流れてきた。そして、オレはようやくある事に気が付いたのである。

実はオレとカモちゃんは今回、別の国に行くつもりだった。が、その1ヵ月ぐらい前になって、その国に乗り込むより先に、再びベトナムを訪れてみたくなったのだ。理由の半分は、手乗り鹿、エビ穴、サイさん…などの中途半端のままになっていた多くの物件があったため、それに一応のケリをつけたかった。

ところが、あと半分の理由というのがオレ達自身にもわからず、そして、わからないままベトナム行きを決断したのである。が、今になってその半分が何なのかがわかった。

——オレ達は鈴木君に会いたかったのだ…。

その後も途切れなしに続くカラオケ。が、そのうち、女のコ達がチラチラと時計を気にするようになり、ついにアインちゃんが、

「あまり遅くなるとお父さんお母さんにおこられる。わたし、あした会社もある。また会おうよ」

と耳打ちしてくる。…肯《うなず》くしかなかった。

「あ〜あ、なんでもうちょっと早くあの娘達に会わなかったんだろ。帰る前の日じゃんかよ。久々にツイてると思ったらやっぱりツイてねえでやんの、俺達」

ホテルのベッドに大の字になり、そんな言葉を吐き出すカモちゃん。

「ズベ公だったら強引にやっちまうんだけど、あの2人じゃなぁ……」

「彼女達は、半分は中国人の血が入ってると思うよ。きっと金持ちの華僑《かきよう》の娘だな。ま、いいかぁ〜。今回の旅では一連の取材も割とウマくいったし…。ルア・モイがまだ半分ぐらい残ってるから飲もうぜ。よぉ、鈴木君！　おメーもたまには……なんだよ、もう寝てるよ、アイツ。…ダメだなぁ〜っ、人間として」

アンタの方がダメだと思う。

向かって右から、トゥイちゃん、アインちゃん、生き返った旧日本兵、オレ。合言葉は『死活問題！』

翌朝、鈴木君に起こされるオレ達。ヒドい二日酔いだったが、時計に目をやるとグズグズしてられる時刻ではなかった。

早速、リムジンタクシーを呼んで、ハノイ郊外にあるノイバイ国際空港に向かうことになった。ちなみに、当初はハノイ市内の取材を終えたらそのままスグに列車に乗り、中国との国境を越えてフーコウという街で1泊してから再びハノイに戻ってくる計画だった。が、ホーチミンでの滞在が予定より長引いてしまい、それが中止になったので、結局はマルチビザを取ったのがムダになってしまった。

「いゃあ、鈴木君、今回はホントに助かったわ。この1ヵ月間、いろいろ面白いネタをふってくれてどうもあんがとな」

「あの…ホーチミンに〝釣りオム〟っていうのがあるんですけどね」

「釣りオム？　なんだい、そりゃあ」

「釣り堀と抱きビアが合体したようなものです。川沿いに小屋がポチポチ並んでいて、その中で女のコにお酌をしてもらいながら釣り糸を垂らせるんです」

「なんでそんな大切な事を今になって言うんだよおおおおっ!!」

珍しく大人しくしてると思ったら、突然怒鳴り出すカモちゃん。

「前回も俺達が日本に帰ってから〝手乗り鹿を食べさせるレストランがホーチミンにある〟なんて電話で言いやがって!　あ～～～～あ、やられた、今回も」

空港の入口脇にある食堂。そこでオレと鈴木君はチェー・ダー、カモちゃんは迎え酒を飲んでいた。

「さ、そろそろ行こうか」

そう言って席から立ち上がるカモちゃん。

「あの…待ってなくていいんでしょうか」

「…誰を?」

鈴木君の言葉の意味がわからず、ポカ～ンとした顔になるカモちゃん。

「あの…カモシダさんはベンチェのレストランにあった飾り絵に『馬到成功』という文字が書いてあるのを見て、その意味は〝物事に成功すると馬が集まってくることだ〟って言ったじゃないですか」

「ん…ああ、確かそんなこと言ったよなぁ、俺。…で?」

「昨夜、カモシダさんは今回の取材は成功だって言ってましたよね。…ということは、そろそろこの食堂の周りにたくさんの馬が集まって来るんじゃないでしょうか」

「ダメになった一休みてえなこと言ってんじゃねえよっ。しかも、昨夜は寝たふりをしてやがったんだなっ、貴様！」

「…ええ」

そう答えた鈴木君は珍しく嬉《うれ》しそうに、それでいて少し寂しそうに笑った。

空港の搭乗者ゲートの手前で、急に背後を振り返ったカモちゃんは、20メートルほど離れた所で見送りに立っている鈴木君に向かって、

「おいっ」

と声を掛ける。

「はい…なんでしょうか？」

「あばよ！」

そう叫んでから少し恥ずかしそうにニコリと笑い、肩を怒らせながらゲートをくぐるカモちゃん。おメーは椿三十郎《つばきさんじゅうろう》か…。

こうしてオレ達は、約１ヵ月間滞在したベトナムに別れを告げた。

▼バンコク

再びバンコクにて

その晩、オレとカモちゃんはバンコクのナナプラザ通りにある1軒のゴーゴーバーにいた。目の前ではTバック姿の女のコ達が、クイッと上を向いた生尻《なまじり》を音楽に合わせてブリブリ振っている。

「楽だなぁ～、バンコクって……」

ウイスキーソーダを飲みながら、遠い目になっているカモちゃん。

しみじみと吐き出た〝楽だなぁ～〟。それは彼がこのバンコクをホームタウンにしてるからでも、タイ語が流暢《りゅうちょう》にしゃべれるからでもなかった。お金さえあれば自分の望みが、たいていはスムーズに叶《かな》えられるバンコク。そのタイの中にある大人の遊園地に、意地っ張りで頑固で負けん気が強くて謝らない国から戻ってきたという安堵《あんど》感。それから出た言葉だと思う。そして、生意気にもその〝楽だなぁ～〟という言葉にオレも心の中で肯いていたのである。

大学生を中心とした日本の若いバックパッカー達が大勢訪れるバンコク。この街は空気は汚いし、道路は混むし、クソ暑いし、うさん臭い奴とかもたくさんいるけど、確かに魅力的だ。

そして、そんなバンコク…いや、タイと比べても、ベトナムという国は格段に手強《てごわ》い。ガイドブックとかには素朴な国とか、新しい自分を発見できる所…てな感じの体《てい》の良い言葉が踊っているが、ハッキリ言ってそんな甘いモンじゃない。

そんなやっつけコピーを真に受けてこの国を訪れると、スグに腹を下して元気がなくなり、物売りやシクロの運転手の執拗《しつよう》さに圧倒され、ホテルの従業員のサービスの悪さに腹が立ち、値段交渉に疲れ切り、もう2度とこんな国には来ないっ——と心に誓ってしまうことだろう。

ではベトナムは手強いだけでつまらないかというと、それは大きな間違いなのである。ベトナムというのは、どこの街に行っても哀愁がある。鈴木君が哀愁を漂わせているのも、ベトナム自体が発散しているソレが彼の表情や神経に染み付いたのではないか…と思えてくるほど、その哀愁は濃くてハッキリしている。

が、ベトナムに入国して2日…3日…と経っていくうちに、主観的に言わせてもらえば、その哀愁にイイ感じで酔うことができるのである。ベトナムの魅力というのは地味なんだけど意外と深くて、しかも、後を引く。

食べ物にたとえるなら、タイが予算次第でなんでもトッピング可能なピザだとすると、ベトナムは、〝都こんぶ〟なのである。そして、オレは4年間で3回も、その都こんぶを食べに来てしまったのだ。

また、ベトナムは基本的にはマジメな人が多いため、逆にその不器用なマジメさから生じる数々の面白いことが各所にあふれている。いや、あふれてるなんてもんじゃなくて、その宝庫だと言ってもいい。今回はそれらもすべて紹介したかったが、仮にそれをやったらこの本は１５００ページぐらいになるだろう。定価も５０００円前後にまでハネ上がり、8冊ぐらいしか売れなくなる。そんなことオレは嫌だ。したがって、この本を買って読んでくれた将来の大物候補には、実際にベトナムでそれを目撃して吹き出してもらいたい。立ち読みの人は、ベトナムに行ったらハブか何かに嚙《か》まれればいい。

つーことで、ここらでお開きにしようと思ったが、今回は『終わりに』とかいう面倒臭いオマケのような章は作らなかった。したがって、最後にこの本を作るにあたって力を貸してくれた人達に感謝の言葉を述べたい。

写真を撮るだけでなく、今回も深酒を除けば完全なプロデューサー役になってくれたカモちゃん。わがままなオレとカモちゃん（特にカモちゃん）に最後まで逃げ出さずに付き合ってくれた鈴木君。売り上げアップに大きく貢献してくれる表紙絵＆マンガを描いてくれたサイバラ。会社を変わっても編集作業を喜んで引き受けてくれたハセピョン。今回もこの本のデザインを買って出てくれた愛ちゃん。そして、『スタジオ・ギブ』の中井さん。事前にたくさんの資料をＦＡＸしてくれたサトー隊長。みんなに心からアリガトウを言います。

さて、次はインドだ！

板谷君の父さんケンちゃんは100年に一人のお調子者の体力バカ。
真冬でもタンクトップ
会社は40年間無チコク無ケッキンしかも毎朝九時はじまりなのに七時には会社に行く。
この10年いつあそびに行ってもみせてくれるバット三本素振り
ぶうん
ぶうん
どうでい元気かサイバラよー
最後定年退職しないなら地方工場に平社員で単身フニンですよ。と会社にいわれ地方工場に一人で行くしまつ。
ゼッタイ行くなって家族で反対したのに
人間は働くもんだって
ある日ケンちゃんがその地方工場でものすごく世話になってる同僚がいる。ぜヒもてなしたい。我家に呼びたい。とゆうのでお母さんがごちそうを作って待ってたら
18の髪の染まったバカ不良が4人全員ズベ彼女連れてあいさつもせず家にあがってくる。
んだよここかよ
やっと着いたぜ
東京っても田舎じゃねえ
どか
どか
どか
どか
ケンちゃん一人で場をもりあげる。
あそれイッキイッキ

ケンちゃん噴水ゲロ
うわー
きったねーなー
マジかよ
ダセー
イタヤ
最低ー
じゃん
イタヤ
ダセー!!
バカでー
わーわー
おフクロが泣いてるからちょっと帰るね
えええ なんでお父さんあんな子供にバカにされて
状況はなんとなくわかったからすぐ帰った方がいいねえ
お母さんかわいそう
ブー
板谷くんはこうゆうよいお家で
育った子です。

文庫版あとがき

はい、まず関係ないこと書きまぁ～す。

久々にTVに出てくる一発屋の歌手。そうすんと、唯一のヒット曲をわざとリズムをズラして気持ち良さそうに歌うケースが多いけど、聴いてるコッチは別にそんな歌い方をして欲しいのではなく、その当時と同じく歌ってもらいたいだけなのだ。いい加減気づいてくれよっ、セニョリータ！

さて、「あとがき」である。が、正直言うと、この本を書いてから既に3年半ぐらい経ってるので忘れちゃってます、内容……。で、さっきパパッと斜め読みした際、書きたいことが2～3出てきたので、それを「あとがき」に代えさせてもらおう。

この『ベトナム怪人紀行』を書くにあたっての鬼門は、他ならぬ〝ベトナム戦争〟のことだった。当初、オレはベトナム戦争のことを書くつもりもなければ、その内容を知りたいとさえ思ってなかった。

「よくわからんが、大変だったね……」

そんな地球に優しそうな一言で、ベトナム戦争をすり抜けようと思っていたのである。

ところが、相棒のカモちゃんがそんなオレを叱《しか》り飛ばし、

（ったく、これじゃあモスバーガーに入ってワクワク気分でメニューを見てたら、いきなりソレを道徳の教科書にすり替えられたようなもんじゃやねえかよっ。ツイてねえわ、オレ……）

と思いながらも、枯葉剤が原因で障害を負った子供たちが通う学校や捕虜収容施設の跡地などを訪れ、また、元兵士だったオッさんたちから話を訊《き》いてるうちに、

（う〜ん……確かにカモちゃんが言う通り、これを書かなきゃ今のベトナムのことも書けねえわ……）

と遅まきながら気がついたのである。

つまり、同戦争でのベトナム人の戦い方がイコール、ベトナム人の気質を最もよく表わしており、それが根っこにあって現在の、ドイモイ政策以降のベトナムが花開いていたのである。

で、オレは困った。今の日本の、特に20〜30代の奴らの中には、オレのように他国の昔の戦争のことなどには興味のない者が5人に2人はいる。そういう奴らにベトナム戦争に関する部分を読んでもらうには、さて、どうしたらいいのか……？

んで、考えた末（って言っても、15分ぐらいだけどね）、オレはベトナム戦争を暴走族

同士の抗争に例えて解説することにしたのである。

案の定、この『ベトナム怪人紀行』が発売されると評価は真っ二つに分れた。とてもわかり易かったという人が50％。余計わかりづらくなったという人も50％。ま、その評価に対して特に言いたいことはないのだが、あえて言うなら、余計わかりづらくなったと思った奴は死んじゃえよっ!!　それも、NOWっ!!

さて、あと1つ特筆すべきことがある。

ガイドブック的な物事の捕え方が、なかなか頭から抜けなかったオレ。が、この本の取材を通してハッキリとわかった。

名所や歴史的建造物を見て回るよりも、とにかく「人」を取材することがポイントなのだった。……至極当然なことだが、それを身をもってわからせてくれたカモちゃんには改めて礼を言いたい。

最後に、この文庫版の誕生に力を貸してくれた人たちは元より、こんな元ヤンのバカが書いた本に解説を寄せてくれた鹿島茂先生に震える心でお礼を申し上げます。今度、地元のズベ公とか集めますんで合コンでもしましょう。

二〇〇二年十一月末日

本書は平成十一年八月にスターツ出版から刊行された単行本を文庫化したものです。

解説──もう一つの「ベトナム戦記」

鹿島　茂

ベトナム戦争が激しさを増していた一九七二、三年頃、横浜の場末の映画館で、なんとも形容のしようのないヘンテコリンなアメリカ映画を見た。タイトルは忘れてしまったが、内容はよく覚えている。アメリカの西海岸で暴れまくっていたヘルズ・エンジェルズ（「地獄の天使」と訳されているが、まあアメリカ版の暴走族のようなもの）が、あるとき、突然、愛国心に目覚めたのか、それともたんなる気まぐれか、とにかく、わざわざベトナムのジャングルまで出掛けていき、そこでお得意のオートバイを駆使してベトコンと戦うという映画である。

ようするに、いままでいう異種格闘技のようなもので、ただ、ヘルズ・エンジェルズとベトコンを戦わせたらどうなるのかというイージーな発想だけで出来上がった珍作中の珍作だが、これを見て、アメリカでも暴走族というのは、敵がなんでもいいから、常に戦うことを欲している人たちなのだということだけは理解できた。つまり、人間の中の闘犬、ブル・ファイターである彼らにとって、闘うことはレーゾン・デートルなのである。

本書を読んで、まず連想したのは、この「ヘルズ・エンジェルズVSベトコン」の映画である。といっても、誤解しないでいただきたいのだが、著者のゲッツ板谷が元暴走族であるとか、相棒の鴨志田穣が戦場カメラマンであるとか、あるいは彼らがベトナムに乗り込んでベトナム娘を相手に狼藉《ろうぜき》を働いたから、とかいうのではない。そうではなくて、彼らが、わざわざベトナムまで出掛けた理由、つまりベトナム（ベトナム人）と闘おうとする姿勢、それがまさに、例の映画を連想させたのである。

実際、ゲッツ板谷と鴨志田穣のコンビ（通訳兼ガイドの鈴木君を加えればトリオ）は、常になにかに向かって闘っている。いかに編集者の出した企画に乗ったとはいえ、この闘争心がなければ、そもそも本書は成り立ち得なかっただろう。

「二年前、オレはベトナムに完敗した。（中略）

今回はどんなことをしてでも勝ちにいく！　つまり、今回の旅の目的は〝たくさんの怪人と出会う〟と同時に〝とにかくベトナムに勝つ〟ということなのだ」

だが、いったい、ベトコンもアメリカ軍もいない現代のベトナムで、彼らは、なにを賭《か》けて、ベトナム（ベトナム人）と闘おうというのか？

賭けられているもの、それは「生存」である。つまり、「生存」という賭金を巡って、彼らはベトナム（ベトナム人）と、ほとんどわけもなく「競争」しているのである。この意味で、本書は「生存」「競争」の本であるということができる。

と、こう書くと、オイオイ、買いかぶりすぎてはいけないよ、たんなるバックパッカーが、しかも、編集者の企画でにわかにしたてられただけの偽バックパッカーが、一カ月ベトナムで過ごしてみましたという報告に対して、そんなに大袈裟《おおげさ》な言葉を使うものじゃないよ、というツッコミの声が聞こえてきそうである。

それでは、「生存」などという言葉をやめて、こう言いかえてみよう。すなわち、ゲッツ板谷と鴨志田穣のコンビは、「飯を食う、糞《くそ》をする、寝る、セックスをする、街を歩く、人と会って無駄話をする」という、ただそれだけの「生きる」ことの「濃度」をめぐって、ベトナム（ベトナム人）と「闘って」いるのだと。

事実、彼らは、何かの目的をもってベトナムにやってきたのではない。観光でもなく調査でもなく、いわんや研究でもない。いちおう、元南ベトナム軍兵士や元ベトコン兵士に話を聞いたり、フランス植民地時代に建てられた島嶼《とうしょ》監獄を見学したり、枯れ葉剤の影響で障害のあらわれている子供たちに会ったりしてはいる。しかし、それは、いわば旅の駄賃とでもいうべきもので、目的ではけっしてない。

では、彼らは、多くのバックパッカーの若者のように、「自分探し」のために、あえてベトナムで貧しさや逞《たくま》しさと出会おうとしているのか？

むしろ、その反対である。彼ら（とくにゲッツ板谷）がベトナムで探しているのは、うまいものを食い、いい女を抱き、楽しくウハウハとすごさせてくれるところ、ようするに快楽原則にしたがって生きることのできるような地上楽園なのだ。

たとえば「エビ穴捜索奮闘記」で記されたベンチェに出掛けた目的は、ベトナム戦争の時、アメリカ軍の砲弾で空いた穴の水たまりに入り込んだ手長エビを網で好きなだけ「しゃくって」、これをたらふく食べてみることだった。

「それをその場で料理してくれる。しかもソレが頭蓋骨《ずがいこつ》に亀裂《きれつ》が入るほどウマいらしい。オレは、そのロマンあふれる話に完全にノックアウトされてしまった」

ところが、さんざん苦労したあげくに、ようやく見つけだしたエビ穴の実態とは？

アメリカ軍の砲弾で空いた穴にエビが入り込んで養殖池と化したというところまでは事実だった。ところが、流れこんだ農薬のせいでエビの育ちは悪くなり、町の人はほとんど穴を埋めて商売替えしてしまった。しかし、さる老夫婦だけはエビ穴を埋める金もないのでしかたなく放置していた。それが村に残った唯一のエビ穴だった。しかも、エビは年に三十万ドン（約三千円）の収穫しかもたらさないうえ、亭主の方は肝臓病を病んで寝たきりになっている。

「無断で敷地内に入られた上、池までかき回されてもオレ達の質問に嫌な顔もせずに答えてくれたホアさん。たった3万円…たった3万円あれば、彼女の今後の人生は革命的に改善されるのだ。

『カモちゃん、経費の…いや、オレの小遣いの中から…』

『やめとけ、この国には彼女のような人は腐るほどいるんだよ。仮に彼女にお金を渡しても、スグに新たな問題が発生すると思うぜ。…いけないんだよ、中途半端に立ち入っちや』

ようやく探し当てたエビ穴。が、そこにはロマンやエビをしゃくう爽快感《そうかい》はなく、老人の顔に刻まれた無数のしわが物語る〝のっぴきならない状態〟。それだけが存在していたのである。あ〰〰〰っ、エビじゃなくて〝切なさ〟で腹一杯だぞっ、今のオレ。どうしてくれんだ！」

ことほどさように、元暴走族が、「食」という快楽原則の「生存競争」を挑もうとしても、ベトナムは、文字通りの「生存」の「競争」で応《こた》えてくる。これでは勝てるわけがない。「生きる」ということの限界値がちがいすぎるのだ。

セックスというもう一つの快楽原則においてもしかり。「枯葉剤とカモ初暴れ」で語られる抱きビア（日本のピンサロに相当）のエピソードはそれを雄弁に物語っている。我らがトリオが女の子の柔肌に酔いしれていると、敵はビールをトイレに流して勘定のかさ上げをはかり、さらに嘔吐《おうと》したふりをして逃げてしまう。

「元いた部屋に戻った途端、その中の光景を目にしてア然とするほかなかった。鈴木君からお金を受け取り、それを1枚1枚数えている女のコ達。彼女らはさっきのことがウソのように至って平静で、事務的に札ビラを数えるその顔には〝してやったり感〟さえにじんでいた…」

ようするに、「生存」の「競争」では、こちらがいかに剝《む》き出しの欲望をもって臨んだとしても、ベトナム人の「生きる」濃度に簡単にノックアウトされてしまうのである。

「純情」においてもまたベトナムのそれは濃い。「オカマ少年と魂を叫ぶホモ」の話は、その真っすぐな純情に胸がキュンとなるほどだ。

宿泊しているジャイアント・ドラゴン・ホテルの前の路上で、夜になると女装したオカマ少年が一人はしゃいでいるのに目をとめたゲッツは好奇心から話を聞いてみる。

「少年は少しの間気まずそうにしていたが、その後、ドキドキするのは女の服を着てる時と学校に遅刻する時。また、日本人とこうやって話すのは初めてだから今はとても楽しい…といったことも自分から話してくれた。そして、缶コーラを注文してやるとそれをココでは飲まず、大事そうに抱えながら通りに戻っていったのである。印象的だったのは、去り際に握手をしようとするとオレの手をシッポリと握り、そして、コチラがそれを終わらせようとしたら、ゆっくりゆっくり名残惜しそうに指を離したことだった」

また、日本人の男としたいとホモ・ディスコでゲッツに迫ってくる中学生のような男。

「『ア…アナタのオチンチンが食べたいですっ!!』

『な……』

『アナタのオチンチンが食べたいですっ!!』

『ちょ、ちょっと待てよっ』

『なんで待つんですかあああっ!』」

まさに人間の魂の叫びであり、ゲッツならずとも、これに勝てる日本人はいない。

ひとことでいえば、ベトナムの「生存」は濃厚で真摯《しんし》で強烈なのであり、これに日本人が「競争」を挑んでも、たいていは簡単に撥《は》ねかえされてしまうのである。

「タイと比べても、ベトナムという国は格段に手強《てごわ》い。ガイドブックとかには素朴な国とか、新しい自分を発見できる所…てな感じの体の良い言葉が踊っているが、ハッキリ言ってそんな甘いモンじゃない」

その通りである。しかし、そんな手強いベトナムに、あえて「生存」の「競争」を挑んだゲッツたちは、その「競争」の過程において、一つの真理を発見する。それは、とてつもなく強くて濃くて真面目なベトナムに、なぜか「哀愁」が感じられることだ。

「では、ベトナムは手強いだけでつまらないかというと、それは大きな間違いなのである。(中略)ベトナムに入国して2日…3日…と経っていくうちに、主観的に言わせてもらえば、その哀愁にイイ感じで酔うことができるのである。ベトナムの魅力というのは地味なんだけれど意外に深くて、しかも、後を引く」

この手強いベトナムに漂う哀愁、これを感じ取ったとき、ゲッツたちは、実は、ベトナムに「勝った」といえる。彼らはついにベトナムの本質をつかんだのである。その勝利は、ベトナムという手強い相手に、あえて「生存」の「競争」を挑んだ者たちだけに与えられる名誉の勲章なのである。

この意味で、本書はもう一つの「ベトナム戦記」にほかならない。

ベトナム怪人《かいじん》紀行《きこう》

ゲッツ板谷《いたや》

鴨志田《かもしだ》 穣《ゆたか》＝写真　西原理恵子《さいばらりえこ》＝絵

角川文庫　12749

平成十四年十二月二十五日　初版発行
平成十六年　五月　十　日　四版発行

発行者——田口惠司
発行所——株式会社角川書店
東京都千代田区富士見二—十三—三
電話　編集(〇三)三二三八—八五五五
　　　営業(〇三)三二三八—八五二一
〒一〇二—八一七七
振替〇〇一三〇—九—一九五二〇八

印刷所——暁印刷　製本所——コオトブックライン

装幀者——杉浦康平

け 4-2　ISBN4-04-366202-5　C0195